叢書・ウニベルシタス　746

歴史と日常

ポール・ヴェーヌ自伝

ポール・ヴェーヌ
鎌田博夫 訳

法政大学出版局

Paul Veyne
LE QUOTIDIEN ET L'INTERÉSSANT
Entretiens avec Catherine Darbo-Peschanski

目次

はじめに

カトリーヌ・ダルボ゠ペシャンスキー

アダージョ・マエストーソ

すべてはかんたんにいくかも知れない。なんといってもポール・ヴェーヌは古代ギリシア・ローマ史家であり、コレージュ・ド・フランスのローマ史講座主任教授であり、また歴史研究の分野では権威と見なされるフランスのまれな歴史家のひとりであるのだから。かれの著書をすべて読みなおし、かれのエッセー、論文、そしてかれの参考図書を覚えておけば充分だろう。問題は、もっぱら歴史の認識論、鍵となる概念、発見した事柄、制度上の役割、コレージュ・ド・フランスでの授業のことになるかも知れない。

かれの研究方針、そしてよく知られた明白な原則を思い出してもらえばよいかも知れない。また、あまり明白でない文言を引きだし、かれ自身も検討せず、解決していないようなテーマ、人物たち、問題点なども指摘できるかも知れない。さらにどのような経過をたどって、学者としての考え、関心、動機が進展するのかを説明してもらえるかも知れない。つまり概念や論拠の錬磨、理論的障害、発見の進展というようなことである。

質問をして、答えてもらう。もちろん明瞭に質問するつもりであり、また最初からでなくても、最終的に成功するには、読書にはげみ趣向を凝らすだけでよいかも知れない。かれは、自分の著作のうちに「永遠の宝庫」を見るひとのように、おだやかな確信をもって明晰に答えてくれるかも知れない。

もちろんわたしはかれに会い、いっしょに話をしたはず。かれの授業を受けたはず。かれが講義をはじめる前に、いくらか興奮した様子で歩いてきて、次に、話しながらも椅子の下でせわしそうに足を組んだり、離したり、軽くふるえる手でメモをつかんだり、さらに考えこむような、いらだたしさを示したりするのを見たように思う。とくに、明確で思いがけない、輝くような表現を浴びせかけながら綿密な分析を展開し、そのときは、はっきり考えが正確にまとまり、明晰になり、また理解されたと思って幸せそうな様子になるのを見たように思う。

しかし著書も言葉も、すべてが巨大な作品になるかも知れない。ポール・ヴェーヌは、わたしが知る数多い立派な著作家たちのひとりとなり、わたしの視点と質問によって、おそらくいままで知られていないか、見落とされてきた面が現れることになるかも知れない。かれの話、言葉、著書をひっくるめて、おだやかにかれになじめるようになるかも知れない。そのすべてを自由にさせてくれるかも知れない。わたしの好きなようにさせてくれるかも知れない――それだけでもかれと向きあう効果になるだろう――もしなんらかの障害にぶつかっても、かれは解決してくれるだろう、というのも、とにかくかれには分かっているだろうから。

ピウ・アニマート

ところが、そうはいかなかった。さっそく明白なことを思い知らされた。自分の予想が単純すぎたと分かったのではない。つまり言葉と書物がおなじ規格のものではなく、発話者の意識とおなじ関係ではなく、おなじ正確度ではなく、別の言葉、別の書き物によっておなじように統一されているのでなく、外的事情によってそれら両者がおなじように影響を受けるのでなく、またとりわけ著者、たとえかれがすべての大学の図書館に所蔵されているような書物の作者であろうと、そんな著者とその作品のあいだにある関係には、「ペロポネソス戦争」についてトゥキュディデスが語るとき（『歴史』）に見せるような厳しく、恐るべき単純さが見られない。そのようなことは、あたりまえではないか。しかしあとで修正することにして出発しなければならなかった。

驚いたことに、あまりにも修正することが多かった。

ポール・ヴェーヌは自分の著書、とりわけ認識論的な著書を話したがらない。さらに、まだ忘れていないのがあればそれもみな忘れてしまいたい、と言う。いやむしろ、それらすべてはあまりにも古くさい。かれとしては、よく覚えていない。あまりにも行きあたりばったりに、その場そのときに書いた草稿であり作品にすぎない。そんなものをふりかえって、なんの意味があろうか。驚く者、異議を唱える者。どうしてテキストをそのままに受けとってくれないのか。だが無駄なことである。本当にかれがそんな文章を書いたのだろうか。いや、かれはそんなことに耳を貸そうともしないのだ！　だからあきらめて、あれこれの著書について直接、質問をするかわりに、周辺のことから尋ねてみる。たとえば歴史学界からどのような扱いを受けているか。そこではじめてかれは、驚いたことに自分の念頭からほうり出して読みかえそうともしない自作のテーマについて、ふりかえり、擁護しようとするのである。

　それでは自分の本を拒否するが、その本を次々に生みだしてきた思索の全体的な行程については拒否しないのだろうか。試論の終結、単一で決定的な外形には拒否を示すが、それらの試論を書かせてから、乗りこえる思想の運動は拒否しないだろう。そうであれば、ポール・ヴェーヌの著書は（アカデミックな束縛のために、この研究者自身の衝動がかなり抑えられた学術論文のような大学人的活動を除いて）どれもみな発見の時期を示していることになるだろう。そのときには、かれとしては、意識にのぼったばかりのことを悟った感情で、ときには歓喜して執筆する気になったのである。ところが、仕上げて著書となって実現すると、かれはもうそれらの本に興味を失うか、あるいはむしろなんらかの言説の死骸のようなものと思って幻滅することになる。つまりいくらその言説が彫琢されていても、まだ書かれていなかったか、書けたはずの事柄のほうが、いつももっと強烈で鋭いものであったはずだという気になるのである。

　しかしそれだけではすまない。ここでは、平凡なこと、また要するにためになること、つまり研究者が仕事を終えるとすぐそれを捨て、改めて革新や正確さ、さらに完成をめざして新しい計画へ向かわせる不満足感が問題であるなどと思い違いしてはならない。なぜならルネ・シャールが詩の草稿について(1)、それらが移動する羊の群れの糞にすぎないような詩である、と述べたように、ポール・ヴェーヌもまた自分の著書について、おなじことをはっきり言っているからである。

　というのも、このニーチェ的な懐疑論者は、歴史の流れの合理性を否定し、歴史のうちに、偶然的な建造物とおなじく、巨大な信念的構築も別のものがつくられているあいだ、それぞれ真実の役をつとめながら次々に交替しているのでいるのでいるとも思っているので、思想すべてに見られる脆弱さを自分自身の考えにも認めるからである。

もちろんかれにには、そのような根本的な哲学的立場から書くことを拒否するような素朴さはない。結局かれは歴史の認識論について話すことを承諾するが、それでもかれに質問するとき、かれの著書の範囲にとどまることをあきらめ、そこからいくらか距離を置き、また対談することから、本当の満足は得られないとしても、おそらく歴史家としての考えをはっきり述べてもらい、「歴史を書くことで幸福になれない」という単純で、根本的な打ち明け話をしてくれるだろう。

さらに当初の立場を見直さなければならなかったこと、それはポール・ヴェーヌが本書の趣旨を了承するときに示した条件である、つまり「生活、死、愛、天気のことも話題にしてほしい」。

ポール・ヴェーヌは自分のことを細大漏らさず話して、ほかのタイプの対談にならないようにしたいと考えていた。たとえばよくあるタイプの対談である。つまりふたりの対談者が偉大な模範を見たいと願う後世の人々から見られると想像したり、質問を受ける人物が、自分について、冷静で、似つかわしく、相応の学者像をつくる手伝いをしてほしいと願ったりする。ポール・ヴェーヌにとっては、打ち明けることを恐れず、「自分の気に入ることなら平気でなんでも話す」ことが大切だった、というのも「打ち明け話が滑稽になるのは、それが誇示的か、それとも恥辱であるときにかぎられる」からである。かれが強調するのは「詩編」にあるように「心の純粋な状態で」素直に、誠実であればよいだろう。

ところが、ポール・ヴェーヌは、そのとき、自分でも分からず、格式ばった対談の堅苦しいスタイルから少し型破りなことをして楽しんでやろうと単純に考えていたので口に出さなかったことがある。それはこのような対談が、すでに考えていたか、すでに構成していたか、さらにはすでに意識していたかも知れない何かを具体化するだけにとどまらないということである。かれがまだ試みていなかった領域に触れたり、「かれには新しいテーマ」、つまりおそろしく感覚的で、またきわめて把握「しがたい」ものだが、それでもかれが日常とりくんでいるテーマだと悟るにはあまり時間がかからなかった。それだけで、たとえかれが、ときにはいらだち、激昂し、さらには苦痛を感じても、かれにそのテーマを言葉にし、理解させるには充分だった。かれは発見するかも知れない。だがどこでとまるのか、あまり知らなかった。

そのことが、どうしてこのわたしに分かろうか。主要な自伝の部分が書かれては、わたしのもとに郵送された。わたしは個人的な反応や好奇心、抑えがたい構成意欲にかられて質問をしつづけた。しかし、長いあいだ準備し、かれの著書を読みかえし、正当な順序と進め方どおりの基準にしたがった質問も、この歴史家、大学教授、さらにもっと親しく研究者、知識人には問題にならなかった。ときにはそのような質問への回答は、確かに自伝的な作品に応じていたが、明白にわれわれは、あちこちでおなじ話し方にならず、こちらがかれを独占しても規制してもいけなかった。

ストレッタ

以上のことから本書は構成された。第一部には自伝的スナップが集められている。ポール・ヴェーヌはひとりにされ、自由に語る。対話者は、テーマの選び方にも、その配列の順序にも、その論理にも、その決定的な構成にも介入していない。またかれが沈黙することにも質問しようとは思わない。

第二部では役割が逆転する。今度は、対話者が経過を尋ね、またそうすることによって、ポール・ヴェーヌが返答において認め、修正し、拒否し、あるいは知らないでいる整合性をつくりあげる。幾度も経過は短縮される、というのも、ここでも他のところでも、終始、探求でもある対話のたびに、質問はしかけられては消えた。

こうして、いくつかの声が響く。つまりポール・ヴェーヌが「強迫的な自伝」と呼ぶことになるようなものに陥ったときの声、また、ポール・ヴェーヌが質問を受けて答えながら、そのことによって同意や拒否、あるいは新しい暗示からなる自己解釈をおこなうときの声、両者のあいだの反響または不協和音から生じる、もっと謎めいた声。

以上のようなわけで、読者には、よろしければ「ヴェーヌ的」に、かれの「策略」から何かを選びとっていただくことを期待したい。

歴史と日常

エゴティスト的作品の執筆上の窮境で、ご指導をいただいた次の方々に心から感謝したい
――エステル・ブラン゠ヴェーヌ、マリー゠クロード・シャール、ジョゼット・エベール、ジャン゠クロード・パスロン、そしてクロード・ロワ。

ポール・ヴェーヌ

自由に、自分のことを語る

わたしは、女性と同性愛者とユダヤ人のおかげで鍛えられ、人生を歩みましたが、ルネ・シャールは別です。というのも、わたしがかれと親しくつきあったのはかなり遅かったからですが、かれはわたしの脳みそに、最後の瞬間の補足と矯正をしてくれました。わたしはかれらから多くを学びましたが、わたしはユダヤ人でなく、ホモでもなく、女でもなく、また悲しいことに詩人でもありません！　わたしには夢想ができないからです。現在、わたしはコレージュ・ド・フランスのローマ史講座主任教授です。もしわたしが女だったとしたら？　それを考えるだけでも身震いします。生まれながらにして顔が醜く、どんな正常なつきあいもしにくく、禁じられたことに逆らうこともあるので、いかなる正常な人生も、どんな願望もわたしにはふさがれているような気がしました。絶望や欲求不満で、極端なことに走ったかも知れません。たとえば自殺とか、零落とか。

ローマ史について、もっとも古い思い出はどんなことか。わたしは十二歳で、親しい仲間といっしょに、ある修道院の中にあるニーム碑銘博物館の片隅にいます。周囲には、ラテン語の碑銘板、わたしにはその言葉も略語も解読できました。それから、いくつかの壺（アンフォラ）があり、さらにガラス張りの展示台には初期キリスト教時代の骸骨があります（しかしわたしは怖いとは思いません、学術的なものですから）。それは一九四二年のことです。わたしは、イギリス人びいきの仲間にドイツ人びいきになるべきだと教えます。なぜならわたしの家で読まれていた新聞『グランゴワール』で、わたしはイギリス人が野蛮人であり、インドの英軍兵士ら（インド人）の反乱を粉砕したとき、かれらがいかに名状しがたい残忍性を発揮したかを知ったからです。残忍性に対して、わたしは過敏でした。小学校の教室で、はじめてフランス史の教科書を開いたとき、中世の婦人が火あぶりの刑にされていて、そのまわりには見物人どもがとり巻いている挿絵を発見しました。目の前で爆発が起こったように思われ、何も見えなくなりました。ブリューゲルの版画《正義の責め苦》の片隅で辛うじて素描された処刑台から発散する輝かしい爆発のようです。つまりこの芸術家は自分が刻もうとした現場を直視できなかったのです。おなじ一九四二年に、わたしは高校の正面に貼られた「レジスタンス」のビラを破いたりしました。

そのような無茶をやったけれど、根は善良だったのでしょうか。それは早すぎます。というのも、わが家での晩餐会に、思いがけなくユダヤ人が招かれていて、それも経済的には有利なことであったかも知れませんが、わたしは無意識的に、いつもより不機嫌な態度を示したからです……しかし、もしナチが勝っていたら、わたしはどんな人間になっていたでしょうか。あるとき、「あなたは原罪を信じているようですね」と尋ねられたことがあります。「フランス解放」のとき、わたしは思春期に達していて、考え方も変わっているか、あるいはむしろ自分なりの考え方をしはじめています。そのとき、ある疑問が生じます──「もし五年早く生まれていたら、レジスタンス運動に参加する勇気があっただろうか。というのも、もしその運動に参加していなかったら、決して自分を許せなかっただろうから」。そのような不安のおかげで、二十歳のときに共産党に入党しました。それからアルジェリア戦争末期には「じっとしておれなかった」。同僚アンドレ・ミケルが、エジプトで投獄され、拷問を受け、死刑の宣告を受けそうになり、また処刑に近いことをされたが、よくがんばったことは知られています。スタンダールは、知らずしらず、生涯、次のような疑問に悩まされていました――「自分がまったく参加しなかったナポレオン戦役のどこかの戦場において、わたしはどうのようにふるまっただろうか」。

わたしとしては、まったく自分の人生を語ろうとは思いませんが、ただ読者の興味を惹くような話だけを引きだしてみたい。だから、次に社会的な伝記の一コマを述べましょう。

母方の祖先は、「一八五一年の追放者」としてピエモンテから来たイタリア移民であり、ヴァール県で、小ナポレオン（ナポレオン三世）のクーデターに反対して戦いました。父方はドローム県のバロニー地方の農民でした。たとえば「ヴェーヌ」という姓は、鉱脈という意味を示す前に良好な耕地層を表わしていました。その地方は貧しく、一九〇〇年ごろ、わたしの祖父たちはヴァントゥー山の障壁の南方にやって来て、デュランス川南部の、早なり促成栽培農場で生計を立てようとしました。つまり、それは都市への「農民移住」とか、プロレタリア化ではなく、農民世界における動きでした。

わたしの家族は今日アメリカで成功していますが、大学入学資格者になったのはわたしが最初の者でした。父は利己主義で、無教養でしたが、好漢で、金儲けがうまく、気前がよく、野心家で、頭がよく、商売で成功しましたが（三十歳でわたしはベンツを乗り回していた）、資本も資産もなかったのです。教師だった大伯父のひとりは、夜の集いで有名な「村の語り手」でした。たとえばかれは字の読めない人々に『三銃士』を語ったりしていました。今日ブラジルで、とくにバイア州ではそのような語り手を公園で見かけます。父方の祖母は共和党の農民で、ルソーを読んでいました。サント‐ブーヴの医者ヴェーヌとは、もしまちがっていなければ、まったくなんのつながりもありません。わたしの最初の妻は医者で、ウクライナの豪農の娘でした。わたしの息子の母親は、古代ギリシア研究家で学士院会員の娘でした。また現在の妻はヴァントゥー山の南にいる医家に属しています。たまたまわたしはセザンヌの同郷人として生まれました。わたしの気質の不安定な神経過敏は、北フランス人的人種差別感から見て、南仏人的旺盛さとして受けとられることがよくあります。

わたしは自分の家族に関する古い記録を調べるつもりはありません。しかし母方の祖母は、あまり字が読めず、彼女自身の父が「クニ」と呼ばれた不思議な町の出身だと言っていましたが、あとで、その名が方言であり、ピエモンテの都会クネーオだと分かりました。彼女はまた、大帳簿で「賛成」と書きこまねばならなかった昔の状況についても語ってくれました。もし「反対」と書けば牢屋へ送られたのです。またフレジュスでは、家族のひとりが憲兵に追われて、二年間も井戸の中の隠れ家《が》で過ごしたとか。それは一八五一年の事件であり、一八五二年の国民投票のことです。スウェーデンの偉大な古代ギリシア学者マルティン・ニルソンの話によれば、かれの祖母は無学でしたが、村の近くで「ワレンシュタインがその軍隊とともに露営したという」場所をかれに教えたとか。これは二世紀半も昔のことです。彼女は、そのひとがどんな人物であり、なぜ露営したかも知らず、またそれ以上知りたいとも思わなかったのでしょう。つまり生々しい事実だけで充分であり、それは一種のささやかな貴重品であり、指でいじくり回し伝えるべきものでした。

エクス‐アン‐プロヴァンスで生まれたころの思い出がひとつあります。つまりわたしは、現用語として書いた作者のようにミストラル（とくに『ミレイユ』は、第三者にとって、真の詩です）を読めた人類最後のひとりです。それはその言語と「アイデンティティ」の消滅を嘆くからではありません。つまりいつの世でも、すべては死滅し、ほかのものとなるからです。わたしの祖母はイタリア語まじりのプロヴァンス語を話し、両親はフランス語を話していました。子供のころのわたしにとって、プロヴァンス語はフランス語とおなじ言葉でした、というのもプロヴァンス語にはフランス語とおなじ意味があり、それを話していた祖母の顔のように古びたフランス語でしたから。その後イタリア語を覚えましたので、プロヴァンス語のほうは、理解できるが話せなくなりました。

このような幼いころを通じて、児童心理学者の言う孤立した思い出のひとつ、いわば一種の迷い子石のようなものが残っています。つまりわたしはふらふら歩いていて、立っているのもおぼつかなく、そんなわたしの前に巨大な女、わたしの祖母、たくましく、この上なくやさしいひとが立っていて、なんとも言えない笑みを浮かべてわたしに哺乳瓶を見せ、さしだしている。不幸にして宗教的な気持がないとき（あるいは、少なくとも、神でなく、神的なものに対して）、そのような思い出は職業的に有益です。

半ばイタリア系のこの祖母──母以上にわたしを育ててくれました──と、ふたりの叔母は、エクス－アン－プロヴァンスの商店街で、ちょうどセザンヌの父の銀行があったところの正面で二軒つづきの店を経営していました。ある思い出がいまでも忘れられません（八歳のときで、一九三八年におけるドイツのオーストリア併合の年）。それはわたしをナバホ族かウイピル族の末裔にし、その種族の一員にすることになります。ある浮浪者、もの乞い、たとえば石油ショック以前のパリの風俗の浮浪者に等しいひとが、その二軒の店のあいだにある階段の入口に来て坐りこみ、休憩しました。それでびっくりし、怖くなったのです。そのひとに立ち去れとは言えませんでした。そのような人間世界のそとにいる妖精か悪魔、そんな者と人間の言葉で話しあえなかったのです、なぜなら、ひとたび言葉の上で接触が成立したら、かれの反応が予見しにくく、また抑制もできなかったからです。

かれがその階段の踊り場にいる時間が長くなればなるほど、かれはそこの通路を有毒なもので汚染させ、それが黴菌のように思われ、今日なら放射能汚染と言われるかも知れません。隣り合った店の者らはみな、息をひそめ、動けなかったのですが、それでも状況は変わりませんでした。ついにその浮浪者は立ち上がって、地平線から消えました、つまりコルドリエ通りのほうへくだっていきました。だれもがほっとしました。そして予防法が魔術に効果的であり、魔術が黴菌だと思われていたので、その悪魔が坐っていた敷居は、感染を防ぐために、細心に消毒液で洗い浄められました。

このいやしがたい無邪気な庶民的人種差別が痛感されました。一九三九年より前では、わたしの叔母たちの世界では、外国人や移民はイタリア人でした。あるいは「バービ」（はじめの音節にアクセントが置かれた）と言われた人々でした。かれらと話すときは、いつも蔑視的な口調でした。ちょうどエクス－アン－プロヴァンスの役所関係の婦人顧客に向かって丁重な話し方をするのと対照的でした。

わたしも、放浪者が怖くて嫌いでした。それでも、叔母たちが女性でしたから、大仰に、清めの水を使いすぎると思いました。その男が立ち去ったとき、わたしはほっとしました。

そのようなことすべてが、一九三九年より以前の、今日よりはるかに貧しいフランスで起こっていましたが、そのようなフランスはシネクラブにとって白黒の「古典的な映画」でしかお目にかかれません。世界にはイギリス、フランス、そしてドイツの三列強、原住民とともにいる植民者、遠い土地で子供のときから大きくなった親しい人々、それに富裕なアメリカ人が含まれていました。市民的で宗教的な儀式、さかんな閲兵式、さらに威嚇的な行進をするストライキ参加者たちがいました。

立派な人々には映画館へ行かねば会えませんでした。かれらは豪邸で暮らしていましたが、それがどこにあるのか、あるいはそれが住居という観念的な考え、つまり「真実の」住み方を表現しているかどうかも分かりませんでした。かれらは、上品で粋な話を品よく流暢に話しました。そしてかれらの受話器は一般人の場合のように黒いエボナイト製ではなかった。つまり白い受話器でした（そのことがヨーロッパじゅうの子供を驚かせたのです。というのもそれはチェコの映画人から「白い受話器つきの映画」と呼ばれたからです。

不幸にして、呼吸される空気は希薄になり、脅威的になりました。まさしく戦争が起ころうとしていました。またわたしはフランスの歴史をとおして戦争（たとえば百年戦争）が飢饉を意味すると学んでいました。わたしは地下室でじゃがいもの数をかぞえました。というのも生き残るには毎日、ひとり当たり、一個が必要だと思ったからです。毎朝わたしは新聞を買いに行かされたので、さっそく新聞を開いて、第一面に「宣戦布告」という言葉が破裂しているかと思いました。最悪のことは、破局を前にして、すべてのひとがだらしなく受動的だったことであり、大人たちがぼんやりして恐れおののいていたので、無気力になり、それに甘んじていたことでした。まるでかれらはすべてに対して、またなんでもないことに対して恨むように嘆いているようでした（セリーヌはそのような嫌悪・非難のよい見本です）。確かにわたしには威嚇や無気力の言葉が分からなかったものの、それでもすべてを理解していました。つまり子供や動物はずるい大人よりも素直にすべてを感じとるものです。

大人たちは別の意味でも信用できませんでした、というのも、ある年（一九三八年だった）、ヒトラーと、フランスの大臣だったと思われるシャンベルランとかいう人物〔イギリスの首相（一九三七―四〇）ネヴィル・チェンバレンのことか？〕のことがさかんに噂されているとき、大人たちは、あまりにも数多く、また悪の根源だと思う外国人らをたえず非難していたからです。しかしかれらは何事につけても、また的外れに話していて、まるでそうすることが慰めになるかのようでした。理解しなかったのはわたしだったのか、それとも大人が信じられなかったのでしょうか。言葉は、声の調子だけで曲げられ、細工され、表現されることができたのでしょうか。戦前の幾年かのうちから、わたしは、おそらく子供が動物とおなじような過敏さのために、致命的な思い出を残すことになります。たとえこれほど幻滅的な一九九〇年代でも、そのときとは比べものになりません。わたしは、恐怖への恐怖にかられて、なんとなく、それほどセリーヌ的な雰囲気が二度と思いだせないようなことしか考えないようにしなければなりませんでした。

一九三九—四〇年の「奇妙な戦争」という戦いの最初の年、いつもわたしはきわめて愛国的でしたので、プロヴァンス地方に避難していたアルザス人の教師を見習いました。ありがたいことに、かれは英語よりドイツ語を勉強するように勧めてくれました（なぜなら敵国の言葉を知らねばならないからです）。それにわたしは、いまでもアメリカびいきであるとともにドイツびいきです。事実、愛国心はわたしの胸に焼きつき、興奮した級友たちと意気投合して、気高い感情に押された性質に浸るほどで、つまり自己満足のために威張ったのか、あるいはむしろ大人たちほどふ抜けではないと思って、善良な市民ぶったのかも知れません。

そのころ、わたし自身の信念に疑惑が生じていました（それから二年後、教理問答の講習を受けるのが立派だとされていたとき、高校からの帰り道で、自分が本気で神を信じているのかどうかと思ったが分からなかった）。その疑念はわたしを悩ましつづけました。

わたしには、ある大問題に興味をもったことがよかったのです。というのもわたしの周囲の者らによれば、うつけ者だけが「政治に手を出す」ということをモットーにしているのがばかばかしく思われたからです。同時に、わたしは興味ある貴重な現実、つまりあっさり興味が惹かれるか、そうでないかという現実に、なんとなく心が動かされました。おそらく、酸素（O）が水素（H_2）をひきよせたいと思うのでしょう。事件のもっとも力学的で、もっとも要因的で、もっとも決定的なことはつねに驚くべきことです。力学的な因果関係では何も説明されません、つまり因果関係が確かめられ、それもまた合目的性とおなじく驚くべきことです。
新しいことが起こるのですが、それもわれわれが興味をもち、またわれわれには、ゲオルク・ジンメルによって見事に叙べられましたが、フロイト主義やマルクス主義には知られない関係が人間存在と物事のあいだにあることです。つまり人間は自分の利害とまったく無関係な事柄に熱中するという奇妙な能力のある存在なのです。パリでイラン国王に反対するデモが起こったとき、それは「労働組合的利害」からではなく、まさしくジンメルから「対象関係」と呼ばれる連帯感からです。もし全体主義が、幾光年も〔四・二三光年〕離れたケンタウルス座のプロキシマ星を制覇したと知ったら、われわれは嘆くでしょう。慈善や慈悲もまたそのことに影響されます。人間と物事との関係はたんに人間の内部にあることだけでは説明されません。さもなければ、他人を愛する心がけも利己主義になるでしょう。というのも他人を愛することは利己主義でないことを「楽しむ」からです。よく知られた理屈で、堂々めぐりです。「わたしは(自分)以外のことを考える者だ」とヴィクトル・ユゴーは言いました。アリストテレスからセネカにいたるまで、古代の人類学は、人間を自己満足的で、かつ自己防衛的な潜水夫だと思っていて、「自己以外のものへ向かう」関係とか、没我的関心が存在するとは知らなかったので、利己主義的な愛他心という純粋に言葉の上の問題から脱却できませんでした。

十三歳のときに暗黒の時代がはじまり、それが終わったのは、家庭と環境を離れて学生になったときです。自分の周囲のこと、学校、そして町に対する不満のせいで、わたしは酢と油と屈辱と軽蔑が混じりあった状態に落ちこんでいました。知的ではないとしても性格的な健康状態が幾度も危機に瀕しました。新しい性格的な変化が生じたのは、はるかにおそく五十歳のときであり、そのときニーチェを読んだのでした。そこで、わたしは自分の過去にこだわるのをやめました。またサルトルが言ったように、自分で苦しむことをやめました。今世紀（二十世紀）はじめにおいても、昔のモンテーニュを読みなおして、おなじ結果に到達できた人々がいます。

わたしが十三歳のときは、別な面に興味を惹かれました。それは宗教的な感激の年齢です。ところで、わたしはヴァレリーの『レオナルド・ダ・ヴィンチの方法叙説』で「徹底した厳密さ」という語を読みました。その論文は当時、有名でしたが、子供には分かりにくいものでした（おそらく最後まで読まなかったでしょう）。もうひとつ、親しめる言葉が思いだされ、夢中になり、わたしは「客観性」という語に向かってすぐさま二人称で、頌歌か祈りのように、それを書きなぐりました。というのもその語がわたしにとって、光明とまでは言いませんが、とにかく非常な熱気を放っていたからです。その語はこの世のすべての情熱に対して、一種のおだやかな解脱を示してくれました。

それから三十年後、コレージュ・ド・フランスの教授に選ばれたとき、この少年時代の「スピノザ信奉的」な感激が、その教授選出に尽力してくれたばかりのレイモン・アロンとの確執の根源にあるように思われます。年とともに、個人が歩むさまざまな道は蛇行するでしょうが、接近することもあり、最初の決別には決してもどれません。それとは逆に、おなじ出発点が、完全に離別させるはずでも個人どうしの熱い友情を説明してくれることもあります。

一九四四年、十四歳のとき、わたしは少年時代の精神と家族環境への執着から離れなければならなくなりました。「フランス解放」に先立つ幾週間のあいだに、父はある争いで疎外され、目に見えて屈辱を感じていました。わたしはびっくりしました！　それでは父もわたしのように幼稚だったのか！　というのもわたしは自分のうちに危険なものを感じ、悩んでいたからです。たとえば屈辱を受けたり、傷つけられたり、満たされたりした自尊心、学友たちの評判を気にしたりしたこと。確かに大人たちは子供の機嫌をとるときには、威張ったり幼稚な卑下をしました。つまり大人たちは意地悪な狭量よりすぐれていました。かれらは泰然と暮らしていました。わたしも大きくなったら泰然としておれるでしょう。わたしの感動は、平等かつ騎士道的な恋愛情熱にとりつかれるか、すっかり傷つくことになるか、というだけでしょう。わたしにとって、その信念、その期待はくずれたばかりでした。なぜなら大人たちは存在しなくなり、泰然とすることもなくなったからです。

また事実、大人というものは存在しません。わが共和国の、ある大統領の補佐官が、ケーキ「バナナ・スプリット」を切りながら、いかに核戦略を調査したかについて語るのを聞いたことがあります——「わたしはこう言った——大統領さん、確かに、あなたはボタンを押すことにはならないでしょう。そのかわり、あなたはいつでもボタンを押せると信じさせる必要があります」。かれはすっかり上機嫌でした。かれは大統領に進言したのです。かれは大統領より熟知していて、死の大問題、現実の原則に触れていました。それこそ、わたしが核時代の心理に微力ながら貢献したいと思っていることです。

その朝の新聞で、広島に原爆が落とされたというニュースを知ったとき（当時わたしはまだ十五歳になったばかりだった）、わたしは躍り上がって喜びました、というのも、進歩主義的で人文主義的な感激に浸っていたからです。わたしはテイヤール・ド・シャルダン師のように、人類が第一歩をふみ出したと思いました。戦争が終わったからではなく（太平洋はあまりにも遠かったし、厄介な延長戦に興味はなかった）、むしろ現実にためされ、はっきり証明された威力という科学的な発明が実感されたからです。幾日ものあいだ、原爆の被害者が十万か、あるいは願ったように、その三分の一ですんだかを知ろうと努力しました。そしてもし三分の一ですんでいたら、人類は大飛躍を遂げたことになると思いました。

にすべてを判断しました。それはソルボンヌ広場の書店の前でした。その店に、わたしの知らないブラン神父とかいう人の本のカバーが見えていた。わたしはとうとうやってのけたのだった。正反対の考えが、まるでふたつの大陸を隔てるベーリング海峡ほどのせまいところを一気に飛び越えるかのようにのり越えられたのです。

それは次のようなことです。つまり同情とか、他人の立場になってみる努力は教えられるべきであっても、決して完全に教えられるものではなく、またそれがなければ、他人は永久に、奴隷か、競争相手か、仲間か、よそ者か、上役か、下っ端か、殺してもかまわない無関係な者です。そのことは、いつか知られるか、それとも決して分からないでしょう。

若いころ、未来の大統領ミッテランは（親しい友で、不吉なブスケと同様に）ヴィシー政府のユダヤ人排斥的立法をあまり問題視していませんでした。また今日では忘れたふりをしていますが、それはまったくありえないことです。それでもミッテランはまじめです。かれは当時、あのことは自分に重要でないから、いっさい忘れました。

終戦後、数年のあいだに、わたしは大学入学資格試験に合格しました。それから、リセ、アンリ四世校の「エコール・ノルマル・シュペリユール入試予備学級」で受験勉強にはげみました。つまりギリシア語、ラテン語、歴史、哲学を学習し、また人生の最初の友情をつちかいました。たとえばジェラール・ルブラン、これは未来の哲学史家であり、またかれの超然とした態度と上品な主知主義を尊敬しました。しかしこの特殊な大学への受験勉強のせいで、のんびり夢想にふける暇がほとんどありませんでした。この単調な幾年かのうちでただひとつ、ちょっとした思い出だけが残っていますが、それは寓意と見なされるような夢として記憶にとどまっています。われわれは受験予備学級にいて、わたしは十九歳で、ジャン・ボフレ先生の哲学の講義を待っています。ありきたりな気ままさで、この休憩時間を利用して、ふたりの生徒が教師の机に蓄音機を置きました（かれらは上流社会のパリ・ブルジョア出身の優秀な通学生だった）。かれらはレコードをかける、たぶん、フォーレの曲でした。わたしのような食品業者の息子は、だまって感心している。それから、かれらはまわりの者に問いかける（かれらは会話の仕方を心得ている）。わたしのような寄宿生、したがって田舎の不器用な者が、恐るおそる意見を言う――「メランコリックな音楽ですね」――「いや、むしろ晴朗だ」と、その通学生のひとりが、洗練された断定的な声で言いかえします。それでは、その音楽の晴朗さはメランコリーの一種にすぎないということになるのでしょうか。そこには避けなければならない深淵があるのかも知れません。

一九五一年、二十歳をすぎて、「冷戦」のころ、わたしはエコール・ノルマル・シュペリユール、つまり「ユルム街」と呼ばれている大学に合格しました。あいかわらず友人だったジャン＝クロード・パスロン、この未来の社会学者に誘われて共産党にはいりましたが、その後、ソ連戦車隊のブダペスト侵攻ののちに、ほとんどの者とおなじように離党しました。だがそれはもっとあとで分かることです。つまりいまのところはそんなことで暇をつぶすよりはむしろ語りたいと思います。エコール・ノルマルでの学生時代にローマ史を修めますが（それは省略しましょう）、ローマ・フランス学院へ行く準備をします。そこは考古学者にとって、まさに芸術家志望者にとってのヴィラ・メディチに等しいところです。つまりあこがれの的です。そこで、わたしは一九五五年に「ユルム街」を離れてローマ、そしてフランス学院のあるファルネーゼ宮殿へ向かうことになります。ここでわたしは気楽になり、自分の話をうち明けたいと思います。ついでにちょっとした、きわめて俗っぽい色恋についても話しましょう。

というのも、ローマではおもしろい話が多かったからです。よくは知りませんが、おそらくヴィラ・メディチで、わたしは、今日では有名になっている芸術家と知り合いになりました。かれはローマ生活を楽しむために、若いわたしに目をつけたのです。わたしはローマで非常に恵まれた暮らしをしている。つまり十五年来、書物や伝記や作品を通して研究してきた偉人たちが、どのように育ったかをはじめて実地に確かめることができるのです。わたしがまだ二十五歳の青年にすぎず、「ユルム街」という俗っぽい大学を出てきたばかりだということを想像していただきたい。

上で述べた芸術家は口がうまかったので、仲間のあいだでそれなりの役割を演じていました。たとえば、かれは北イタリアで（このことを注意していただきたい）、どのように「カジノ」に出入りするのかをしゃべっていました。かれの話では、めいめいが事務所を出てから、回り道をして、広くて汚いサロンにはいり、一杯の酒をのみ、それから壁ぎわに並んで坐っている娘たちを品定めする。ときどき客はそんな女のひとりとこっそり消えて、天国へのせまい階段をのぼって行く。わたしの仲間が言わず、否定もしなかったことですが、かれは一度もその階段を使おうとはしませんでした。だからかれの奥さんは夫の長談義を平気で、にこにこしながら聞いていました。つまり彼女にはすっかり分かっていたのです。

ところである日、その相棒とふたりでナポリまで、わたしの強力なシトローエンで遠出をしました。というのもわたしがことわらなかったからです。そこでふたりはアッピア街道をつっ走って、きらめくテラチナへ向かいました。つまり昔のアンクスールの町、「真っ白な岩盤の上に横たわったアンクスール」へ向かい、ナポリの巨大などぎつさへ向かい、さらにもっと先、もっと遠く、南イタリアと未知の名の大河へ、そして伝説的なシチリア島へ向かいました。ところが助手席に坐ったとたんに、相棒は宣言します——「よし、ナポリの美景を焼きつくそうではないか。それからは夜にはカジノめぐりをしよう」。それを聞いてわたしはびっくり仰天しました。わたしは女性を知らないわけではなかった。つまり若くして結婚していたからです。しかしプルーストがはじめてゲルマント公爵夫人のサロンへ行ったときのように、トゥールーズ＝ロートレックふうのサロンへ入りびたるのかと思うと、気おくれがしてぼんやりしていました。しかしわたしのような大学人の単調な生活には絶好の機会だと思われましたので、相棒が決めたことにさからえませんでした。

ナポリに着いていました。サンタ・キアーラ、考古博物館のポンペイ壁画、カポディモンテへの訪問、そこのブリューゲル、ベラスケスの《酔っ払いたち》の複製画、それにベルダルド・カバリーノの当時あまり知られていなかった絵画もあります。それから日が暮れると、大きく立ち並ぶビルのあいだの谷間のような淋しい通りをふたりで長いあいだ、そぞろ歩きしました。わたしとしては、相棒が予定のつづきを忘れているように思われました。しかし真夜中の鐘がなると、かれは宣言します——「さて、これから淫売屋へ行こう」。かれはこんな時刻に歩いている通行者に尋ねます——「カジノはどこですか」——「キアイアに決まっているじゃないですか」と、おだやかにそのナポリ人は答える。これでわたしの運命は決まりました。

そこは立派にブルジョア的なカジノでした。わたしは割れんばかりに心臓をどきどきさせながら、わが芸術家について階段をいくつかのぼります。階上で、大きい指輪をはめた女将が、あるサロンへわれわれを案内しますが、そこは北イタリアの場合とは違っていました。つまり南部では、ちらちら見たり、歩き回ったりしないで、ただ選ぶだけなのです。ところで、わたしの怖じ気づいた目に映ったのは、服を着ていたり、脱いでいる三人の女の姿が夢のように並んでいます。まるでハリウッド映画でしか見られない光景です。そのとき、わたしはフロイト説が「前方脱出」という概念をつくりあげたとき、それがつくりごとではないと分かりました。相棒は女将に文句をつけ、選ばねばならないことに不平を言っているところに割りこみ、わたしはすっかり逆上し、恐怖が欲望に変わり、しどろもどろに言いました——「あんたはどれにしますか。わたしはこれにします」。そしてさっと手をのばし、選んだ女に突進します。彼女は無表情で、あきらめた様子で待っていたのです。

結果は、想像できるように、あまりにもスタンダール的〔失態〕でした。彼女は無関心でしたので、何も言いませんでした。わたしが強者にも弱者にも似つかわしく、つつましやかにサロンへもどってみると、相棒がいて、その前で女将は両手のこぶしを腰にあてた格好で、金を使うのでなければ何をしにやって来たのかと息まいていました。かれはわたしがきわめてたくましい気質だと思って気おくれしながら、わざとらしい様子で言いました——「今夜はどうも乗り気がしない」。われわれはそれ以上何も言わないで、ローマにもどりました。しかし両者ともうまくいかなかった日の翌日、かれの細君はわたしの武勇を冷やかしました。わたしは否定もしませんでした。その後は、いかがわしい場所への入場料と引き換えに楽しむことができました。

もうふたつの話を聞いていただきたい。それは前回と同様に、有史以前、つまり三十歳以前のことであり、もう時効になっています。最後のは衝撃的であり、これから話すことは素朴なことです。まるでそのときの後遺症のように、わたしはナポリでの口惜しさと楽しさをもって帰りました。ちょうど、あの町での碑文や彫刻について論文を書かねばならなくなりました。そこで、こんどは改めてナポリへ行き、滞在しました。ところで、わたしはマルクス主義的な願望から社会を想像したかったように、わたしの好きな生活は読書生活でした。わたしの三部の福音書は『赤と黒』、『パルムの僧院』、そして『感情教育』でしたので、二番目の小説はイタリアが舞台であり、その国は必然的に恋の国でした。ナポリに着いた最初の晩から、その土地のかわいい女が言い寄ってきたので、彼女の家へついてゆきました。彼女は「あたし、妹といっしょに暮らしているのよ」と言って、となりの部屋で裁縫をしていたもうひとりの女を紹介しました。ここで、二番目の福音書はわが教会の博士ヴァレリ・ラルボーに受けつがれることになります。まず、『バルナボート』における主要人物はナポリで、土地の美しい娘と同棲しますが、この娘は夜中になるとシーツのそとの男の腕に抱かれて眠る、つまり厄介な話です。第二に、『恋人たち、幸福な恋人たち』では、ナレーターはモンプリエにおいて、同時にふたりの踊り子と同棲します。予定はすっかり決まっていました。そこでわたしは、借りておいた家具つきの部屋を共同で使おうとふたりの娘を招待します。彼女らは当然だと思って、あっさり承諾しました。そこで、だらしない俗世活がはじまったのです。だが質素な生活でしたので、無邪気なものでした。たとえば家庭的な古い家具類、貧乏暮らしのように古くて、また貴重な家具類にとりかこまれて暮らす若い女体、日常的で惰性的なくされ縁のような同棲生活。それでもはじめのうちはたいへんな日々でしたが（自分が主人公のように思えた）、それは長続きしなかった。六日も経つと、わたしは金に困って、祖先伝来の奉仕精神の魅力も消えました。早朝に、シトローエンのトランクに荷物をまとめて投げこみ、さっさと消えることにしました。

痛烈な後日談として、前のふたつの話から当然の結果です。つまりわたしの若い妻が、わたしのことを我慢できない夫だと思って（それは当時としてはまったく正しかった）、去っていきました。それはわたしの人生で、ふたつの最悪の思い出のひとつです。わたしは精神的な苦痛が肉体的な苦痛に等しいことを悟りました。情熱的なふたつの時期のあいだにあって、空虚な生活へ落とされるのはひどい悩みであり、夜中にシーツを噛みしめるほどです。そのようなときには、官能的なことが感情を静めてくれると思われやすい。またそのような欺瞞が生じても仕方がありません。結局ある夜、娼婦のいる居酒屋のドアを開けてはいり、醜くもなく、かわいくもない女を見つける。さいわい、その女の顔には危険な稼業から生まれる非情または無気力な兆候が現れていませんでした。

彼女は、わたしから好意的に見られていると分かっても、わたしの醜い顔に嫌悪感をうまく隠せなかった。だがわたしの経験では、そのような問題はすぐ解決すると分かっていたので、あまり気にならなかった。それどころか、こんな場所には似合わないほどの丁重さで彼女に声をかけ、また意外なことに彼女を夕食に誘いました。彼女はびっくりしましたが愛想よく承諾し、それからテーブルについて向かいあい、わたしは彼女のご機嫌をとり、彼女の家庭、カーテンの色、さらに彼女の愛娘に興味を示します。ローマ史から学んだことですが、贈与に返礼がつきものだと思っていましたので、最後に、無償でいくらかの現金を受けとってほしいと頼み、また、どれほど彼女が欲しいかを話しました。そこで、ふたりではいった連込宿の一室が愛欲の部屋になったのです。相手の女性は素朴で、感傷的な娘にもどりました。宿を出て、居酒屋へもどらねばならなくなったとき、われわれは古い家の並んだ通りの玄関先のかげに立ちどまっては、抱擁をくりかえし、絡みあいながら居酒屋へ引き返しました。ドアを押して中にはいったら女将がこう叫びました――「あら、まぁ！　ふたりとも恋人のようよ！　こんなに長くいっしょにいたなんて！ひょっとしたら、警察に……と心配しかけたのよ。それでも、だんな、心配することはないわ」。それから、すぐつけ足して言いました――「いっしょに食事をしていかない？　おいしい煮込みをつくっておいたから」。愛想のよい娘について言えば、彼女は何カ月ものあいだわたしをなじみにしました。

そして、消えゆく美しい夜のために
ため息の影がふたりの恋物語でゆらめいても、
過ぎし夏のすばらしさ、
そのときの息吹は
おとぎ噺のような魅力を曇らさないだろう。

詩はつねに少しは誇張しますが、嘘だとは言いきれません。

すでに古くなった臆病な若気の過ちは、このくらいにしておきましょう。つまりエコール・ノルマル出身者でないなら、むしろシェリュバン〔『フィガロの結婚』で、恋に目覚める若者〕の年ごろなら、本気で無茶なこともしたでしょう。そんなことがあってから、新しい恋に落ち、再婚することになります。しかしそのようなことはまじめな話になるので、述べないことにします。ただ、心のささやかな神秘を指摘しておきたいと思います。わたしは愛し、そして愛され、満たされ、すっかり度を失ったほどです。ところで奇妙なことに、この情熱は死の妄想と混じりあっていました。わたしは死ぬような思いで幾時間も過ごしました。サナリー海岸で、マイアンドロスのマグネシア〔古代都市〕のギリシア碑文を読みながらも、スポンドのソネット「たとえ死なねばならぬとも」が、鈴の音のように頭の中でひびきわたっていました。詩人たちは「愛欲」と「死」が双子だと言いますが、わたしには信じられなかった。

わたしはやっと泳げるようになり、水泳禁止を示すオレンジ色の旗が上がっているときに、どうしても泳ぎたくなりました。砂浜の監視員から二度も注意されたのですが、その二度目から監視員もあきらめて、少しのあいだ、ばたばたと泳がせてくれました。死と、そしておそらく「抵抗運動」の気持にとりつかれたのかも知れませんが、荒れた、狭いサナリー湾をクロールで泳ぎきろうとしたことがあります。そのとき気づいたことですが、わたしには生きる意欲が乏しいと感じました。なぜならその湾の途中でわたしは疲れはて、息も絶えだえになり、波にさらわれ、頭を水面に出すこともできなくなったのです。もうこれでおしまいだと思いました。そしてこう考えました――ピンボール・ゲームに失敗して途中で投げだすときとおなじような自暴自棄になり、「くそ、どうでもいいや、もうたくさんだ」と思いました。そのような無関心さは、後日、必要なときにもう一度味わうことになります。

救助ボートに乗せられて海岸にもどるまで、グリルパルツァーの劇の題『海と愛の波』が頭に浮かびました。愛がわたしにとって、ワーグナー的で腐敗的で魅惑的な調子を帯びたのはそれが生涯でただ一度でした。つまりそれは「トリスタン」であり、愛と死であったのです。そのようなモーツァルト的悦楽感と、ドビュッシーによれば大洋的活力感は、それまで一度も味わったことがなく、また二度と味わえないでしょう。ジョルジュ・バタイユの言う、禁じられたことと欲望の連関性は、わたしにはやはり無関係であり、理解できないものです。

大事な研究の話にもどりましょう。ローマでのすばらしい幾年かを過ごしてから、ソルボンヌ大学の古代史講座の助手になります。それは一九五七年であり、わたしが二十七歳のときです。ちょうどわれわれの世代は第二の危機を迎えることになります。つまりアルジェリア戦争という、過去の植民地帝国の崩壊時代のように時代錯誤的な紛争です。そのときはじめて活発な闘争意欲に燃えました（それはわたしが共産党にはいっていたときには見られないことでした。というのも潜在的な疑念にとりつかれていたからです）。たとえば戦争の終わりごろ、わたしはアルジェリア民族解放戦線、つまり戦うアルジェリア人に加担しました。

わたしはこの戦争の最後の二年間、「下部組織の闘士」にすぎなかったので、あまり話すことがありません。わたしはアルジェリアに兵士として送られなかった。つまり兵役が免除されていました。わたしは民族解放戦線がフランス在住のアルジェリア人から徴収していた軍税の有名な「運び屋」に直接かかわっていました。むしろアジトを探し、見つけるとか、それより頻繁に（自動車をもっていたから）民族解放戦線の拠点があるボンへの越境の秘密工作につくことが多かったのです。アルジェリア人は人殺しをなんとも思わなかった。現地アルジェリア脱走兵をボンへ送還するとき、死刑執行人へ引きわたすのかと思いました。あるときは、不安になって手帳にこう書いたことがあります――「いいやつが首をちょんぎられるのか」。連絡将校を輸送するときのほうが気楽でした。そのうちのふたりのことが思いだされます。かれらは大学人並みのひとで、完全にヨーロッパ人的でした。そのような作戦行動の前夜は、ぐっすり眠って不安を忘れることにしました。

民族解放戦線に対する支援団体を述べられるほど仲間を知っていませんでした。上司たちの本名も知らされなかったのです。というのも停戦後に、かれらに再会しようとも思わなかったからです。なぜならかれらには第三国支援主義という信念があり、それはわたしに無関係でしたから。わたしの息子の母とわたしは、たんに反植民地主義だったにすぎません。いつか、アルジェリアで考古学的な調査の滞在から、今日では、まるで古代の奴隷制度のような想像を絶する社会だという思い出が残りました。また、とくにその地で、拷問が日常、制度的におこなわれているという思いで、毎朝、目覚めたことがありました。そこで、わたしはそのようなことには潔白だと思われたかった。だから「民族解放戦線に協力したい」と、おおっぴらにくりかえしていました。同行の友人の画家がやがてわたしに代わってくれました。そのころ親友だった考古学者ジョルジュ・ヴィルは情報部の将校でもあったのですが、拷問にはなんのかかわりもありません。この陽気な絶望者で、絶対をあこがれる懐疑論者は、この世でそんな事実があったことを積極的に否定しようとしました。秘密行動に才能があったかれはいちはやく昇進し、戦後、キューバ人からいろいろな働き口を提供されましたが、かれはどれもことわって、ルーヴル美術館の学芸員におさまりました。

あとになってから聞いたことですが、警察ではすべて、ほとんどすべてが分かっていました。事実、ある夜わたしが住んでいるバニューからパリ第十六区にある友人の家まで、ポーカーをするために行く途中のあいだ、ほとんど公然と尾行されていることに気がつきました。実際、幾人かが逮捕されました。しかし軍隊がパリで権力を掌握できないかぎり、拘留されるかも知れないが拷問の心配はなかったのです。そのような活動は、わたしにとって決して愉快なことではありませんが、怖かっただけです。わたし以外の者らは明らかにロマンチックだと思っていて、ちょうど職業的な兵隊が戦争を好むのとおなじです。かれらにとって、そのような血気さかんなメロディーに恐怖の伴奏がついているのかどうか分かりません。

一九六〇年に、ヴィルとわたしの息子の母と「ペスキドゥ」とかいう者が、アルジェリア人の拠金をフランスから持ちだす仕事にかかわっていました。かれらは当時、評判だった民族解放戦線の「軍資金」に二十億フランを追加しました。それがカンロベール作戦と言われたようです。つまりこれは一八三〇年ごろにアルジェリアを征服した将軍のひとりの名であり、ヴィルが耽美主義的な趣味から思いついたユーモアでしょう。また、首を刎ねられるはずのアルジェリア人の逃亡を手伝った若いルクセンブルク人夫妻とも知りあいました。安全確保（細胞化と偽名）のために、基本的にはあまり詳しいことは分からなかった。戦争の末期には、権力争いが民族解放戦線の内部で起こったにちがいない。ある夜、マルセイユ郊外の淋しい路上で、ひとりのアルジェリア人がわたしに釈明を迫りながら、知らないひとの名やわたしの偽名をどなり散らしました。以上が、「運び屋」について知っているすべてです。

ところで、お笑いになるかも知れない話があります。つまり使命を果たしているあいだじゅう、まるで自分の信条書のように、ルネ・シャールの詩集『ただ残っているもの』*Seuls demeurent* の献呈本を所持していました。あるとき、国境付近でドイツの警察につかまったことがあります。でもドイツ人は、近く独立する国と悪い関係になりたくなかったので、二時間後に釈放されました。その警官たちは形式的なわたしの下手な嘘を笑いました。わたしは見のがしてもらえると分かっていました。それでもかれらは『ただ残っているもの』に興味をもちましたが、警察には、難しい詩が全然分かりません。

実際的な効果から見て、以上のすべてには大した重要性がなかった。アルジェリア人、あるいは「兄弟たち」と言われたかれらには、それほど助けてもらう必要がなかったのです。ヴィルはいつも過小評価していて、それでも専門家ぶっていましたから、民族解放戦線にフランスでの援助を受けいれるように願うべきだと主張していましたが、それはむしろかれらの迷惑になりました。それでも「運び屋たち」は、たとえ独断にすぎなくても、誠実さを示したいか、あるいは第三世界支持者をあこがれようとしたのです。それから六年後、ヴィルは自動車の運転中に事故を起こして亡くなりましたが、それが自殺的行為ではないかと思われました。これで、最初の親友を失ったことになります。

ジョルジュ・ヴィル、かれにとっては何もかもが平凡でした……エコール・ノルマル・シュペリユールで、ミシェル・フーコーから信じられないほど情熱的に、夢想的ユーモアのあるメランコリーを愛されたヴィル（あるとき、フーコーは「これほど美しいとは、よほど悩んだにちがいない！」と言って嘆いたことがあります）。また大学人としては大学を茶化し、将校としては軍隊を熱愛しながら、軍隊に我慢できず、キリスト教徒としては神を認められなかったヴィル。かれは、あまりにも型にはまったヨーロッパを脱出して、リヨテー総督下のモロッコを征服するために出かけるか、それともトゥアレグ族の中で暮らすほうを選んだような一九一〇年代の将校らしく思われます。ヴィルは、寛大で思いやりがあっても、かれのうちには矛盾があり、確かに残酷さと欲望を断ちきれなかったのでしょう。わたしが好きになった人々とおなじように、かれはわたしの平凡さ、またわたしの性格の優柔不断と臆病を悟らせてくれました。この将校はわたしに「知識人は危険を恐れず、それより乱闘を恐れるものです」と言っていました。というわけで、わたしはセネカのように、死に際して、一気にすべてを清算したいと思うことがあります。つまり老衰の前にいのちを絶つことができることです。

「運び屋」の仕事で、わたし自身のためになり、また人間の条件を知るためにも役立つ発見をする機会にめぐまれました。つまりわたしがひどくヴィルに嫉妬深くなったことです。かれがアルジェリア支援団体の上層部に抜擢されたことを知り、わたしは胸をえぐられるような気がして茫然となりました。というのも、自分ならそんなことを絶対に期待しなかったでしょうから。週に三度は手紙をやりとりしていた親友に嫉妬するなんて！（そんなことが話題になったことはまるでなかった）。嫉みというのは、そんなに俗っぽく、またそんなに反射的なものとは！　またそれほど科学的な客観性に反し、真の卓越性に対する尊敬に背き、デカルト的な寛容、ニーチェ的な精神的健康、そしてキリスト教的な慈愛に反するとは！これからは、しっかりそのことを頭にたたきこみ、行動をつつしみ、人間的条件をそんな不健康にさらさず、不快感も屈辱感も後悔も感じることなく、できれば徐々に自分自身や他人をもっと理解できるような平静さへ向かうようにしなければならないと思いました。わたしは三十歳でした。

あとになって、あこがれた平静さの手本を発見することになりますが、それはコレージュ・ド・フランスにおいてミシェル・フーコーと親密になるときです。

わたしがミシェル・フーコーやその親友たちとの交友において好きだったことは、他人の陰口をたたかず、よそでならあざ笑うか歯ぎしりして怒らせるようなことが、おだやかに容認されたことです。話題にしている第三者の誇大妄想狂も、いらいらした見栄もなく受けいれられました。他人の興奮や欲望も茶化されなかったのです。どんな個人にもそれなりの性癖、たとえば利己主義、野心、気まぐれ、嘘つき、迷信、ちょっとした卑怯または恥さらしがあることは、あらかじめ分かっています。嫉みと慈善的な説教は禁じられていました。夜の会合はニーチェ的にヒューマニスト的なものでした。そこでは、不幸なエルベ・ギベールが輝くような美貌で、独特の魅力がありましたが、病死しました。その会合は旧制度のサロンの現代版でしたが、〔モリエールの喜劇の〕セリメーヌのサロンではありません。

しかし先回りをするのはやめましょう。わたしが三十歳になってから、アルジェリア戦争は停戦し、アルジェリア在住フランス人の悲劇も終わります。たまたまエクス‐アン‐プロヴァンス大学の教授に任命されたので、プロヴァンスへもどることになります。そこでラテン語を教え、学術雑誌にギリシア・ローマ史関係の論文を発表します。

そのあいだに、長年にわたる登山熱にとらわれます。この趣味については、尽きないほど話があります。シャモニーやウワザンで十二年間にわたって八月を過ごしました。ただ不幸にして、登山には、わたしには無理な体力が必要でした。わたしは岩場では無力ですが、雪や氷の斜面なら、なんとかこなせます。モンブラン、ロシュフォールの峰、シャルドンネ、さらに冗談ですが登山競技のあとで、氷山のクレバスと北斜面（九月末で、すっかりアイスバンになっていて、死にかけました）で二度転落してから、登山をあきらめました。たいへん残念なことですが、登山家の登龍門ともいうべきヴェルト峰の頂上に到達できませんでした。地元のひとは言うのでした──「ああ、ヴェルト峰、あれはけわしい山ですよ」。わたしはその山に学位論文を捧げましたが、その献辞は、古いプロヴァンス語で四行の詩になりました。それを訳してみましょう──「おまえの空に顔を浸せば、わたしは清められ（早く洗ってくれ）、そしてわたしはおまえの雪の衣よりも、いっそう白くなれるだろう」。なぜならわたしはその山に文字どおり惚れました。大好きでしたし、ローマ史を愛したのとおなじ理由で愛しました、つまりあの山は「古典」でした。

わたしの息子の母はそのことでたいへん不安になり、わたしに遺言書を書かせました。それも当然です、なぜならわたしは恐怖と無分別な衝動のあいだで、ゆれ動いていたからです（その無分別のおかげで、逆に北斜面で窮地を救われましたが）。

山の詩情はもっともかけ離れた現実どうしを時間と空間の中につめこむことです。あるとき、いちばんおだやかな峰ブライトホルンの上で、わたしは氷の上に寝たくなる。すると海抜四千メートルの上に照りつける恐ろしい太陽にさらされて、からだの左側はアノラックと二枚のセーターの中で焦げつきそうになるが、右側はマイナス二十度の氷河の氷で凍傷にかかりそうでした。こうして、からだの左側と右側の距離は熱帯気候と北極気候を隔てる二万キロメートルに等しいものでした。わたしのいる高所から、はっきりツェルマットが望めたが、そこまではエッフェル塔の高さの八倍も下方でした。

山の眺めは、目にはとくに知的な喜びとなります。高さは他の二次元とおなじか、それ以上であり、大きさの尺度はわれわれの尺度ではなくなり、岩山の茶色と雪の白さは絵の具皿の色彩力を失わせます。眺めの壮観さはやがて標準化し、大いなる静けさは、どれほどやかましい騒音でも静めてくれます。のぼりやくだりの斜面は、不規則な稜線でなく、おだやかな垂直です。とにかく言葉では言い尽くせません。

峰々の形は典型的で、「理想型化されて」いますが、その大きさは極端に複雑化しています。たとえばドリュ峰の容姿はセルヴァン峰とは異なり、いずれもそれなりの個性で識別できます。眺めは驚くほど変化に富んでいて、たとえば突然のすき間、思いがけないパノラマ的眺望、さまざまな視角があります。植物や家のある平野とは違い、この世界は、破片やガラスのかけらや小石のようにフラクタル〔一種の幾何学的な模様〕な図形をしていて、すべてが偶然のなせるわざのように、不規則なのこぎり歯のように切りたっているのです。さらにどの地点にいても、その偶然の光景はおなじです。たとえばセルヴァン峰の姿はフラクタルであり、またどんな小石もおなじ格好です。このような不規則な形の一律性には、一律の形をした生命や栖樫や葦の存在とは無関係です。

色彩もなく、匂いもなく、魅力もなく、また何よりもまず複雑です。そこは原始的で、人類以前の世界であり、倦怠をのがれる人々や、あまりにも整然として滑らかな平野に、かえって不安になる人々しか惹きつけられない本来的騒乱状態に凝固した世界です。たとえば、わたしは幾度も、手のひらのように平たい水平の湖の広がりに気をとられて、耐えがたい憂鬱に落ちこんだことがあります。登山をすることは、冒険と活動の趣味、さらにはロマンチックなものへの趣味に向いています。それは効果的な性格テストになります。

事実、登山の難しさは、決して虚空への恐怖と言われるようなものではありません。そんな恐怖はだれでも二度目の登山からはなくなります。登山者にとっての問題は、サイクリストが自転車の上でたとえ目がくらんでも、からだの平衡を保つように、「目がくらむ」ことではありません。危険と困難は合体しますので、むしろ登りやすい山岳ほど危険が大きいこともあります。ドリュ峰登攀はきわめて難しいですが、登攀者にとっては手の下で崩れないようなよい岩場があり、ザイルもろとも頭上に落ちてはこないそうです。反対にモンブランは、わたしの数メートル近くで、貨物列車のようなとどろきとともに雪崩のように落石が起こったことがあり、この山は登りやすく危険です。

ロマンチックな不穏さは不安と焦燥感の緩和剤になります。問題の不安は、よく言われるように死への不安かどうかは分かりません。わたしとしては、そのようなことはまったく気づきません。死のテーマは、肉体を思いだしたがらない形而上学者的な至上命令かも知れません。しかし肉体は、勝手に不安を生むこともあり、ちょうどある種の麻薬の作用や、嵐を告げる息苦しさと同様です。そのことでわたしに分かることは、倦怠が一種の不安であり、耐えがたいということです。だからわたしが犯したほとんどすべての失態、無謀な手紙、ロマンチックまたは不正な決心は、一、二週間つづいた病的な倦怠の捌け口でした。それは分かっていて、予感もします。二度と息がつまらないようにするためには、どんな無茶をしでかすかと心配ですが、仕方がありません。これでなければ、あれというように無茶なことをするでしょう。

山岳は情熱的な世界です。だから、そこへ到達するには代償を払わなければなりません。苦しんで、自分にきびしくしなければなりません。国民一般の現今の賢明な考えによれば、「いくらか自虐的になる」必要があると言うでしょうが、それは本当に自虐的になるには両者でなければならないということをうっかり忘れているからです。つまり自分で苦しんでいる孤独者は、必然的に自虐的であるとともに加虐者なのです。賢明な考えは、また、この世がうまくつくられていないこと、そしてまた快楽には苦しい見返りがあることもあるので、自虐も覚悟しなければならない、ということを忘れています。賢明さというものは楽観主義です。つまり登山をするのは山岳を愛しているからであり、この世で、何かを犠牲にしなければ愛することができないということを忘れています。愛というものは天国（とはうまく言ったものです）でしか純粋にならないでしょう。

だから人々が内面はおだやかでいて、さまざまな興奮状態を望遠鏡で眺めるだけにし、無謀だとか、異常だとか、滑稽だと言いたがるのです。たとえば、旅行者はシャモニーの連峰の麓にいて、望遠鏡を借り、氷の斜面の上の登山家たちを眺めて、顔をしかめ、まるでその光景から個人的な打撃を受けたような気になります。そのようなことはこの地方では珍しくありません。だからまことに哲学的な問題を提起します。四つの説明が引きだせるでしょう。つまり第一に、その旅行者は臆病であり、自分ができないようなことについて高邁な道徳的非難をぶちまけたのです。これはありふれたことです。第二に、かれは山を愛することに不感症ではありません（かれがこの地にスポーツ着でやって来ていることがその証拠です）。しかし、どんな情熱もおなじですが、自分のもろい性格的な均衡やエネルギーの欠乏を脅かすような情熱を非難したのです。というのも情熱には強烈な性格が必要だからです。第三に、かれは政治家か、集団的な結束の番人です。かれは山岳への情熱、いや、すべての情熱を、まるで社会秩序に対する侵害だと思って恐れたのです。しかし、どうして登山や離婚の頻発が革命をひきおこすなどと考えられるでしょうか。精神的な秩序が社会的な秩序の条件だなどと考えることは、まことに俗っぽい合理化にちがいありません。第四に、本当の説明は、原始的な精神性の残存、つまり不穏への個人的な恐怖にあるかも知れません。（ここで、だれかは、儒教が不穏の哲学であり、二千年来の中国文明も、シャモニーの旅行者が望遠鏡で見て感じた思いのうちに説明がつくと考えるかも知れません）。今世紀において、古くさい恐怖症がまだなんらかの役割を演じていることを疑うなら、外国人嫌いや人種差別のような不穏さに無駄な熱を上げていることを考えるだけで充分でしょう。

登山にはいま話したような心理状態と複雑な美学のほかに、想像的世界もあります。耐久力が登山家たちにアルプスの峰々をめざさせ、どの峰も高さでは地上の果てであり、世界の終点です。ところで、高所には精神的な高揚があり、緑色が精神を安定させるのと同様に、赤色は挑発的であり、ニ短調の世界は悲劇的です。山頂に達した登山家の心を満たすのは視界や景色ではありません。つまり高いところにいて、果てにいるということです。たまたま死を考えるとき（まだ登山ができる年齢のときには一度も死を考えたことはありませんが）、日本の句のひとつを口ずさんで、気を慰めます――「これでよし　百万年の仮寝かな」〔大西瀧治郎海軍中将、一九四五年八月十六日自刃〕。地下では、死が息を詰まらせますが、高いところでは、死は永遠で、きらめく広漠たる空です。高い山、つまり静謐で、われわれには未知で、われわれを寄せつけないカオス的存在は、夜の想像力にとっては、われわれの終わりを暗示しています。

地上のことにもどりましょう。十年間、わたしはエクス‐アン‐プロヴァンス大学でラテン語を教えましたが、四十歳のとき、ちょうど一九六八年の直後ですが、わたしの最初の著書が出ました。それは歴史の書き方に関する試論でしたが、それがレイモン・アロンに認められたのです。というのもその本が一九六八年の思想に反対というよりはむしろ無関係だったので、アロンには、おそらく勘違いですが、自分の学術的で政治的でもある立場に即応していると思われました。ですから幾年間かは、わたしはかれの弟子になり親密な関係になりました。その人物と作品は著名ですので、詳しく自由に語れるでしょう。

そこで、わたしの人生は四十歳のときに発展的進歩を遂げます。つまりアロンはわたしが知り合いになった最初の権威者で、また最初の天才でした。それはまず田園牧歌的でした。かれにはさっぱりした愛想のよさがありました。かれは情熱家ではないとしても、庇護者であり、それ以上に感情的でした。かれの話しぶりはすばらしく、また示唆に富んでいました。頭の回転の速さはフーコーに匹敵しました。『フィガロ』紙を買いつづけることは、いわば物理的に不可能でしたが、かれの魅力に屈していました。だからキオスクの陳列台でアロンの論説を読んでいました。

かれは、立派なジャーナリストであったかも知れません。つまりこの方面で活動し、アングロ－サクソン系の諸国では一流の哲学的才人として正当に尊敬されています。かれの『クラウゼヴィッツ』は評釈書の傑作ですが、かれの基本的な情熱は、書斎人、つまりマックス・ウェーバーの言うような「学者」肌というよりはむしろ「政治家」的で論客的です。しかしかれはそれだけで満足せず、両者を兼ねたかった。かれは後世のひとから思いだしてもらえるようなサルトルや自分のことを声高く問題にしました。しかしかれが次のように告白したときには、もっと残念がっていました。つまりかれは、自分でも言ったように「数々の概念を生みだした」大思想家になり、新しいマックス・ウェーバー、新しいトクヴィルだったと思われたかったようです。

だから大ジャーナリストで、論説家です。つまり「自由主義者」です。最高の敬意を表する言い方ですが。しかしその言い方には、かなり違った二種の精神が混じっていて、ギゾー流の自由主義者（アロンはそれに属していました）、それからステュアート・ミル流の自由主義者がいるのです。ミルは論文によりはむしろその情熱、アロンから見れば低級だと軽蔑されるような情熱から見て、個性主義者で、女性解放論者でもあります。アロンは何よりもまず社会的団結人であり、ときには秩序派的人間が思想家のうちに見え隠れしていました。というのもある者が恵まれない人々に、あえてその不幸を考えさせようとするのを見て、いらいらしながら腹を立てていたからです。かれのあるセミナーに出席したあとで、すべての個人的選択を集約することの困難さという推論命題は、どんな集団も必然的に犠牲者を抱えているからではないかと尋ねました。そのときかれは、明白なことに文句をつけてはいけないことがまだ分からないような子供じみた質問だとして、軽く一蹴しました。つまりこれは、いたるところで前提事項を追求し、それを解明し、とりだすという純粋な理論家の執念が、かれには無縁のことだったということになります。かれは体制派のひとでした。

アロンに対するわたしの気持は複雑で（確かにわたしの職業的野心もからんでいました）、偉い「学者」への崇敬の念と、わたしとは違ったかれの意見と、さらに学者と政治家あるいは「元首顧問」を兼ねることが可能で、当然であるという態度を前にして感じる不快感が混じっていました。そのような兼業の名において、かれは自分の立場を正当化しようとしていました。自分からわたしに語ったことですが、ある経験がそのことを証明しています。つまりかれがまだ若いエコール・ノルマル・シュペリユールの学生だったとき、ある政治的権力者に楯突いたことがあります。そのとき、「それじゃ、きみがわたしの立場だったらどうしたかね」と言いかえされました。そのとき以来、アロンはもっぱら責任者の地位にあるということを念頭に置いて書いたそうです。

かれの『歴史哲学序説』の視点が、むしろ政治的な決断と非難の理論だということが分かりました。マックス・ウェーバーとしては、学者がそのような立場に立たないで、自分自身の立場に立ち、そこから純粋な興味をもって、どのようにすべてのこと（しかも市民的あるいは顧問的な個人的意見がどうであろうと）が実際に起こるのかを見つめようと努力します。しかもアロンの考え方は、思われるほど強制的ではありません。かれの立場が「元首」に可能な唯一の道を強制することはめったに起こりません。必然性による正当化は、たんに選ばれた路線を進むための口実にしかならないでしょう。

アロンはこの上なくすぐれた精神の持ち主であり、予想外の問題の存在を嗅ぎつける才能ではなく、むしろ一般的な問題を解明する術に長けていました。しかしかれは、ある意見を代表するとともに理論家にもなろうとしました。かれとしては、理性の教えを表明し、すべての熱狂には無関心な学識者で判断者として穏健な知性に語らせるだけでよいと思っていました。かれは真剣でした、そしてともかく堂々としていました。たとえばかれの意見に賛同しないが、感動して、かれを今世紀前半の思想家、わが古き賢者として尊重していた人々に後悔させたことがあります。

そうだと思います。しかしその賢明さは完全に尊敬できますが、それもかれが寄稿していた新聞の賢明さであり、ほかの賢明さとおなじく問題があり、知性の光ではありません。かれの行動で、問題がなく忘れがたい面としては、マルクス主義に対して、たえず賢明に鋭敏に、また巧みに闘争しつづけたことです。かれの意見がそれほど鮮明に表現されていない別の問題においては、それほど確実ではなくなります。わたしがいちばん困ったのは、かれがあいまいな論争家的戦略を立てていたことです。つまり哲学者であるとともに「元首」の顧問になれるというような戦略です。そのためにかれは、事実批判と価値判断をウェーバーのように（ウェーバー以前にも以後にもたくさんいますが）峻別することをなおざりにしなければならなかったのです。ウェーバーの千五百ページにおよぶ社会学的、方法論的な著作を読めば、一瞬も断定的な意見らしいものは見つかりません。しかもかれの「左翼的」な意見も含めてです（いそいでつけ加えると、ウェーバーは「善良な」ニーチェ主義者として、まったく反ユダヤ主義者ではありませんでした）。

アロンは、ウェーバーに反して、価値観的中立性の規則を逃れることができると証明するために、このドイツの偉大な思想家の唯名論を批判し、政治的行為（一種の行動学）と、自然な政治目的の恒久的論理があると再確認しなければならなかった。かれは、人間たち全体を平和に生活させる方法のうちに、ほかの人々からはまったく正当に、またたんに理性的には証明しがたい問題において、正義の実現のために求められていることを利用しようとしました。ところで私見によれば、社会生活はあらゆる点で、大なり小なりたえまない闘争状態に置かれています。和合のために和合を望むのは、そのような現実を隠すことになります。和合はどの陣営を選ぶかによって、勝利派につくか、自己犠牲になるか、それとも権力派へつくことになりますが、それもうわべだけです。人間の理想的な視界としての真実における平和、そんなものは不幸にして存在しません。

したがって、大なり小なり、反乱は決してなくなりません。疑う余地のないことですが、人間の混乱を全面的にしずめるという意味での革命は、今日では風説にすぎず、はっきり死んでいます。事実を見ればあまりにも確かなことです。それでも、アロンはその失敗から、反乱あるいは少なくともかれが是認しない反乱に対する考え方を引きだそうとしました——おとなしくしていよう、でなければ熊に襲われるよ。フランス大革命はマルクス主義的な左翼を正当化するような神話であったかも知れませんが、ロシア革命の失敗はアロン的な考え方でした。

歴史の書き方に関するわたしのささやかな本が出たあとで、アロンは数年間、自分の社会学セミナーにおいて、西洋古代史について研究を発表するように勧めてくれました。その機会に、わたしはかれの少数のグループに加わり、そこでは「左翼アロン派」と見なされました。アロンはいつか、自分のエピゴーネンとしての役割を果たせるようなエコール・ノルマル・シュペリユール卒業生を求めていたのです。その役割で、わたしはピエール・ブルデューの後任者になりました。というのもブルデューが一九六八年にアロンと仲たがいしていたからです。わたしの場合は、仲たがいはわたしのほうからではなかったはずです。アロンは、わたしが研究を発表しはじめて数年後に、コレージュ・ド・フランスの教授選考の候補にならないかと勧めてくれました。そして活発にこの人選を推し進めてくれました。しかし、同時に、いまでも分からない破綻が起こったのです、つまりアロンはわたしを嫌いはじめ、飽いてきたのです。おそらく、おたがいに誤解から生じた感情が自然にかれのうちに深まっていたのでしょう。多分わたしが何か書いたか、言ったかしたことで深い溝ができていたのでしょう。ただひとつ、それもかれの痛いところに触れるようなことを除いて、あらゆる点で親近な立場だったからには、まったくひどい別れ方をするはずがないとはだれにも分かっています。恩義あるかれとわたしのあいだが、やがて慢性的な不和に転じました。気性やユーモアの点でも、合わなかったのでしょう。しかしながら、もし冷静な人間と、もっと興味深い、血の気の多い人間を区別しなければならないなら、アロンは後者のタイプに属していました。かれの性格はひどく偏っていて、いわば文学的であり、感情の起伏や気まぐれ、苦悩にさいなまれていたのでしょう。わたしはかれの期待に背いたのでした。そこでかれのほうから、少し嫌がらせがはじまりました。わたしの生活（二度目の離婚をしていました）が、かれのうちにある集団的規律の人間を怒らせたのでしょう。かれはあけすけに、わたしのことを大人げないと言いました。とにかく、そのようにわたしに忠告するとき、かれは軽蔑することでいっそう激昂しているように思われないために、あまり顔を上げようとしなかった。

コレージュ・ド・フランスへのわたしの人事は進捗していましたので、かれには邪魔することができなかった。それにかれは、いったん決めたことを撤回するような人間ではなかった。わたしが選ばれたのちに、かれは報復として、かれのセミナーで。古代ギリシアの自由と平等について話しにくるようにと、同僚の立場として求めてきました。その時代のギリシアはあまりにも古い昔ですので、テーマはきわめて単純素朴に思われました。わたしは歴史家として、各時期の相違と、自由と平等という語がわれわれの場合とはおなじ意味ではないことを示そうとしました。驚いたことに、この平凡な話が聴講者たちを最高にいらだたせたのです。教室はアロンの弟子でいっぱいでした。そしてかれらとわたしのあいだで、講義はまるで夫婦喧嘩のように変わってしまいました。かれらは非常に憤慨して、価値観の不変性をぶつけてきました。このハプニングに驚いて、わたしは教壇の上でそばに坐っていたアロンのほうへふりむきました。かれは冷淡に数語で返事をしました。わたしのいた田舎では、歓迎したくない隣人がやって来れば犬どもに吠えさせておきます。その教訓の意味がよく分かりました。それからは、アロンから忘れてもらい、こちらもかれを忘れようと心がけました。

一九七四年に、わたしはコレージュ・ド・フランスの教授に選ばれていました。自分としては、かなり満足な無関心さを感じていたと思います。ですからアロンが票決の結果を告げるはずの電話のベルが鳴るのを、少しも気にすることなく待っていました。すべてが好調でした。ただ少し経ってから、ルーヴル美術館で、わがフランスの聖遺品、ジャン二世善王の肖像画を眺めていて、自分が任命されたばかりの大学、つまりコレージュのあとに「フランスの」という補語がつけられているな、と思いました。そのようなわけで、わたしの本当の気持はローマ賞をもらったときのドビュッシーのようでした——「コンクールの審査結果を興奮もせずに待っていた。しかし最初は、このちょっとした栄誉にさからえないないものだ。ヴィラ・メディチに着いたとき、わたしは神々から祝福されるどころではない気がした」と、かれは語っています。その後、わたしがミシェル・フーコーに再会したときはまったくうれしかった。かれもまたいやな思いをしていたのです。つまりかれは、アロンのセミナーに招かれて一戦をまじえたことをこころよく思っていなかった。というのも、アロンとその弟子たちの話では、その議論は、きわめて高いレベルで、ふたりのチャンピオンの一方が相手よりすぐれていることを示したからです。

しかし考えてみましょう。レイモン・アロンにもどります。アロンの政治的姿勢の背後、また左翼の人々の熱狂と素朴さどころか、知性の判断に満ちていると自負する意見の背後には、当然だれにもあるように、何よりも自分に重要な口外しないものがあって、それがかれの共感と反感を生じさせ、またかれの政治的で社会的な姿勢を決定していました。つまりそれは強い愛国心、あるいはむしろきわめて特異な傾向であり、「連帯主義」あるいは群衆の団結に対する不安と呼べるようなものです――かれの仲間では、いかなる騒乱も起こらず、またかれの平穏な全一性はいかなることにも乱されないということです。それが公表しようとしなかった基本的なかれの選択でしたが、それには純粋な「学者」の「価値観的中立性」も含まれていたはずです。それに反して、「政治家」、「元首の顧問」は、手のうちを明かさず、自分の意見の正当性を絶対視することが好きです。

群衆の団結と人間全体の平穏な生活（これはアロンの著書では政治の最終目的になっていましたが）が、かれを脅かすようになりますが、それは階級闘争であり、一九六八年の「五月革命」でもあり、さらに既得の地位を脅かすような早すぎる進展です。それはまたあらゆる面での変化であり、長髪族であり、風習の変化です。これらのことが基本的にまちがっていないとしても、やはり流行を招いたり、対立をひきおこしたり、くだらないことで大衆の連帯を脅かしたりして、まちがいを犯しているということになります。警察の手落ちに腹を立ててもつまらないし、単純です。アルジェリアにおける拷問に対して反抗するのは非国民ということになります。つまりそれこそいかなる抑圧とも変わらない行きすぎになります。そのことは当時、アロンが『国家間の戦争と平和』で書いていたとおりです。一九四五年の対独協力者粛清は、原則的にも、かれには問題でした。つまり、フランス人がフランス人を責めてはいけないのです。ペタンの政策はしばしば誤解された愛国心であって、愛国心には変わりがなく、集団への奉仕であり、しかもその奉仕は第一の義務です。上下を問わずドイツの群衆はたびたび集団へ奉仕したではないか、ということです。

ボンにおいて、北大西洋条約機構（NATO）が開催した晩餐会の席上で、新しいドイツ軍の将軍になった元ヒトラーの将軍が、英米の将校たちから露骨に排斥されたことがあります。アロンがわたしに語ったことですが、かれはその将軍を助けようとして、話し相手になりました。かれは、わたしが『アナール』誌に書いた論説に腹をたてました。というのもわたしがその中で、ヒトラーのもとで祖国を「裏切った」ドイツ人が、そんなことで自分の魂を救い義務を果たしたつもりでいるのか、とはっきり指摘していたからです。

お分かりのように、わたしがアロンの前提事項を述べるとき、自分の前提がいかなるものかを白状しています。かれにもそれが半ば分かっていて、それを人間の条件全般に適用していました。かれはあるとき書いていましたが、われわれの政治的立場が、ライン川あるいはピレネー山脈の向こう側で生まれていたら異なっていると思うのは、なんとなく不安です。かれはわたしにこう言いました――「わたしの抑えがたい愛国心は、解放者的フランスに感謝するユダヤ系アルザス出身のおかげだ」。しかしここで、愛国心という言葉はあまりにも漠然としているでしょう？　もっと細かく検討しなければならないのではありませんか。アロンの「集団的共通主義」はふたつの選択からなっています。第一に、何よりも大切なことは、それも闘争に対して守るべき穏健さや、尊重すべき政略の規定ではなく、不変・不動性、権利要求の欠如という形式で構想された市民の平和です。なぜかというと、第二に、不安の状況において（しかも政治では、すべての未来は不安定です）、守られなければならないのはできるかぎりの慎重さですから。つまり内部にひびがはいるようなリスクを決して犯してはならないのです。なぜならアロンの愛国心はとくに国政を重視しているからです。お分かりのように、わたしは行動社会学、つまり不安の状態における選択態度を研究する行動学者のつもりで話しています。アロンは集団性に極端なほど感受性が高く、また極度の

「慎重主義」がありました。

ここでわれわれは、いかに社会学が難しい学問かを知ります。どんな言語で語るべきかがあまり分からないのです。もしそれが日常的な陰口なら、アロンはひどく不安だったのです。かれは自分では愛国者だと思っていました。マルクス主義者なら、かれのように「慎重派集団的共通主義」は自分の社会的立場と階級的利害を示すだけだと言うでしょう。われわれとしては、心底を探ることも、近いひとの性格を説明することもできるとは思われませんので、かれの立場をはっきりさせようと試みたことで満足しなければなりません。

アロンがわたしに幾度もマックス・ウェーバーのある本について語ったことですが、その本において、ウェーバーは学者としてではなく珍しく政治家としての役割を果たしました。つまりウェーバーはドイツ東方未開墾共有地に住むポーランド人が国内入植民的な悲惨な条件に置かれているのを是認したのです。つまりそれはドイツ帝国、ひいてはヨーロッパ文明の偉大さにとって、やむをえないことだったというわけです。アロンは、人間の条件の、しばしばきびしい必然性に対して、あきらめた口調でその本を引用しました。

その根底には、合理的打算、つまり自分に都合よく自分の目的に適用される打算があります。要するに、野生の羊や牛の群れは寄り合い一団となって、狼や虎に対抗します。不幸にして前列にいるもの（プロレタリアと言ってもよい）は食べられるが、残りのものは全員の団結のおかげで助かります。

もちろん、わたしとしてはこのアロンの合理性を道徳的に非難するような愚かな真似はしません（いかなる予断でもって、そんなことができるでしょうか）。わたしとしては、ただほかの合理性も考えられ、いやむしろ、危険性や問題点について別の見方もあると認められるように思われます。つまり狼とおなじような同胞を恐れたり、あるいはむしろみんなのためにたまたま犠牲になるよりは孤立の危険性を選ぶことも考えられます。とくに慎重さを最優先することを選ばないで、問題点と危険性を配合して、つり合いをとることもできます。要するに危険性の一部分だけを負担することです。またそれがおそらく、いちばん多くおこなわれる場合です。ただしわたしがそれについて考えていることは、古代では安全性を重視するあまり、プラトンの場合のように不動性という理想に帰着しました。かれは革新を、脅威的な不服従の兆候として恐れたのです。

カトリーヌさん、あなたは最近の論文で、古代ギリシアのテキストから、またとくにアテナイの法制官で詩人ソロンの恋歌から人間的行動の図式を明らかにしましたが、おなじ類推で、プラトンが抱いた概念の根底にあるものを明白にしているように思われます。神々は人間たちに、その条件と寿命を配分している。神々はそれを人間たちに与えている。それがこの世の立派な秩序です。人間の行動は、そのようにつくられた均衡において攪乱と見なされ、受けとりさえすればよいのに取ったり盗んだりするのとおなじことになり、神の合理性の普遍的計画や、その合理性によってすべてのひとに課せられた限界にとらわれないという意味で、未知のもの、不確定のものにチャンスを与えることになります。

ここで、神々や運命の分け前については論外にしましょう。あとは、ただ人間がみずからの歴史をつくるだけですが、人間はその歴史がどうなるか、未来によってどうされるか、が分かりません。だから変化を避けなければなりません。行動することは、危険な混乱を招くことになります。

政治的行動というものは、かなり本能的な心底にもとづいています。だから政治哲学が、いくら理屈を並べて模範的であっても、もっとも説得力のある賢明さにはなれないのです。本能という言葉を、その表明において広く一般的で、精力的であり、またその反応の仕方において直接的で、無意識的で、理性を無視した態度と理解しましょう。したがって意識は必ずしもわれわれの行動の根底にはありません。子供に対する母親の愛情は、理由なしに、はげしくはたらきます。「集団的共通主義」についても同様で、つまり各人に自己犠牲を強制し、また群衆（「人類、社会、同胞」のためにとは申しません）のために他の人々に犠牲を強いる公安的な「無意識の」打算です。そのような態度は、小石でも化学物質でもないという意味でひとつの考えですが、無自覚な考えであり、各人、またはほとんど各人が他人に適用したり、強制しながら、その理由も分からず、絶対命令と見なす方便です。この方便は自分の打算を道徳律にして、反抗者を叱るか、それともその反抗者によい手本を見せるのです。つまりすべてのひとに群衆の掟を教え、また理性的で、ますます論証的な意識とは違った恣意でもって教えることになります。このように、すべての人に対するすべての人の監視は一種の反射的行動です。

というのも、われわれができるかぎり合理的になろうとしたり、または最高に合理化できると思われる政治的な選択には、本能的あるいはむしろ性格的と言える根底があります。その証拠に、われわれの選択にはいつもすぐいらだって抑圧したがる面があります。つまり大したことでなく、長髪とかチョッキとかネクタイというようなちょっとした兆候に的外れな重大性を与えたりします。ちょうど犬が恐怖と怒りで、人相を見て判断したり、ぼろ着や制服に向かって吠えるようなものです。犬は用心深く推測します。われわれにしても、動物に劣らない用心深さのために、個人の自由や、ジョン・ステュアート・ミル流の自由主義よりは道徳的秩序と警察制度を好みます。集団の反応もまた、おなじく本能的なものです。つまり原始的な想像力へ退行するのです。

哲学者アランが言うように、そしてまたかれの『戦場手記』の中で、市民生活では樽職人だった軍曹ルイ・バルタスが言うように、一九一四―一八年の大戦中の兵士たちは単純な考えでがんばり、戦友たちがいくらぼやいていても、逃げだすことができなかったそうです。個性主義はわれわれには普通のことと思われます、つまり生きているものはみな生きつづけようとしますから、自分自身を愛し、必死になって自分のいのちを守ろうとするのも当然だと思われます。だから個人の愛情において、ほかの場合に、おなじエネルギーが、人類を構成する多くの集団のひとつ、つまり自分が属する集団のために逆に個人への愛へ注がれても、やはり本能的だと見なさねばなりません。しかも人間的集団の多数性は政治哲学の「盲点」であり、つまりそのために現実的なものすべては正しく、また社会は理性あるすべてのひとが尊重するに値すると考えるのに、もっとも立派な理由を与えてくれます。しかしただひとつの理性しかないのに、どうして多くの社会が存在するのかと疑うことを忘れています。

レイモン・アロンのことから、すっかり逸れてしまいましたので、話をもどしましょう。というのも、本当の思想家の場合であっても、そのひとの意見が必ずしも賛同されない考え方だと知ることは有益ですから。

アロンは、暗黙のうちに最大集団の慎重さになじんでいますが、そのほかに、かれによれば最適計算という書かれていない面もあります。つまり既成の社会的秩序、「権力構造」*establishments* の特権に対する偏向です。一九六七年に『相続者たち』が上梓されたとき、かれはそのことをパスロンとともに話していましたが、この本では、どれほど学校制度が特権階級の子弟たちを優遇しているかが分かりますが、かれもおなじくそのことをわたしに話しましたが、書くことはひかえました。

かれはパスロンにこう言っています――「ブルデューとあなたは、この本の中で、一般人の頭脳がなおざりにされるのは公益にとって残念なことだが、集団には有益だというテクノクラートの方向へ赴くことになる」。そのひとたちに分からないのは、すべての人々の利益になるように集団を機能させるのに必要な若干の英才を特権階級の中で育てていくよりも、未開発の土地を開発するほうが高くつくということです。二倍も高くつきます、つまり財政的に、そして社会的にです。庶民の子弟が社会的に向上すれば、自分らの利益になじんでいる特権階級の人々を脅かすでしょうし、また庶民階級にも不満を生じさせるでしょう。なぜならすべてのひとが必ずしも社会的昇格にあやかれないからです。あなたが前者から奪えば、かれらは、不満を感じてもいなかった後者に益するために自分らが損をすると感じるでしょう。というのもあなたがかれらの不幸と呼んでいるものが、かれらには分からなかったからです。あなたが頭で考えていることはマルクス主義的で、サルトル流の喪失概念です。つまり所有できるはずのものを奪われたひとは、たとえ意識していなくても喪失者です。むしろ喪失と非-所有状態、「何かを奪われたと思うこと」と「一度も所有したことがない」とのあいだに区別をつけるべきでしょう。持っていたものが奪われるときだけ、痛感されるのです。

この考え方は理にかなっていて、まず反論の余地がないように思われます。読者の中には、憤慨して、階級の不正をすぐにでも持ちだしたいと思うひとがいるかも知れませんが、そんなひとはまず次のことを自問してみるべきでしょう——妻に裏切られたことをまったく知らないでいる亭主に本当のことを言いにゆくでしょうか。妻の不倫を知らないでいる男を見て、恥ずかしいことだと思い、絶対によくないことだと主張して、正当化できるでしょうか。事実を知らないかぎり、不幸になれるでしょうか。

結局、アロンの考え方は真実でもなく、虚偽でもないと思われます。つまりそれはかれが人間や社会に関する、なんらかの概念で得た個人的な選択なのです。別の選択もできるでしょうから議論することはできないでしょう。しかしそれ以上に、この考え方は事柄を単純化し、整理し、また不自然なところもありません。不利な立場にいる人々はすべて、不利であることを知らないはずがありません。かれらはどんな時代においても、アロンが推測したがるような幸福な無知の状態のままでは暮らしません。無知だと思われている人々が、あるとき突然、自分らの境遇を意識すれば、反抗するにきまっています。かれらが不幸から目覚めて、ざわめきはじめたら、アロンは急いで自分の立場を見直したでしょうか。わたしの記憶では、かれはむしろ反抗精神を非難したでしょう。つまりかれはそのようなことが嫌いでした。どうしてそう言えなかったのでしょうか。

アロンの考え方は最適計算ということであり、これは経済専門家がやっていることとおなじです。つまり経費と利益を比較して、できるだけうまく帳尻を合わせることです。しかしその場合、計算はいっそうきびしくなるはずです。つまり両者の不具合を総計することになるからです。どれだけの資本家、どれだけの庶民の子息が、それぞれどれほど苦しむことになるでしょうか。もちろん計算は不可能ですし、またその考え方も無理です。アロンとしては、前者が手みじかに苦しみ、庶民の子息がまったく苦しまないように提案しますが、これではかれの計算は少し甘すぎます。さらに問題の設定が架空的です。あまり気を使わずに、眠っている猫を起こさないでいることはできますが、目覚めないようにするほうが難しいでしょう。妊娠中絶を認めるひとでも、嬰児殺しには尻込みするでしょう。ところで、現代の政治社会には党派や組合や新聞があり、幸いにして無知でいるのも、せいぜい一部か一時的です。権利要求と言われるものも無用になっていません。問題は猫を起こさないようにすることではなくなっています。まさしくそのとおりです。アロンの考え方には一般の政治的な寓話に似た寓話、たとえば「手足と胃袋」〔ラ・フォンテーヌの寓話詩にもなっている、つまり遊んでいるように見える権力者に背いても、かえって庶民全体のいのち取りになりかねない、の意〕のように、単純さが認められると言えるでしょう。

かれの寓話は正義または社会を選ぶという「観念論的な口実」であり、これは面倒なことではありません。くりかえして言えば、その選択がはっきり現れないのが、もっとじれったいのです。それでも選んでいたことになります、なぜなら人間は、現在ありのままに、またこれからどうなるか、あるいは古代の哲学者が言ったように、「潜在的」にどうか、で受けとられます。つまりおそらく、まだ一度も専門教育を身につけたこともなく、社会的栄誉を受けたこともないが、そうなるかも知れないという可能性があるのです。そこで、二種類の政策、つまり、ひとつは人々を現在あるがままにおだやかな暮らしをさせておき、そのためには恵まれない人々に実際の条件を知らさないでおくか、それとも人間の潜在能力を発展させるように努めるかです。

ふたつの選択肢がそれぞれ存在し、人間の現実によって証明されます。そこでアロンは、自己流の単純な選択を明白で、また唯一合理的なものだと見なします。かれは「潜在能力」よりはむしろ現実、行為を選ぶのです。それに反して、聖トマス・アクィナスは、あらゆる潜在能力を発展させないことは罪であるか、偉大な魂の欠如かであると見なし、それがかれの信条でした。実際、われわれは行動をためらうものです。たとえば召使いたちの前では、かれらをあまり刺激したり、不満を抱かせないように、金持らしくふるまわないように気をつけます。それでも自分の子供らにバカンスを冬山ですごすのを認め、その口実として、子供らが冬のスポーツをまったく知らなくても、知らないですませるだろうと言います。教育は潜在能力を発展させるという考えに根拠を置いています。生活もおなじであり、でなければ、すぐ死ぬことに苦痛はないでしょう、なぜなら死んだ者には、生きていないとは感じられないからです。しかも父なる神は天と地を創造しなくてもよかった。つまりはじめから創造されていなかったら、それで不満を感じることはないでしょうから。

現実と潜在能力のいずれかが選ばれるからには、半分は人権の理想が「潜在能力」に頼っています。つまり人権は個人間の権利の不平等を否定し（権力があろうと、悲惨であろうと、教養があろうと、無知であろうと、法はすべてのひとに平等です）、また集団のあいだの事実上の差別も否定します。たとえば民族、性的問題、さらに発展または発展途上の社会には潜在的におなじ能力があり、それらの現在の成果がおなじでないとしても（それがしばしば事実ですが）、その不均衡を当然のことだと認められないでしょう。つまりそれは過去の重圧から来ていて、うずめるべき欠陥だと見なされるでしょう。

アロンの一貫した考え方がお分かりでしょう。なぜ個人をその可能性において認めないとするのでしょうか。なぜなら社会的現状に満足して、あまり波風を立てないようにし、大衆のまとまりを崩すようなことを避け、できるだけ用心深くなろうとするからです。アロンは大統領選挙があるたびに心配でした。というのも混乱の勢力があふれるのではないかと思うからでしょう。さらに大衆、集団の利益は、かれによれば、個人ひとりひとりの利益の合体だと考えられます。それこそ政治思想の重大な選択に属します。もし社会が機能していたら、たとえ閉ざされた権力構造の内部で、社会を動かしている人々が入れ替ろうと、各個人は失うより得をするほうが多い、と言う人々がいます。そこからアロンは哲学者ジョン・ロールズとは根底から違っていると、わたしに申しました。というのもロールズがひどく違ったゲーム・ルールを推奨しているからです。ほかの政治哲学は、まず個人の幸福（たとえば、個人は教育を受け、出世する可能性を奪われてはならない）を目標にし、個人の利益を集団の利益に凝集させようと試みます。マルクス主義のような若干の哲学は、緩叙法で言うとしても、きわめて往生ぎわがまずかったのです。アロンの考え方によれば、決まったように、個人が民衆の平穏な秩序で獲得するものは、個人的な不満で失うものよりまさっているということでした。しかし、どうしてそんなことが信じられたのでしょうか。どんな計算でそう言えたのでしょうか。

ここで、アロンは寓話の世界にいるのです。だれもそうは考えないし、そう考えることもできないからです。政治的な事柄の根本的な不明確さ、あいまいさはそのような正当化の構図を認めません。現実においては、物事は必ず違ったふうに進行します。つまり自分の気質や気分や社会階級にしたがって、ふたつの選択肢のひとつを選ぶか、あるいは二股をかけようとして両選択肢のあいだをうまく泳ぎます。それ以外はフィクションとしての政治です。

アロンとつきあったことで、わたしは自分の選択、つまり科学的な考え方と実際の行動との異質性を信じる性格的傾向を強めるようになっただけです。

われわれ各自のうちにある学者とわれわれ自身のうちにある政治家は、あまり疎通しません。学者のほうは、命令したり、なすべきことを学者らしく明示できないのです。せいぜい、いかにふるまうかを推測できるくらいでしょう。かれの仕事は、ヒ素化合物を分析できても、激怒することができません。あるがままの状態から、あるべき状態、不定詞から命令法へ移ることができず、いくら風俗習慣に精通していても、道徳ひとつ教えられません。だから学者は、さきほど話したように、「価値観的中立」を守るのです。つまり、かれはいかなる党派、たとえ「善」の党派にも属さず、自分の政治的選択を主張することもできません。顧問の学者は自分のうちに存在する政治家に向かうか、あるいは選択し目標を定めるように進言しなければならない「元首」に向かって、ただささまざまな方法を示したり、戦略地図を広げることしかできないのです。

ここでもう一度、アロンとフーコーを見てみましょう。フーコーはマックス・ウェーバーとおなじように、政治家と学者とが共存するというかなり特殊な精神家族に属しています。つまり後者が前者に超然とした視線を投げかけます。それは惑星や遠い星座ではなく、むしろ〔最光輝星〕シリウス、つまり世紀、時代の上にあるひとつのシリウスのようなビジョンです。そして前者、政治家のほうは、政治にかかわるビジョンを保有しています、というのも、かれもまた党派人ですから。つまりコペルニクスのあとでも、太陽が地球のまわりを回っていると思いつづけられているのです。

党派人とシリウス観察者が共存していても、理論の上でなければ、なんら面倒なことも悲劇的なことも起こりません。つまり、われわれが過去を形成している古くさい思想を笑うように、後世の人々がわれわれの立派な観念や理想を笑うだろうと分かっていても仕方がありません。そんなことにあまり動揺しません。それでもやはり次の大統領選挙には投票しに行くつもりでしょう。歴史学者と政治家とのあいだに、ひそかな離別があっても、せいぜい礼儀正しさと儀礼の上でユーモアな後退（ウェーバーの場合は皮肉な後退）が生じるくらいです。ところで、このユーモアは左翼のフーコー崇拝者たちがフーコーのうちに見たら憤慨したでしょうが、そのユーモアほどアロンにとって無縁で、いやなものはなかったのです。フーコーはますますその意欲を燃やそうとし、また見事な気まぐれでそうしたのですが、かれの熱心な崇拝者らはその気まぐれを自分らの集団的な熱意と混同していました。

わたしがいま書いているのは、フーコーの死後十一年目であり、アロンの死後から十五年経っています。わたしは六十五歳です〔本原書の刊行は一九九五年〕。ふりかえってみれば、わたしの伝記（あまり大げさな言葉でないなら）は平凡で、また人間の条件にゆるされるかぎり恵まれています。わたしはまったく悲惨な目にもあわず、まだ病気も知りません。仕事は、好きなことをしていればよく、またフランス国家公務員というきわめて恵まれた境遇にいます。年によって異なりますが、月収は税込み、印税込みで、三万から四万フランです。一度だけ除いて、いつも左翼に投票します。前世界大戦は、無傷ですごしました。そのことが奇妙に、なんらかの凡庸さをはっきり意識させています。愛する女の不幸に十二年間つきあいました。エイズで死を宣告されたひとの病室で三年間、つらい思いを分かちあったこともあります。

わたしは権力にはまったく関心がなく、権力を行使することもできません。ですから「ブドウは青すぎる」〔やせ我慢〕とあきらめていて、権力にはうんざりしています。たとえば何かの委員会に出席しても最後まで残っていられないほどです。権力を振りかざされると、ほとんど我慢ができません。ですから大学の環境は居心地がよくなかった、なぜならその環境に依存させられたからです。だからといって、なんらかの権力をもっている人々を憎んではいません。むしろうらやましいくらいです。またその権力をうまく使ってくれるなら、好意を抱きます。我慢しにくい唯一の態度はおべっか使いです。感謝は偽りの美徳と思われます。わたしは自分を「旧師」とは認めず、そのかわり弟子たちを見れば逃げたくなります。忠実さとは、美徳のひとつというよりはむしろ社会学的な現象だと思われます。わたしはアンドレ・ブルトンの次の言葉が好きです――「祖国愛、あらゆる観念のうちでもっとも非哲学的な観念……」。

他方で、わたしには尊敬の気持（わたしが何を知っているかを教えてくれた偉い学者について、もう一度話すことになります）と、友情もあります。わたしの人生には多くの友情が次々に生まれましたが、長い恋愛感情とおなじように、死亡によって絶たれただけです（すでに三度もあります）。結局お分かりのように二度、重大な過失をしました。ひとつは野心、もうひとつは嫉みのためです。

わたしの職業的人生と歴史家の仕事を選んだということをふりかえってみると、わたしの生き方、あるいは、いわば欠陥がよく分かります。つまりわたしは公的、私的を問わず「善」というものにかなり無関心です。歴史家としても大学教授としても、わたしはただ興味あることにしか心が惹かれません。ところで興味あることは善でもなく、美でもなく、現実でもなく、親切でもなく、有益なことでも不可欠なことでもなく、重要なことでもありません。というよりはむしろ、これかあれが立派か、または美しいというとき、それが興味を惹くのではありません。ひとことで言えば、興味あることは利害を超越しています。つまり理性的に、われわれはそれをどうするのか分からないはずですが、われわれは理性的ではありません。つまりわれわれはどんなことにも好奇心をもちます。興味あることとは学者的な「純粋の好奇心」によって探求するものであり、たとえそれが政治にとって重大なことになってもです。ある事柄は、われわれがどうしてそれに興味を抱くかを言えないときに興味あるものになります。つまりその事柄に興味をそそられるということしか分かりません。だから聖アウグスティヌスやハイデッガーは、かれらによれば、われわれにとって本当に重要なはずのことから、むやみにわれわれを逸らすような好奇心を非難しているのです。ニーチェも、かれなりに、そのような好奇心を憎んでいます。

哲学者たちのうちでも珍しく、マルブランシュは好奇心について話すことができ、そして好奇心がほかの性向や態度に還元できず、それ自体でしか説明されないことを認めました。そのことを、かれは自己流に語っています。つまりわれわれが、「元首」の勝利や敗北、「星や彗星、中国や日本」に興味を抱かせるのは神そのものであり、またそれこそ、われわれ自身が神であるように神の仕業なのです。

登山家のだれかが言ったように、登山家たちが山岳をよじ登ろうとしたのは、山がそこにあったからです。同様に歴史家が過去に興味をもつのも過去が存在したからです。この好奇心は、わたしとしては、現在の問題から、その根源をさぐり、過去を調べようとするような存在的必要性には還元できません。あるいは、少なくともそれこそ二次的な面であり、少し説明が複雑になります。だが次へすすみましょう。

最後に、恋が残りました。確かにその話をしてもいいでしょう。どんな人間にも人間的な条件がありますから、自分のことをおなじ人間に話す権利があり、また礼服をまとった大学教授としてでなく、たんなる個人、はだかの人間として話してもよいでしょう。恋について、わたしはほとんどすべてを知ったように思います。たとえば恋の喜び、その悩み、つまり辛《つら》い悩みや、つかの間の悩み、その深刻さやはかなさです。とはいっても、自慢しているように思わないでください。つまりそう言えるのも、わたしが老年期にはいったからでして、かぎりなく気が楽になっているからです。というのもわたしが、経験しないで知らないままに過ごすのを恐れて、そのことを知り尽くしたかったからかどうかは、だれにも分かりません。安心してください、わたしはくどくどと自分のことを話すつもりはありません。ただ、古代中国の、ある自伝のように語りましょう。つまりこのはかない人生の旅路においていちばん心を惹かれたことを話してみます。

たとえば、あるとき上空にたむろしている大きい灰色の雲間に数秒間、緑色の雲がはっきり見えました。ところで、通常、雲はどんな色にも変わりますが、例外的にしか緑色にはなりません。おそらく、わたしがこの例外的な現象を見たのは、一時的な光線の屈折によるものでしょう。まさしく、空は決して緑色になりませんが、セザンヌの最後の幾点かの《サント・ヴィクトワール山》は例外です。

恋もまた画家です。つまり情熱はすべてのものを美しく見えさせ、まわりの自然をますますほほえましく、やさしく思わせます。われわれの機嫌がよいときは何もかも美しく見える、と言われています。それだけでは言い足りません、なぜならその新しい美しさには、何か奇妙なものがあり、またわれわれの知覚器官自体も変わっているのだと認めさせようとしないからです（ばつが悪いのか、それともおそらく怖いからでしょう）。あるとき、愛する女に会いに行くとき、列車の窓から見える景色の輝きが異常に強烈だったので、びっくりしたことがあります。たとえば樹木の葉がすべてきらめき、柳の林に沿った小川の近くの牧草地の一画が風景画の完璧さと非現実性、そしてプレグナンツ〔知覚的安定化作用、心理学用語〕を帯びていました。ですから自我が拡大して、美的能力をそなえ、画家が絵のカンバス上に与える美的能力とおなじようなものをわれわれの知覚に与えるのです。逆に言うと、意気消沈した状態では、太陽はそれほど明るく見えません。

しかし別にずっと昔のことになりますが、はるかにひどいことがあり、びっくり仰天しました。わたしは眠っている女を狂ったように見つめていました。そのとき突然そのひとの新鮮さに不思議なほど心を奪われ、興奮し、こわくなりました。つまりわたしのからだがひどく大きくなっていて、数百メートルに達し、仰向きになって、狂おしいまでに、愛人のマスコットに違いない貴金属製の小像を、こわれやすい宝物のように両手で抱きしめ大事に守っていました。しかし悲しいかな、数分後には何もかも平常にもどっていました。その後まもなく、うち明け話（男心を射止めたばかりの女友だちから聞いたのですが）によると、そのような体験は頻繁に起こらないとしても珍しいことではなく、また東洋学者にはよく知られているとか。わたしが経験したことは決して、幻覚の場合のように、病的で心配なことではありません。意識ははっきりしていて、無傷でした。現実感覚も失っておらず、巨大なからだと小像が経験した――しかも現実の場合とおなじほどのはげしさで経験した――隠喩にすぎないことは完全に分かっていました。またそれは神聖な愛と至福にあふれていました。さらにそれ以上のことをして、もっとのめりこむこともできたのです。そうしたかったのですが、怖くなってやめました。

そのような愛の真実の瞬間はほかにも見られ、たとえばクロード・ロワの本では、次のように、ほとんどおなじような言い方で伝えられているのを読んで驚きました。つまり、ある友人からうち明けられた話によれば、そのひとは熱烈に愛している女性とセックスをしているとき、洋々たる快感の非個性的で、だれとでも交替できるようなものにいらだって、相手にこう言いました――「おまえの名を言ってくれ、おまえだと分からせてくれ！」[2] 愛の選択は必要だと望み、また官能的な人間（ホモ・エロティクス）は、周期的にだれかと恋に落ちる必要を感じるひとだと分かっていても、どのときからということは知りたくないのです。ミシェル・フーコーから聞いた話ですが、伝説とは違い、古くから知っているひとでも、あるとき突然にはげしく好きになるものです、ですからひと目で愛するようになります。フーコー自身も、作曲家バラケと七年前から親友でしたが、突然、そのひとと恋〔同性愛〕に落ちました。

わたしは熟年になって、永遠性を願う気持にとりつかれ、混然たる時間性と永劫回帰との子供じみた遊びを考えだしました。女性たちとの再会をめざし、また本当に愛したひとりの女性をめざしてゆく列車の中で、二十年前を思いだし、青春時代の自分をふりかえり、時間を未来へ向かわせるようなタイム・マシンで、かつての青年に、あらかじめ未来の日、つまり現在という日を生きられないものかと空想しました。そこでわたしは列車の席に坐りながら、自分の未来の老体に若々しい精神をとりもどし、すっかり再建され、豊かになった未来の今日的フランスを発見するでしょう。わたしは自動車の未来派的車体が大好きでした。原爆戦争の跡形もなく、つまり地面は溶けていませんでした。まもなくわたしの心臓はますます激しく打ち、両手で贈り物を抱えながら、未来の愛する女に再会できるだろうと推測していました。そのひとは「わたしの生活史の方向」に現れるかも知れない、というのも、いつかはその人を愛するでしょうから。彼女、その華麗なひとは、もう一度わたしのものになりますが、それが昔のひとだとは気がつかないでしょう。

あるときうっかりして、この夢のような遊びをある出版者に話しました。かれ自身、本や女や馬の熱狂的なマニアですが、そのかれは同情的な目つきでこちらを見ながら、つぶやきました——「あなたは複雑ですね、あなたというひとは」。それから自分を例にあげながら、本当の生き方を伝授しはじめました。かれは有名な歌手マリア・カラスの愛人だったことがあります。そしてカラスは毎週末かれのところにやって来ました。彼女はすばらしく上手にパスタをつくりました。もちろんほかの料理もです。そして鍋のものをかき混ぜながら、「トルヴァトーレ」を歌っていました。というのも彼女はどこにいても歌っていたからです。たとえば食卓でも、ベッドでも、炊事場でも、枝の上の小鳥のように歌っていました。だからアパートの建物じゅう、向かいのおどり場でも、階下でも、階上でも、次から次にドアが開かれました。あるときついに隣人がこの出版者に頼みにきて、その女性が来ているあいだは、かれのアパートのドアを開けたままにしてほしいと言いました。この話は美しいと言うべきでしょうが、わたしはそんな単純な楽しみに賛同するほど音楽マニアではありません。

女性の威力はわが愛する西洋では、一種の長所です。ある女性のイメージは内向性と寛容性によって、つまりわたしのような狂乱とは正反対のつつましやかさや敬虔さで、男ごころを魅惑するでしょう。またほかの女性は、寛容さと気まぐれが混じっていても秘めやかな外向性、そして強烈な個性でもって魅惑するでしょう。さらにほかの女性は、快楽を約束してくれる夢想的な様子、危険趣味、倦怠に向かない性格、そしてまたデリカシーによって魅了するでしょう。

愛はすべての言語を話します。たとえば「あなたがそばにいない」、«*I miss you*»«*ich vermisse Sie sehr*»あるいは「あなたもいない」«*anch'io, yo también*»とか。恋には不眠の歌があります——「あなたの腕に抱かれ、股のあいだにはさまれ、あなたの膝を耳飾りまでもちあげてみたい。きみの乳房の先でぼくの手首が瀉血するほど愛撫しないかぎりは……」。

応答

カトリーヌ・ダルボ゠ペシャンスキーとの対話

第一部　歴史学を選ぶ

1　ローマ史

どうしてローマ史を選んだのですか。そんな質問は何回も受けられたでしょうが、型どおりの返事をもらいたくないので単刀直入に難問をぶつけて、改めてお尋ねします。たとえば空から落ちてくる隕石のような偶然の逸話を話してもらいたくないからです。以前からあなたの著作を読んでいる人々は、その逸話をよく知っていて、あなた自身もときには「隕石のこぼれ話」と呼んでいます。それほどあなたにはかんたんに浮かんだ話でしょう。それを要約しますと、あるときカヴァイヨンの丘で、あなたが八歳のとき、アンフォラ（壺）の破片を見つけ、それが別世界からやって来たという印象を感じます。そこであなたの進むべき道が示されるのでしょう。でもそこで何が問題になるのですか、たとえば異常さ、時代ですか。

――ほかの歴史でなく、どうしてローマ史を選んだかということですか。わたしには、すぐふたつの理由が見つかります。まず、ローマの歴史は滅亡し、古典的だからです。それがまったく過去のものになっているという意味で滅亡しています。つまり別の惑星です。子供のころ、わたしは中世の歴史、フランスの歴史を継続性と見なしていました、それが小学校で教えられたことです。もっと神秘的な何か、またフランスの歴史しか教えない小学校では習わないものがあります、それは古代です。それはわれわれと断絶していて、われわれの継続性のそとにあって、ネルヴァルやマラルメにはなじみ深い言葉のように詩的な力を帯びて滅亡したのです。

古代の歴史が滅亡したとするなら、それはまたキリスト教以前の歴史が問題だからです。ところで、わたしはキリスト教が苦手です。わたしにはまったく縁のない世界だからです。異教の世界のほうが、はるかに気が楽です。

ですから、どうして滅亡したものが現れるかが分かるでしょう。つまりフランスでもなく、キリスト教でもなく、消え去った何か、ほかのもの、文字どおり「われわれの手の届かない深淵」なのです。ついでながら、古代は高校教育、大学入学資格試験、上流社会、ラテン語、奢侈を意味していました。それは詩的であるとともに社会的なものでした。

では、どうしてローマ史なのかとおっしゃるのですか。はじめ、わたしはアテナイの学問をしようとしました。その後ローマの学問へ逸れました。それでも結局、ラテン語とおなじようにギリシア語を学びました。またギリシア語を読むほうが好きです。それはともかくとして、古典古代時代の歴史が問題でした。というのも古典時代ではなく、遠い文明（セム族の世界、あるいは日本）を研究するなら、そのような世界への興味がまっさきに来るでしょうから。逆に、古典古代を対象とすれば、異国趣味は一般的な人間的興味だけのために消えてしまいます。

それから社会学的な理由があります。たとえば教養のない小ブルジョアジーの環境なら、階級内で起っていることをとりあげる気になるでしょう。もし、たまたま東洋語学者に出会っていたら、わたしは日本語を学んだかも知れません。というのもそのひとは日本語を知っているはずだから、それが可能だと思われたからです。ただしそんな考えを抱いたこともありませんが。

また、わたしは古典古代にはげしい興味を感じていました。というのも現在残っているほとんど唯一の文学があるからです。それに反して、たとえばフェニキア文学はほとんど存在しません。それに加えて、十歳の子供じみた白い色へのあこがれがあります。ギリシア・ローマ世界の神々や女神たち、美しい衣服（白い衣だと思っていましたが、そうではなかった）、像や寺院。そのようなおだやかで、光り輝き、オリンピア的で、アポロン的な世界に強く魅せられました。わたしは非常に長いあいだ、亡霊の不気味さに恐怖の発作を起こしていました。ところが、ギリシア世界、真っ白な衣を着たその神々、その女神たちが亡霊を追っ払ってくれました。いまでも、中学一年生のときのラテン語教科書にあったあの美しく、安らぎのある挿絵が彷彿とします。

おかげで、ギリシアを選ばれた理由がよく分かります。あなたは、ローマを選ばれたのが偶然のことだと言われます。どうしてそうなったのですか。

——職業のためです。ローマ史研究には明確な科目がなかったのですが、アテナイ研究には極度に技術的な発掘という科目があります。ところが、わたしは発掘には無能で、また陶器のような物に対する感覚とか、建造物のような三次元のものへの感受性が要求されますから、わたしの手に負えなかったのです。

さきほどあなたは、古典古代を選ばれたのがキリスト教以前の歴史であり、またご自分もキリスト教とは縁がないからと言われました。でも、歴史家としての活動には、キリスト教的神秘学の用語を利用されることがありますね。

——そう、ときにはキリスト教的隠喩を展開するのも愉快です。しかし主知主義的な感受性について話すほうがましです。たとえば、もっとも高邁な活動としての認識の観念、好奇心の概念に対する愛着、禁止事項への従順さというよりは自己自身の鍛練に対するなんらかの趣味、それらの特徴をアリストテレス的人間主義と呼びたいものです。そのようなアリストテレス的な雰囲気がわたしには快適です。
わたしは聖トマス・アクィナスのものを熱心に読んだことがあります。かれはキリスト教伝統の、ほぼ七世紀目を代表するひとにすぎません。キリスト教会の偉い博士になった聖トマス・アクィナスではなく、真のアクィナスについて話しているのです。その他の七世紀目の人たちはアウグスティヌス信奉者たちです。ところで、聖トマスの一部分は、実際にアリストテレスに依存していて、そのことがわたしには、たいへん好感をもたせるのです。聖トマスの『反異教徒大全』は、散文の傑作であるとともに、わたしが知るかぎり、世界でもっとも美しい書物のひとつです。

それでも、宗教全般、あるいはむしろ信心現象が、あなたの主要な関心の中心に属していることは確かだと思われますが。

――それは好奇心的魅力であり、つまりまさしくわたしにとってはまったく縁のないものですから。そしてまた脅威だと思われます。わたしが二十五歳のとき、ジョルジュ・ヴィルが信仰を失っていて、それを自覚しながらも、笑ってこう言ったことがあります――「宗教を失ってみろ、そうすればきみには何も分からなくなるから」。かれは女のことが少しも分からなかったし、またわたしには宗教感情が分からなかったのです。ですからよく分かろうと願っていますが、それはおそらく真理命令であり、また人間の条件のいかなる面も軽視してはならないという奇妙な命令からです。ところで、宗教という大きい部分に欠けていますので、わたしは重大な欠陥と怠惰の罪を感じています。
しかし、それだけではありません。宗教的な精神状態にはいくらか興味をもっています。『聖パウロの書簡』のことではありません。わたしは友人たちに聖パウロ仇敵友の会を結成するよう提案し、その会にアメリカ革命からヒントを得て、きわめてアメリカ的な名称をつけましたが、それは *Block the Damascus Road Society*（ダマスカスへの道を封じる会）です。

そのかわりに、聖ヨハネの『福音書』に関心が深いことを白状します。幾年か前にそれを研究しようと思いたちましたが、あまりにも大仕事です。コレージュ・ド・フランスの研究室で、第四福音書に関する参考図書が山と積まれるのです。わたしは、たんに第四福音書の史実性を信じているだけでなく、それが現存するキリスト自身の生活の証人としての唯一の正しい資料だと思います。それはまさしく『共観福音書』であり、そこからすでに、通俗的で、くだらない、さまざまの伝記的冊子が出ています。『共観福音書』にしたがってキリストの伝記を書くこと、また聖ヨハネというような現実的な唯一の証言に向かって異議を唱えるような保守主義のたぐいや、概観的問題に固執できるものが存在するでしょうか。もしわたしがいつかキリストの伝記を書こうという無謀な気を起こしたら、かならず第四福音書を根拠にしますよ。

それはたいへんな仕事になるでしょうね！

——神学者のうちには、作り話に頼ろうとするものがいますし、未信者のうちには伝統に忠実なひともいると思われます。第四福音書は、ロワジーから二世紀の文献だと考えられている慣習的なキリスト教にはあまりにも似つかわしくありません。とんでもないのです。その福音書は、聖ヨハネが確かに、晩年に、ほかの三福音書に反抗して自分なりの書として書いたものです。第四福音書において、聖ヨハネに属する部分と、正当にキリストにかかわるものを知ることは明らかに重要でしょう。それでもかれが実存し、またかれが実際に目撃したことがあります。たとえば、水の上を歩くキリスト、キリストの復活を見てみましょう、そして注意深く読んでみてください、そうすれば伝説の初期段階が分かるでしょう。聖ヨハネはキリストが水の上を歩いたとは言っていません。かれによれば、「湖の向こう岸に、主の姿がみとめられた」と言っています。

宗教から受け、またあなたの研究者としての好奇心をそそる知的な問題はどうでしょうか。

――まず、ただひとつだけの宗教感情は存在しないということを確認しなければなりません。あるいは歴史家たちの唯名論を利用するなら、「その」宗教だけというものは存在しません。ある宗教と他の宗教（異教、キリスト教）の隔たりは大きいです。それから、いろいろな宗教のあるものと他のものに見られる感情がいずれも、どこかで、非宗教的な状況で認められます。たとえば、自我を滅して高揚される感情でもよろしい。それは仏教徒です。かれはキリスト教の救いに近いです。それはまた西洋の客観性の理想、禁欲主義などにも見いだされます。

おなじく集団的な感激、興奮があります。だからといってサッカーが宗教だということにはならず、ただ集団的な興奮がある種の宗教（キリスト教ではありませんが）とサッカー（ただしラグビーではありません）に共通しているだけです。宗教的な言い方を使えば、たとえば「自我を滅して救われる」と言うとき、それはただ、この奇妙な理想が一般に宗教的信念とおなじほど重要だったかも知れないということを示唆してしてくれるだけです。詩への宗教的崇拝の場合も同様です。

そうは言っても、宗教と呼ばれる共同体は、わたしには依然として疑問です。つまりそれは巨大で、また非常に普及しています。諸国民の多くは大量になんらかの宗教を信じました。そのような共同体を支える根拠（超自然的存在の観念、儀礼化、自己犠牲または財産放棄による救い、精神的安息の観念、希望を抱く理由、興奮、通過儀礼、等々）はほかのところにあるのです。

炭素には、巨大な分子形成、つまり有機化合物をつくる力があります。それでは巨大な宗教的共同体を説明できる炭素とはいかなるものでしょうか。もうひとつの問題があります。つまりさまざまな宗教を構成する多くの変わりやすい各人の感情がわずかな人たちのあいだでしか分かちあえないのに、「宗教」という分子の構成要素の巨大さと多様性が、たとえきわめて異なる程度であっても人民全体を信者にしてしまうのです。

この巨大な分子構造は外観にすぎず、ほかのところにある単純な原子群で成り立っているのではないかと思われますが、わたしとしては、いつもそのような感情のひとつでも忘れたり、気づかないことを恐れています。

あとはただ神聖なものについて述べるべきでしょうが、そのことについてはデュルケームが、「諸宗教」にかぎられたことではないと証明して、おこなった社会学的分析しかないでしょう。ランズマンが証人たちに語らせる以外はアウシュヴィッツについて話してもらいたくないのは、神聖なものという名においてです。浴槽の水といっしょにマルクス主義の赤ちゃんを流してしまわないのも、赤ちゃんを神聖なものと見なすことになります。

宗教が、ほかのところでも見いだせるが、その場合、両立関係にしたがって共存する感情的共同体と見なされるのでしたら、そのような宗教は存在し永続する価値があるでしょうか。

——すべての宗教が人間性のなんらかの必要や悩みから生まれると言うのはナンセンスです。もちろん、ある種の感情はさまざまな宗教に呼応していますが、宗教をつくることからはじめていません。人間が本能的にある種の疑問を抱くというのは正しくありません。たとえば、あの世で何が期待できるか、とか、われわれはいったいどこから来たのか、とか、どこへ行くのか、など。そのような不安を生みだすのは宗教であって、安心するために宗教を求める不安ではありません。そうです、死を案じるのは「不安になった」からにすぎません。しかし実際には、宗教に誘われて不安になるだけです。人間が鮫を怖がるのも当然ですが、カリフォルニアの海岸で集団的なパニックに陥るのは、意地悪なシナリオライターが『ジョーズ』を構想したからにすぎません。

この信仰の問題をとりあげてみましょう。われわれによく分かっている特徴のひとつに裏表のある信仰、欺瞞があります。つまり信じることが自己欺瞞的行為すべてです。それはとばしましょう。しかしもうひとつの特徴は本当の信仰として不可解で、無償の性格という点です。ルター的な予定説を考えてみましょう。ある人々は信者として、また敬虔な者として生まれます。かれらは神の不可解な選択によって選ばれたのです。かれらが信じているからには神を愛していますが、しかし神の実在を信じていません。なぜなら神がやさしいと感じていたからです。ある宗教はその信仰やご利益《りやく》によって説明できません。キリスト教徒になれたら、死の不安に対して魂の不滅が得られ、「われわれは何者か。どこへ行くのか」という大問題に答えられる恵みを受けると思います。しかしもしキリスト教がその問題の回答を教えていなかったら、そんな問題は考えられもしなかったでしょう。

おそらくその問題の真相はこうでしょう。つまり人間は自分について無数のことが信じられますが、それも自分に関するかぎりなんでも、ほとんどすべてに、それなりの真実があるからです。人間がひとたび何かを信じこんだら、それに固執し、そのまわりに生活の規律、自分の性格も形成します。

あるいは、偉い歴史家ピーター・ブラウンが言うように、もっとうまい言い方をすれば、どんな大きい宗教、どんな教義もすべて、人間の条件になんらかの普遍的な信仰を与えることによって認められています。たとえば、人類は苦悩のうちに生きると言うとき、それは仏教です。また人間は神なしでは悲惨だと言うなら、それはパスカルの『パンセ』(瞑想録)です。また、人間は幸福を求め、幸福は自給自足だと言うなら、それはストア哲学になります……ヴォルテールは、パスカルが現実のわれわれの状態以上にわれわれを不幸だと信じさせようとしているとして非難しています。

以上の考えはいずれも真実であるとともに虚偽です。歓迎して受けいれる人々には、おそらくもっと真実です。しかし、むしろ無関心な人々でも、虚偽だと考えるひとは少ないでしょう。古代のキリスト教を見てください。その政治的な勝利の世紀から中途半端に従順なキリスト教徒がたくさんいました。かれらはあまり神のことを考えていませんでした。

自分らのことについて言われていることに人間たちがどれほど信じやすいかは驚くべきでしょう。考えてもみてください。われわれのありふれた信じ方は言われるがままに信じることであり、またわれわれは自分のことをまったく知らないのです。ユピテルあるいはエディプス・コンプレックスが存在すると言われたら、われわれはそれを疑わないでしょう。わたしは、行ったこともない北京の存在を言われるままに信じます。見たこともない黴菌の存在を信じます。物理学がまったく分からないでも、アインシュタインの相対性原理を信じます。ところで、われわれは人間についても大したことを知りません。ですから人間について何を言われても、まったく反対しないでしょう。そして不安になることを言われたら、不安になるでしょう。

われわれはあっさり信じます、言葉どおりに信じますが、ほとんど何も知らないのです。そこに性格的なドラマが加わります、つまりわれわれはみな、ただしひとによって多少異なりますが、内心の混乱、多様な性格をもっていて、多かれ少なかれ悩んでいます。そこで二種類の信者が生まれるでしょう。つまり中途半端な大多数の信者は既成の真理に従順ですが、少数の熱心な信者はその真理を熱烈に受けいれ、生活の設計をおこない、内心の苦しい混迷に終止符を打とうとします。社会学的に言えば、宗教は確信者によって無関心者に押しつけられた真理です。それは概して人間性に必要なものではありません。

例のあの世への不安、あるいは世界の謎への不安は、教えられた教理から生まれるのであり、その逆ではありません。ストア派はあの世への不安を抱いていません。なぜなら魂の不滅という問題はほとんどかれらには無関係だからです。かれらの物理学あるいは形而上学は、きわめて綿密ですが、そのことについてはほとんど触れていません。

また、これは雌鶏と卵の優先順位についての議論ではありません。その証拠に、ごくわずかな宗教しか、あの世を問題にしていません。キリスト教によって教育されたわれわれの精神にとっては、宗教と死後の運命のあいだの関係ほどなじみ深いものはありません。ところで、それは古代ギリシア・ローマの異教にはほとんど知られていません。またユダヤ教やイスラム教では、かなりあいまいです。キリスト教徒だけの問題です。あの世は、ほかのほとんどの宗教では問題になっていません。ギリシアとローマでは、死者崇拝は宗教の小項目、あるいはむしろ例外的な小作品に見られる程度です。

もし精神的欲求や悩みが宗教を生みだしたとすれば、もっとうまくゆくでしょう。この悩みと、いわゆる慰め、つまりベストセラーの文学作品やファッションのように気どって、思いがけなく、気ままな慰めとのあいだの隔たりが考慮されるなら、信仰がしばしば悩みを慰めてくれる、などとどうして認められるでしょうか。着るならスカートでもいいでしょう。しかしロングスカートかミニスカートになるでしょうか。われわれの悩みはどれほど長く続くことになるのでしょうか。われわれは、願いごとを正確に思い描くことからはじめません。異教のように一種の半睡状態でしょうか、美しい庭園での、静かな会話でしょうか。それとも、心のなかで神を讃える歌をうたい、神をあがめながら陶酔境のうちに生きるのでしょうか、たとえばイタリアの絵画に見られる「選ばれた人々」のように。それともわれわれの世界や肉体が、われわれの世界とおなじほど完全で、かつもっとエデンの園のような甘美な世界でよみがえるのでしょうか。不滅、永続あるいは復活でしょうか。あなたはそんなことを考えたこともないでしょう。つまり旅行社から、あなたが泊まりたい宿泊の条件を決めてほしいと尋ねてくれるはずだなんて。

　そんな旅行社をだれが信じるでしょうか。移民の希望者は、たとえ貧困にさいなまれていても、「新世界」〔アメリカ大陸〕行きの船に乗るのはためらうでしょう。それでも、かれとしては、すべてを売りつくし、いっさいの関係を断ち、背水の陣をしき、がんばるしかありません。しかしかれが大西洋でなく、死をのり越えなければならなくなったら……やはり、新世界についての感動的な話が現実の原則になります。つまりその世界はわれわれがよく知っている世界と同様であり、また安心です。ところがあの世との境、つまりその向こうでは現実の原則が消滅するような境界があるとしたら？　もし宗教が安心させようとするものになろうとしたのだったら、きわめてまずいやり方でした。たとえば宇宙飛行士でも、死への片道切符ではシャトルバスに乗ろうとはしないでしょう。

　宗教はわれわれの不安になった性質の敬虔な願いではなく、真理の頼りなさや、おとぎ噺や恐怖映画にだまされやすい証拠です。われわれはこれらのおとぎ噺の産物でして、われわれの本来の性質の産物ではありません。われわれは哲学者が言うような「主体」、つまり主権者のような存在ではなく、大衆であり、信じやすい読者なのです。宗教には発明家、創造者、著者が必要です、たとえば憂鬱や世紀病やブリジット・バルドー・スタイルを発明するように。ですからキリスト教も多くの多神教的異教とは違っていて、ちょうどバッハの交響楽がバンバラ族の狩猟歌と違い、プルーストの作品がおとぎ噺と違うのと同様です。キリスト教は、奇妙にも神人と贖罪なるものをつくりだしていますので、ほかの宗教、たとえば仏教やイスラム教とは似ても似つかないものです。その点では、キリスト教の創造力は、どんな普遍概念、どんな規格的説明も寄せつけません。

それでは宗教は偶然の感情的な適合性のほかに存在理由がなくなるのではありませんか。そしてその感情は、いつか、違った配分になるかも知れませんね。

――宗教的分子は、何よりもまず感情を結合させる力があります。たとえば政治的、社会的、その他多くのイデオロギーのすべての感情をも含めてです。ですから、だれかが、ある点では宗教に「賛同」しないことがあってもよいのではないかと思うでしょう。それが四十世紀にわたる歴史における偉大な宗教の重要性、おそらく過ぎ去った重要性のささやかな神秘であり、それらの宗教のわずかな思い出がわれわれにまで伝わっているのです。

ローマ史、あるいはむしろ古代史ということになりますが。そのような歴史には、あなたの興味をそそったほど独特の難しさがありますか。

――いいえ。わたしは中学校でラテン語を勉強しました。十一歳か、十二歳のときには、ニームの考古博物館の学芸員にかわいがられていました。わたしはさまざまなもの、古代の遺物をいじくっていました。またその県に関するガリア地方の考古学地図を読んでいました。ところが、その道を選んだのはあっというまのことでした。

あなたは古代の歴史家として、歴史の認識論的問題にも興味をもとうとされました。『歴史をどう書くか』のはじめの部分で、あなたは歴史が形跡を手がかりにする知識であり、そして資料を調べ、批判することがすべての仕事であるという考え方にもどっていますが、総合という作業が残っていて、それは筋立てで理解することになると述べています。そこで、わたしは古代史には、とくに資料に欠落が多いので、そのことをとくに歴史家に痛感させているのではないかと思っていました。というのも珍しい事柄を研究するのは歴史家にもっともふさわしいからで、つまりそれが歴史家の活動全体の重要さであり、またその成果を理解させようと努めることになりますね。

——そうではありません。もしフランス大革命の起源が問題になれば、確かに認識論が必要になるでしょう。フュレの著書『フランス大革命を考える』がその一例です。あなたの言う認識論的好奇心にとってもっとも重要だったのはマルクス主義経由ということです。マルクス主義から出発した歴史家すべて、あるいは、ほとんどすべては、フュレをはじめとして、一般哲学と認識論の問題が生じることを知っています。というのもマルクス主義は哲学とともに歴史解釈を自任したからです。フランスにおける歴史意識を「哲学化」する水準は、ほとんどそこからきています。偏狭な実証主義は拒否されたのです。

あなたは一九七五年以来、コレージュ・ド・フランスで、古代ローマ史講座の主任教授をなさっていますが、それでもローマに関して、妄想を打破するような距離間隔を置いていらっしゃる。

——そうです、わたしの考えでは、ローマ史の謎は根本的なものですから、「ローマ体制の見事な構成」を信じることができません。ローマは帝国であり、その行政は古代ふうであるように簡略です。つまり統治法というものをもっていません。権勢の術であり、またその権勢を信奉しています。その征服は次の二点に要約されます。まず、この国は古代世界の未知数の住民の幾割かを動員でき、またすでにその時代の他の国々よりもはるかに大きい規模だったということです。第二に、否定的な事実を考慮しなければなりません。つまり十九世紀になるまで、国民主義がなかったということです。この世紀以前には、混乱もなく外国の支配者を受けいれていたのです。ホッブズの時代でも、征服権には正当性が認められていました。古代では、すでにペルシアやアレクサンドロス大王の征服がそのことを証明していました。

ローマ帝国はつづきましたが、それはうまく統治されたからではなく、五つの理由からです。つまり第一に、ローマは地方の有産階級や支配階級に自治を任せていました。第二に、ローマ人にとって、排他的な神々が存在していませんでした。第三に、古代世界における地方の経済的格差は一対二の割合でしたから――たとえば貧しいダルマティアと、もっとも富んだチュニジアとの格差がそのとおりです――、今日のように一対二十の差ではありません。第四に、外人部隊が国境に駐屯していて、反乱を粉砕する準備ができていました。ただし反乱といっても、ローマのような大帝国をモザイクのように構成していた諸民族のひとつ（たとえばユダヤ民族）にかぎられていました。第五に、ローマと言われるギリシア・ローマの文明は当時の「世界的」な文明でした。ですから地方の支配者階級がその文明に同化したのです。ちょうど一世紀前に、オリエントにおいてエリート階級が「ヨーロッパふうに」暮らしていたのと同様です。

そしてローマ帝国が西洋で崩壊したとしても、それはたんにこの帝国が、地中海をはさんでいるために広がりすぎ、あまりにも国境が長く延びすぎて、当時の経済力を動員できなかったからです。また職業的軍隊を養わざるをえなかったこともあります。つまり「国民総動員」というのは十九世紀フランスの改革を待たねばなりません。

その点において、めざましいことは何もありません。秩序とは言えません。それはチャンスと否定的要因の結合です。その点では、すべてがまったく平板です。でも、あなたはいま、わたしの意図がわれわれのローマ人観を一変させることにあるのかどうか、あるいは、まったくなんの意図もなく、ローマ史のこの要約がそこに落ちつくのではないかどうかを尋ねています。

必ずしもそうではありません。その要約の意味は異論というよりはむしろ懐疑的です。つまりローマ人について、一般的に政治について、あるいはむしろ世界がうまくつくられているという考え、さらに、善かれ悪しかれ世界が「つくられて」いて、物事が手段と目的に適合していて、変動がなく、また帝国が「見事に組織されて」いたか、あるいは、たとえ圧制的であっても「組織されて」いたという点に関して懐疑的なのです。歴史にはそれなりの教訓があるかも知れません。つまりよい体制と悪い体制があって、体制がつづくのは、各政治の目的または手段を多少でも満たした場合にかぎられるかも知れません。政治に「絶好調」という状態があるかも知れません。なすべきこと、守るべき行動、予期せざる失敗から引きだすべき教訓があるでしょう。それは漠然としているか、そうでないかですが、われわれすべてが考えていることです。

ところがローマ史についてわれわれが述べたことから、逆におおまかさという余裕を活用できるようにしてくれるという考えが浮かびます。ある体制と人民の服従とのあいだで、この操作的余裕は大きいです。だからどんな体制も、善かれ悪しかれ継続しています。ローマ帝国の拡大と持続は、その体制が立派に組織されていて、その帝国がすばらしい構成だったという証拠にはなりません。つまり、たんにローマ人が五百年ものあいだ生きのびるチャンスに恵まれたというにすぎません、というのも国内外的な問題がほかの世紀よりきびしくなかったからです。

しかし操作的余裕が多少とも大きいとしても、体制が凡庸あるいは抑圧的であろうと継続できるような余裕がいつも存在します。どうして人民が反乱を起こさないかと思われるでしょう？　それは統治の仕方がうまいからでしょうか。臣民が服従し、元首に満足するかぎり服従するから「元首」は権力の座についていられるという考え方は立派な理想であり、われわれすべてが善良な人間どうしのあいだで希望したいことです。そうです、物事はそうなるべきでしょうが、不幸にして、すでに話しましたように、全然「そのようにはいきません」。

ある体制が善かれ悪しかれ継続するのも、それが存続しているからです。その体制はつねに正当だと見なされ、それを証明しなければなりませんが、たまたま体制批判者が現れると、そのひとはしばしば過激派と見なされ、すべてのひとに抑圧が及ぶことになります。そのような推測は、たんにどんな体制もその不正の代わりにもたらすなんらかの満足によるばかりでなく、またその体制が押しつける脅威のせいだけでもなく、むしろ各人によってすべてのひとに与えられた静観主義を見習っているのです。つまり反乱の主導者はひろく追従者が得られないかぎり、個人的なリスクを冒すことになり、思いがけず成功した場合でも、そのリスクは大きく、たまたま獲得できたものをはるかに越えます。さらに逡巡し無関心な地域がひろく、そこでは勝利した反乱が不安定ですので、反乱で得たものが服従という確かな利益に確実にまさるというわけではありません。ナチや社会主義はそのようにして継続できたのです。要するに、不安定な状態、分からない未来、つまりいつも（少なくとも政治においては）精神的な後退が生じ、したがって革新よりは証明済みの「現状維持」が好まれます。

さらに、われわれが日常性と呼ぶようになることも加わります。つまりわれわれの価値観や正当な理由と、日常的な気分との関係は直接的でなく、立派な考えもわれわれの日常的な気分に「直結」していません。最悪の事態において、いわゆる予想どおりの反乱が起こるか、起こらないかも知れません、ちょうど雪崩が思いがけないときに起こるか起こらないかのように。どのようにして一八四八年のパリで、また一九一七年二月のレニングラードで騒乱が起こったかを思いだしてください。この一九九四年では、政治的な過熱状態があること、また疎外された人々の一九六八年「五月革命」が起こったかも知れないが、起こらなかったかも知れないことがよく分かっています。革命というものは、鍋の中で蒸気が沸騰しすぎても破裂しませんが（なぜならその状態は長く、いつまでもつづくでしょうから）、しかしちょっとしたことで、ふたが持ち上げられ、黙って耐えていた人々に「意志が通じる」なら破裂します。トクヴィルの意見が分かるでしょう、つまり抑圧的な体制は、ゆるんだときでしか危機に陥りません。

ローマ人は、幸いにも、諸国の経済的な不平等が今日ほど（だから現在では嫉妬の感情が地球上にゆきわたっているのです。それが「アメリカ帝国主義」だと呼ばれていると言ったら、あなたはびっくりした目でわたしを見つめるでしょうが）ひどくない世界に生きていました。ローマ人が生きていた時代では、国民と民族との一致が生じるまでにまだ十九世紀間も待たねばなりませんでした。その時代では、嫉妬深い神（イエス・キリスト）がパレスチナの隅っこにとどまっていて、周囲の国々では、それぞれの国民の神々が信じられていたのです（諸外国の未知の神々が存在していました、ちょうど異国のどこかで、貴重な植物や宝石が実際に存在しているように）。

要するに、ローマ人の功績は「協力者」をつくるのに平凡な手を使ったということです。そしてかれらにはふたつの重大で致命的と言うべき問題に対処するだけでよかった、つまりあまりにも長すぎる国境線と、その帝国に対して、小さな隣国、つまりパルティア王国が抱いていた決定的な嫉妬です。

ローマ人にとって、この上なく幸運だったのは、階級闘争がなかったことであり、ただ孤立的あるいは個人的な「反抗」があっただけです。ローマの奴隷制は、南北戦争以後の西洋に奴隷制度がなくなったように、ローマ帝国の時代には存続していません。ローマ人の奴隷は苦役者でなく、たんなる召使いでした(裕福な者は、平均三人の男女召使いをもっていました)。これらの召使いは主人に対して尊敬、親しみ、そして多くの家庭内犯罪をひきおこす恨みの混じった気持を抱いていました。主人たちはかれらを恐れていますが、それは社会的、政治的な問題にはなりません。階級闘争は利益だとして望まれますが、めったに歴史の鍵にはなりません。服従のほうがはるかに一般的です。

そうは言っても、ローマ帝国を組織、法治国家、公共秩序の上で驚異的存在だと見なすのはこの国を誤解することになるでしょう。この帝国は「心づけ」と「ひいき主義」の国でした。警察体制でもありました。公共の秩序は、ちょうどアル・カポネ時期のシカゴのように維持されていたのです。正義と、秩序回復のための方策は、もっとも搾取的な植民地主義国がアルジェリアや旧ベルギー領コンゴにおいて実施できたようなものと同様です。行政される側を行政機関に寄せつけるやり方について言えば……なんらかの調査がおこなわれる場合、農民家族は登録してもらうために、エジプトを離れてナザレにもどらなければならない。アナトリアのローマ市民で、聖パウロと呼ばれたひとは、是非をただすためにローマまで旅をしなければならない。もしあなたが請願状を皇帝に送ったら、その返事をもらうには、何か月もローマに滞在して、毎朝、パラティヌス丘の宮殿の門前に皇帝の決定が貼りだされているかどうかを見に行かねばなりません。正式に奴隷を解放しなければならなくなったら、ローマまで旅をして、その奴隷を担当行政官に会わせなければなりません。税制について見れば、エジプトの例で多少分かっているように、パピルスに書かれた税制の書類が発見されて、その税制がいい加減なものであったことが分かります。中央政府について見れば、だれでもまっさきに国家機構の維持と運営を確保できるなら正当に皇帝となれます。ローマ皇帝政体をよく分析すれば、それはいつも正当な救済者への呼びかけです。ただしたえず「上には上がある」です。ですから「軍部クーデター」が例外以上の規則です。また三人にひとりの皇帝しか寝台の上では亡くなっていません。それに比べると、わが国の内閣の不安定さなどは冗談ごとです。

しかしそのことは少しも致命的ではなかったのです。というのもさきほど話したような操作上の余裕があったからです。こう説明してもいいでしょう、つまり政治においても、戦略におけるように多くの勝利の仕方があります。肝心なことは計画を固持し、進路を変えないことです。「良策」をとらねば戦いに負けるなどと思ってはいけません。もっと重要なことは、事態すべてを掌握して、とにかく集団に秩序を維持することです。ローマ人はそれをおこなったのです。かれらは後世に組織形成の手本を残しませんでしたが、世界の一地域において、乗り越えがたい困難な時代に適度な秩序を維持しました。権威の価値を獲得し、元首の真似ごとができたのはかれらの功績です。ド・ゴールをはじめとする多くの偉大な政治家たちは、その指導力とともに冷静さにおいてすぐれていますが、ただ、必ずしも勝利したからか、あるいは政治的見通しがよかったからではありません。

ローマ帝国は、ほかの知られた大多数の政体よりすぐれてもおらず、劣ってもいませんでした。当時は進歩の観念があいまいで、また自己民族中心主義がわたしの大きな幻想だとしても、わたしとしては、わが西洋が千年単位で昔から最高のすぐれた体制になっていると信じないわけにはいきませんし、また同様に西洋は人類のすべての過去よりも、比較にならないほど豊かで、平等的だったのです。ローマ人について言うなら、かれらの主要な功績は外国人嫌いが見られないことであり、つまりこの国民はギリシアという他の国民の文化をもっていました。その点で、わたしはかれらを愛し、称賛し、尊敬しています。

2 研究

あなたがどうしてご自分の活動分野を選ばれたかについて、もっと詳しく検討するために、ご研究の経過を話していただけないでしょうか。

——まったく思いもよらなかったご質問について、整理してみましょう。

一九四一年か一九四二年に、わたしはニームの博物館にある碑銘展示場で時間を過ごしていました。エコール・ノルマル・シュペリユール受験準備学級では、アルバが名所旧跡として有名なのとおなじほど立派な歴史学教授に会いましたが、これはショックでした。かれの名はフルニオルでした。かれはエコール・ノルマル・シュペリユール、一九一九年度入学者だったと思います。十九世紀の経済発展についてのかれの講義は、われわれのあいだではまさに啓示に値するものでした。それから、わたしはエコール・ノルマル・シュペリユールに入学し、ギリシア学を志すことになります。

ところが、ウルム街のこの大学にはいるとすぐ、学習指導教官エソベリーが未来の歴史家たちを集めて、われわれにこう言いました——「あなた方にはふたつの道があり、そのひとつは伝統的で、権力のあるソルボンヌ大学へ進むことであり、これは立派な職業になるでしょう。もうひとつは冒険です。それはマルク・ブロックとリュシアン・フェーヴル（ブローデルの名はまだ現れていません）の『アナール』派と呼ばれていて、いまのところは無力ですが（一九五一年のことでしたから、そのとおりでした）、かれらは真実であり、前衛的です。自分の道を選ぶのはあなた方の自由です」。大げさに言いたくないのですが、エソベリーは実際にそのような言い方をしたので、わたしは感動しました。事実、わたしにはまったく支障がなかったのです。というのも父は当時、富裕者と思われているほどでしたし、とにかく、ロマンチックな精神と、その場しのぎの暮らし方に「わたしの頼りない現実的原則」が加わって、大学教授としての将来について考えたこともありませんでした。そこで、この苦しんでいる戦闘的な「教会」に感激したのです。この世には『アナール』しか存在しませんでした。さらにル・ゴフに対する個人的な共鳴もありました。

しかし同時に、『アナール』派の計画全体が、わたしには窮屈でした、たとえば経済的下部構造を探求すること、この「学会」にすっかり帰属すること、「長い継続」、精神性となる温床を確認すること。史学は決定的につくられた構造をもたないし、またすべての計画はまちがった概念です。『アナール』派のことしか念頭にないのに、わたしは『歴史をどう書くか』〔邦訳、法政大学出版局刊〕において『アナール』にまったく触れなかったのはそのためです。でもわたしは少しも正確には『アナール』派を称賛できませんでした。たとえばマックス・ウェーバーをよく理解したり、ニーチェを読んで教訓を引きだすほうが必要だったかも知れません。ところで、ニーチェほど複雑なメッセージはあまり存在しません。ですから、わたしは一九六〇年から一九八〇年までの二十年間は、優柔不断で、口が悪く、予測しがたい悪ふざけにおいて、友情に悩み、言葉にまどい、孤立していました。

その幾年間か、つつましく心に抱いていたことは、相違を見ようとせず、すべてを同一視するわれわれの傾向に対し、またそれに近い傾向、つまり自発的なことをはっきり述べない傾向に対して戦うことでした。ちょうど、わたしの息子が幼稚園をモデルにして、わたしと母親が働いていた「大学」を想像していたように、おなじく、われわれもギリシアの神は、本質的ではない相違があっても、われわれの一神教のうちの神とおなじだと思ったり、あるいはローマ皇帝はわれわれの国王たちとおなじような「元首」だと想像しています。皇帝も神々も明らかにされていませんでした。同様に、ローマ帝政も、年代や地名を除けば、永遠の帝国主義でした。

「帝国主義」とは、威圧的で、こけおどしの言葉であり、戦争中には、考え方や経済的あるいは地政的な利益を促そうと努めます。いわば「合理的な」言葉です。ところで、たいていの社会において帝国主義は見つかりません。ただ好戦的な国民が発見されるだけであり、それらの国民は伝統的に、また文化的にそうであって、必然的あるいはなんらかの行動的論理からそうなったのではありません。ローマ人は好戦的な国民でしたが、ちょうど定住民、遊牧民、さらには「階級的利益」を敗戦国からの略奪以外のところに求める貴族階級をもった商業民が存在するのと同様です。ローマ人は毎年のように戦います、ちょうど収穫者が採り入れをするように。戦うことは、かれらにとって習慣のようであり、たとえばインドのシク教徒やマハラシュトラ人、あるいはイスラエル軍のドルーズ派と同様です。ジョン・ケーガンが言うように、戦争の性質よりは戦闘員を研究するほうが有益です。ローマ人にとって、戦争は政治の続きではありません。クラウゼヴィッツの見解は、ここではあまり役に立ちません。思想家たちは善と真、あるべき姿と実際の姿を区別しようとしないことが多く、でなければ、無数にある異常な場合を軽視して、現実を古典的で見事な典型に還元しようとすることが多いのです。ローマの征服活動、その地中海沿岸地域全体における覇権は当然のことであり、つまりわずかの戦隊が大きい戦隊に負けたのです。当時の規模では、ローマは巨大な国家であり、ローマによって滅ぼされたマケドニアのような、アレクサンドロス大王の後継者たちの王国より二倍も広大でした。それに加えて、ローマ帝国のイタリアにおける兵隊の動員率はこの古代では異常に高く、そのおかげでローマ人らはハンニバルを「疲労困憊」させることができました。

巨大な兵器と化したローマは、他の諸国と協調して存在する一国家として、諸国民の中の一国民だと学んだことは一度もなく、世界の中の唯一の国家だと思っていました。ローマ皇帝には外務大臣がいなかった。ローマの覇権は、二十世紀はじめの日本の場合に似ていました。つまりローマがほかの国民を寄せつけないような一種の防御堤で囲まれていなければならなかった。ですからローマは決して取り引きをしなかったのです。一気に優勢に立ち、一方的な行動に出ようとしました。外国がローマの名を聞いただけで服従しさえすればよかったのです。さらにこの帝国主義は領土拡張というよりは覇権主義でした。防御堤の必要があれば併合しました。さもなければ、保護体制で満足していました。われわれのローマ征服地図を見れば、あまりにも明確な広い色の範囲がありますが、少し不明確な印象を受けます。ギリシアは抑圧されてから一世紀半後にローマの属州になり、エジプトが属州にされるまでは、百三十年来、抑圧されていました。最後に、ローマ皇帝たちの統治下においても、中央権力はその領土内の多くの都市とのあいだで国際的な体裁を装った関係にありました。このつつましいギリシア村落はローマとの「友情」を深めました。つまり、何よりもまず、そのような関係は中央権力と都市とのあいだの力関係であり、また何ごとも状況次第だったということを意味します。

ギリシア崇拝者ネロ皇帝は、統治の終わりごろにギリシアを独立させようと決心しました。それはギリシアが軍隊や外交権を有する新しい国家になるという意味ではなく、たんに今後は、ローマ総督に従うことなく自主管理することになり、その条件はイタリアのローマ都市国家とおなじようになるのです。つまり植民地総督のいる植民地という古い関係であることから解放され、議会を有するフランスのどこかの県と同格になるのです。しかし当然ながら、ローマ帝国の一員にとどまります。それ以外の道はありません。

万有引力とおなじく明白なローマの覇権から逃れることはできませんでした。

わたしは一九五〇年夏のバカンスを過ごすために、モムゼンの『ローマ史』を読んでドイツ語の知識を深めました。それから、エコール・ノルマル・シュペリユールに入学し、共産党員になりました。ところで、マルクス主義を専門にすることは共産主義的インテリで、未来の研究者にとっては義務でした。ですからマルクス哲学やマルクス史学を勉強しなければならなかったのですが、それは夢中にさせてくれました。ですから、ついには歴史か哲学かのあいだでためらうようになりました。

一九五五年、エコール・ノルマル・シュペリユールでの勉学を終えると、ファルネーゼ宮殿にあるローマ・フランス考古学院へ派遣されます。そこでは、絵画を発見します。その当時、出版されたばかりのマルローの『沈黙の声』がもっぱら噂になっていました。これはそれほど深みのある本ではありませんので、人々が本気でその本を読んだのかどうか分かりません。しかしたいへん美しい写真シリーズが載っていて、とくに黙示録的な調子によって、マルローは、メルロ゠ポンティのような哲学者に読まれるばかりか、フランスでは非常な高値を呼ぶのではないかと思われました。芸術品には大きい価値があると一般に思われました。ジョットやピエロ・デラ・フランチェスカの作品の複製がはじめて世に出たので、かれらの名が、いわば神聖なものになりました。それをこの本で発見したのです。

わたしは『ドン・ジョヴァンニ』の台本で学んでいましたので、イタリア語が話せました。ですからファルネーゼ宮殿に着いたとき、荷物を運んでくれる従業員に「ヴェンガ　コン　メ」と言わないで、俗っぽく「ヴェンガ　メーコ」、つまりフランス語では「やぁ、あなた」と言ったのです。そのひとはびっくりした目でわたしを見ました。

そこで結局、イタリア絵画になじみました、たとえばトスカナ地方の大壁画（フレスコ）に見られる叙事詩、一九五六年にローマで開催された「カラヴァッジョ展」、など。具象芸術に造詣の深いキリスト教徒で考古学者の友人ポール－アルベール・フェブリエとともに、わたしは少なくとも古代の絵画とおなじほどイタリア絵画に熱中したと思います。おかげで古代の画像、まず図像学に興味をもちました、それからやがて、目が肥えてくると、様式論まで。というわけで、ローマでの二年間は、何もかも画像でいっぱいでした、画像から風景にいたるまで。というのもわれわれはイタリア旅行に熱中したからです。

一九五七年、わたしはローマ学院から帰国します。ソルボンヌ大学の助手になります。ギリシアへの興味が再燃します。改めてギリシア語をやりなおし、結局、わたしの人生で、ラテン語のテキストよりもはるかに多くのギリシア語テキストを読みました。ギリシア語にうちこんでいましたので、二十世紀最大の学者のひとりともいうべきルイ・ロベールに感激することになります。かれは十九世紀のルナンやパストゥールの時代における意味での学者です。かれはコレージュ・ド・フランスの教授で、ギリシア碑銘学、実際には古典時代末からビザンティン時代にかけてのギリシア遺跡全体を教えていました。かれの葬儀には、わざわざ多くのアメリカ人学者がパリに来て参列したほどです。

そのころ、わたしはエクス－アン－プロヴァンス大学に赴任しています。わたしはかなり迷ったすえに、「古代における贈与」というテーマで学位論文にとりかかっていました。というのもマルクス主義以後、社会学、人文科学、民族誌学、さらに人類学が重要に思われ、またそれらの学問を援用することによって古代史を刷新しようという立派な計画を抱いていたからです。といってもこの計画はわたしの世代の人々には共通していました。しかし結局、おなじ世代のレベルにいたのですよ！　このテーマを選んだのは、申すまでもなく、たんにマルセル・モースの『贈与論』にヒントを得たものです。

事実、わたしはたっぷり五年間、当時、人文科学と呼ばれていたもの、つまり社会学、民族学、記号学に専念しました。読書を通じて勉強したのですが、エコール・ノルマル・シュペリユール時代の仲間ジャン・モリノと親しい議論もしたからです、たとえばかれの家にほとんど毎晩お邪魔していました。モリノはなんでもよく知っていました。たとえばドイツ語やアラビア語をはじめ、代数的位相幾何学や古代、現代の論理学にいたるまでです。

一九六七年には、危機に陥り、博学的作業がつづけられなくなります。つまり碑文の読み方を修正したり、年代を想定したりすること、さらには社会史の論文を書いたりすること、たとえば一九六一年にわたしが『アナール』派にはいるきっかけとなる論文、つまりローマの解放奴隷たちの生活に関する「トリマルキオの生活」のようなものを書くことができなくなります。そんなことがつづけられなくなるのです。根本から人文科学を学ばねばなりません。それに、博学には息が詰まります。

そこで政治経済学が無視できなくなります。何もかも投げ捨てました。もう何も書きません。そして経済学の勉強に没頭します。まずアダム・スミス、それからいわゆる「新古典派」、限界主義者ら、ワルラスを読みました。熱中しました。経済ほど精神を興奮させる学問、あるいはもっと正確には、知識というものはありません。それは人間の、もっとも偉大な知的活動に匹敵します。現実と実践論、言い換えれば、おこなっていることとおこなうべきこととが混同している事柄を想像してください。つまりそこでは外面的には利欲のようなきわめて自然な行動を観察することと、きわめて綿密な分析とが混同しています。たとえば、貨幣から生じる難題はだれにも分かっています。経済学は何よりもまずパラドックスを解決し、仮象をうちやぶることにあります。さらに、経済学は人間の行為に関する理論を、運動方程式の場合のように数学的方式に結びつけます。ですから少しでも経済学を学ぶには、まず積分方程式の解き方とは申しませんが、というのもこれには幾年も勉強し、自分だけの専門的な仕事になるからですが、そうではなく微積分の基礎を学び、微分方程式の解き方を知らねばなりません、ちょうど考古学者ならイタリア語かスペイン語を解読できなければならないように。それだけです。しかし、たとえば、量子化とは申しませんが、希少性や、ある種の人間的現象について、数学的処理を用いた信じられないような抽象化の思索の跡を見ることは、すばらしいことのように思われます。それは、文科系の学者が確率の計算とともに、数学の魅力を感じる唯一の分野だと言えましょう。それは聖トマスの哲学とおなじほど興味深いものです。本当に知的な悦楽になるでしょう。

その上、別の事件が起こりました。わたしがエクス－アン－プロヴァンス大学の教授に任命されたとき、わたしはルクレティウスの哲学詩『事物の自然について』（または『自然について』*De Natura rerum*）に関する講義（大学教授資格試験準備）を担当しました。講義の準備をしながら、古代の哲学の研究に情熱を燃やすようになります。哲学への興味がもどってきたのです。今日、あなたと話しているいままでは、もう小説は読めません。詩情は、昔読んだ詩人たちを除いて消えています。そこで、たとえば気晴らしに読むとしたら、好評の、価値ある哲学書です。

そのようなときに一九六八年の「五月革命」が起こりますが、それがわたしには心底からうれしかった。わたしにはまったく信じられなかったが、ひどく楽しかったのです。すっかり満足していました、というのはいつも驚かされたことは秩序ではなく、混乱ですから。人間はあまりにも退屈なほど順応主義的ですから、その人間が混乱を生じさせはじめると、わたしはうれしくてたまりません。おかしなことに、わたしも逆上していたのです。当時、『アナール』派で優勢だった人文科学に対してはげしくやりあったことが思いだされます。わたしの考えでは、真実を述べる方法はみんなと反対のことを言うことであり、また、みんながある考え方に一致したら、そんな考え方は当然、いつわりだと思っていました。それは偏見に対する古いヴォルテール流の概念です。『アナール』派では、人文科学を未来の活力だと主張していましたので、いくらか中傷されていた『アナール』派において、人文科学に反抗する必要がありました。他方で、わたしはラテン語教授でなく、ギリシア語教授だと宣言しましたが、だれも文句を言いませんでした、なぜならそれが革命だったからです。そこで、わたしはマルクス・アウレリウスのギリシア語テキストを授業で使いはじめました。それは楽しいことでした。

それから、学位論文の序論を書きたくなり、ごく自然に『歴史をどう書くか』という本を出しました。そこでわたしは、すでにお話ししたような続きの人生に乗せられます。つまりレイモン・アロン（かれは「五月革命派」ではなかった）のこととコレージュ・ド・フランスです。

一九七〇年から一九七九年まで、エクス‐アン‐プロヴァンス大学でも、コレージュ・ド・フランスでも、わたしは認識論の世界で、人文科学を見失います。そのころ、古代ローマの性生活を研究しようとしました。これは古典的なテーマになり、文献もますます多くなります。でもその当時は、敬遠されて、まだ未開拓のテーマでした。そこで大部分の資料を改めて調べることになりました（といっても、図書館の一隅の書棚にすぎません、つまり古代のテキストはそう多く残っていないからです）。この性生活に関する本は一冊も出ておらず（フーコーがそのテーマをとりあげていましたが、わたしはそれには及びませんでした）、ただ個人の生活史が南北アメリカでベストセラーになったものがあります。ローマ時代の恋愛について、わたしは論文を書き、それだけですが、ただ同僚デュビーのところで一度、研究発表をしたこともありますが。

そのころ、古い友人フーコーに再会しました（十五年か二十年ほど会っていませんでした。というのもかれはスウェーデンかパリにいて、わたしはプロヴァンス地方にいたからです）。そこで、かれの講義を聞きに行きました。そして、プラトンが言うように、書かれた言葉より、じかに聞いたほうがはるかに効果がありますので、ついにわたしはフーコーの業績の真価が分かりはじめました。

それで『古代ローマの恋愛詩』〔邦訳、法政大学出版局刊〕を書いたのですか。

——この本は、古代ローマの恋愛歌の特性がまだ手つかずのままだと思ったので生まれました。それに文学も含めて言語学、さらにもっと広く記号学が、科学でないとしても、政治経済学のように少なくとも知識であり、概念化であり、実際にまじめで正当なものでしたので、大いに惹きつけられたのです。それに文学的な感覚に背くことなく、また反対もしません。なぜなら音楽を鑑賞するのは、ひとつの事柄であり、ハーモニーの音楽学的分析もまた別の事柄ですから。一方が他方を妨げません、つまりそれぞれが別の扱い方です。一般言語学と記号学——フランスの場合はジュネットの業績を思い、ほかにロシアのフォルマリストたちがはじめたたくさんの業績を考えます——は人間の行動を概念化できた学術分野のひとつとして存続し、世に残っています。それが五年前の政治経済学と同様に感激させてくれました。古代ローマの恋愛歌に関する本は、きわめて特殊で、また、いつわりの自伝的な文学に、記号学という知的な大計画を、いわば通俗化して適用しようとするものです。

一九八三年に刊行された『ギリシア人は神話を信じたか』〔邦訳、法政大学出版局刊〕は、あなたがフーコーを理解した時期を示していますか。

――そうでもあり、そうでもありません。高いレベルの哲学者らとの親密な交際から得た自信がなかったら、そのような議論を書く勇気はなかったでしょう。この本は知的に整理されていませんが、すべての人間的存在のために「真理とは何か」という中心的問題になっていることを表わしています。その言葉が何を意味しているか。また、過去の思想全体が神話にすぎないと分かるとき、われわれはいかにして真実を信じられるでしょうか。あらゆる観点から哲学によって語られることすべては、確かに真実というものを信じさせますが、そのひとつでも挙げるとなれば困ってしまうことになります。わたしから見れば、問題は時代と真実ではなくて、時代と神話ですが、それは個性をもたない人間的存在の根本的な不安定さから来ています。

何を、どんな側面から語り、または書くことができても、少なくとも、歴史家たちにとっては、もっとも真実なことであるような明白さに達します。つまりかれらは過去の観念を理解しようと努めながら、それをまちがった観念として研究しているのです。ですから、かれらが「歴史家であるなら、どうして真実を否定できようか！」と言って憤慨することがあれば、わたしはたまげてしまいます。わたしとしては、歴史家があまり哲学に浸ってほしくないのですが、結局、あれ、これ、という歴史的言説の真実性と、神話という巨大な世界の存在、つまりすこぶる真実とは異なっていることとのひどい混同に驚かされます。もしかれらが歴史家であるのに、自分のおこなっていることを自覚していないなら、絶望的です。それこそ〔木を見て〕森が見えない樵《きこり》と同様です。

ご研究の道程をたどってみて、どうして一九九〇年に出された『詩におけるルネ・シャール』〔邦訳、法政大学出版局刊〕に到達するのですか。

――わたしは古代ギリシア・ローマの私生活、宗教の研究に専念していました。それはローマの恋歌についての本として完結しかけていました。それから突然、たまたま結婚して、わたしのいちばん好きな詩人のひとりであるルネ・シャールのところから二十五キロメートルしか離れていないところに住んでいるという事実を活用しないなら、実際、自分の義務に背くという考えが浮かびました。大急ぎでその仕事にかからねばならならなかった。つまりそれは一種の救命的発掘作業であり、さらに、楽しい義務でした。

どうして、それが義務だったのでしょうか。あなたはローマ史の専門家であり、それ以上に歴史専門家とお考えになり、さらに詩を個人的なことと見なしてもよかったのではありませんか。

――わたしは、ひとの噂を気にしませんし、また一方、カリスマ性があり、出会ったひとの中で、いちばんすぐれた性格力のある個人（事実、わたしはド・ゴールに会ったことがありませんが）に挑んでみるという力を性格的に感じていましたので、いまがまたとないチャンスであり、それをしなければフランス文学から恨まれるように思いました。さらに、申すまでもなく、その仕事に強く惹かれました。あなたも、好きな詩人とじかに会えるようなチャンスを逃せないと思うでしょう。いまとなってはボードレールやネルヴァルに会うことはできませんからね。

ご回答をうかがって、まだお聞きしたいことがありますが、よろしければルネ・シャールのことはあとでもう一度うかがうことにして、いまは、あなたの経歴の話にもどりたいのですが。

――けっこうです。

次いで、一九九三年には、貴重な総序論と、作品ごとに序文をつけたセネカ全集校訂版をつくられましたね。あなたは、ときには純粋な経済的情勢も含めた理由で、ローマ帝国のストア哲学に関してその仕事を計画し、実現したと言っておられます。というのもあなたはそのテーマの講義をされていました。そしてひとたびお仕事にかかると、あなたはそれに熱中して、セネカの作品全体を示そうとしました。それでも、もっとも基本的なことを前面に押しだしています。あなたによれば、まず、マルクス主義とストア哲学との構造的な親近性です。それを説明してくださいませんか。

——両者とも、楽観的な合理主義だということです。つまり人間または社会は幸福のためにつくられていて、幸福になる秘訣があり、それを適用するにはいくらかの時間が必要ですが、理想的な解決に到達するまでに合理的な道をたどることになります。両者とも主知主義であって、ときには言われるような主意主義ではありません。つまり、もし人々が資本主義的現実を理解し、目を覚ますなら、あるいは人々がストア哲学の理論をよく理解するなら、結果的に、意欲を示すでしょう。マルクス主義は理解すべきことを示し、当然、なすべきことを命じています。もし人々が幸福になりたいなら、そのような命令にしたがうことだと思っています。順調な道を進むには理解しただけでよろしい。この場合、無償の意志は問題になりません。そのようにしたがい、ときにはきわめて細かい点で組織的一致を見いだすかも知れません。ですから若いころからそのような合理主義的楽観論になじんでいましたので、ストア哲学の機能の仕方がかなりよく分かっていたか、分かっているつもりでした。

セネカに関する仕事をなさるようになった第二の理由として、一九八〇年の、フーコーとの対談が挙げられます。あなたの序文の中からもうかがえますが、とくに問題になっていることは、現代において、ストア哲学を自我の自律論として利用できるのですか。

――本当のことを言うと、今日、その哲学を利用できるという考え方にはあまり関心がなかったのです。わたしの序文のはじめで書いたことは、むしろ読者の好意を惹くためであり、またフーコーに対する一種の表敬でした。ストア哲学から今日、どんな興味を引きだせるかを述べている本、とくに、ポケット版の本が期待されています。でも結局、ストア哲学がその時代において、つまり現実的にどうであったかを述べようと試みた点を明確にするつもりでした。またフーコーとの対談もそのことに関していました。

ストア哲学の現実性は、まず、たいへん特殊な人類学という点にありますね。

――そうです。すべては人間のストア哲学的概念に依存しています。ストア派は人間を植物にたとえていて、つまり、ただ発育するだけです。そしてまるでダイバーのように外部の世界から切り離され、孤独になることが幸福なのか、それともまるでロボットのようであり、つまり自分の未来はなく、不安も、いらだちも、郷愁もなく、秒刻みに、プログラムされたとおりに動き回ります。

人間が自分の貯蔵庫にある一定の量を維持しながら、できるだけ切りつめて生き残る以外の野心をもてないとか、また人生において、よい父、よい夫、よい市民としての役目を完全に果たす以外の野心を抱くとか、諸国を征服したくなるとか、切手を蒐集したくなるとか、傑作を書きたくなるとか、おなじ時代の人々を楽しませたくなるとか、劇場に行きたくなるというような考えはストア派の頭には浮かばないのです。ストア派には、人間について貧弱で、植物的で、つくりものの考えがあります。つまり、もし人間が外的世界と調和することで損をしないか得をしないなら、また、もし人間がそのささやかなすべての役目を忠実に果たすなら、あるドイツ・ロマン主義者に見られるプロイセンの役人のように幸せになれるでしょう。これはまさしくランボーの「坐れるひとたち」です。ストア派にとっては、一般に不安と呼ばれる発展意欲がなく、未来への心配もありません。われわれの心に浮かぶ野心も恐怖もまったくありません。しかも、かれらによれば、そのようなものはまちがった結果であり、あえて言えば、人間洗濯機の作動における一種の余計な振動だと考えられます。

そのような条件では、死は考えられません。というのも死はそこに存在しないからです。時間の中で先が見えないのです。切断されて残った血だらけの手足を未来に向かってたえず伸ばさないのです。恐怖がないのです。もしあなたが死ぬはずだとしても、ふたつのうちひとつであり、あなたは、死ぬはずだと言うでしょうが、それはまだ死んでいないからです。それでは何を怖がっているのですか。反対に、あなたはもう何も思わない、それはあなたが死んでいるからです。この場合、もう死んでいることを心配するまでもないでしょう。まだ死がそこに存在しないで、なんでもないか、それとも死んでしまって、なんでもなくなり、したがって苦しむこともない。これは持続、主観的時間、人間的存在について、完全にまちがった概念です。

同様に、肝要なことは自分の義務を果たすことです。なぜならこの世には義務しかないからであり、それ以外のことは問題でありません。ストア哲学者とは、義務を果たせば幸福なひとを指す、と述べてもかまいませんが、義務しか存在しないのか、とつけ足すべきでしょう。人間的存在は発展的でないということになります。

かくて、ストア派にとって、幸福は、パスカルが言うように、椅子の上、部屋の中で静かにしていることにあります。もしそんなことをつづけていたら、退屈になるという考えは決して起こらないのです。かれらにとって、倦怠感は無意味であり、不安も、動く必要も無意味です。かれらは、たとえば権力志向も知らず、気前のよさも、贈与も知りません。ですからセネカが、人民にパンや競技場の催しを提供して喜ぶネロ皇帝を確認するとき、それが自我の進展と他人支配の行為だとは見えません。セネカには、他人の感情に気を使うことがありうるとは分からないのです。ですから、ネロが人民にパンと競技場の催しを与えるとき、それはただこの皇帝が、ほかの皇帝すべてのように、あまりにも自分の食欲が旺盛であるため、腹いっぱいに食っても、多食症であるために、自分の代わりに、いわば身代わりとして、ほかの人々に食わせたということになります。まったく素朴な想像でしょう。

おなじくストア派は友情や愛を説明するのに、たいへん苦労しています。つまりかれらの考えでは、友人を愛するのは得になるからです。無欲な気持は、人間に関するかれらの合理主義から落ちていて、つまりそれは自閉的な体系です。ストア的人類学は、われわれが現実というものについて考えていることとあまりにもかけ離れていますので、われわれにはまったく興味がわきません。

ですから、それは、構造的には、マルクス主義者たちがすべてを階級の利害に還元していることを思いださせました。人間には、狂ったり、詩的だったり、支離滅裂だったり、野心的だったりする要素がなくなり、つまりすべては一種の合理主義に還元され、自分の階級にいつまでも甘んじているか、それとも自分が置かれている条件から脱出させようとします。そんな階級機能の卑小な合理主義は、それ自体、この上なく貧弱なものです。

おなじく、そのお仕事は、哲学には永遠性がなく、またおなじやり方で哲学がつくられないという考え方からすれば、古代哲学の学説がいかなるものでありえたかを定義できたでしょう。

——そうです。ある時代からある時代にかけて、哲学と呼ばれているものはきわめて違った事柄に応えています。ご存知のように、紀元前三〇〇年ごろには、次のような問いに答える学説が哲学と呼ばれていますー―幸福という分かりやすく、定義しやすい状態に到達させてくれるような自然によって定められている道をどのようにたどればよいか。

また別の時代では、哲学は一種の道徳的な説教であったり、あるいはひじょうに発展した神学であったり、あるいは場合によっては、われわれに見られるような世界記述です。というのも哲学者たちによって与えられる答えがひじょうに異なっているというだけでなく、哲学と呼ばれるものの目的自体も変化するからです。

事実、ストア哲学のような、幸福の処方箋としての古代哲学は、われわれには極東の学説、たとえば儒教、道教さらには初期の段階の仏教に近く思われ、宗教でなく、また一般的な言い方で世界記述でなく、今日、われわれが哲学と呼んでいるものでもなく、まさしく変容の仕方です。

英知という言葉がもっともふさわしいでしょう、ただしモンテーニュの英知――そこにはギリシア人の天才的な創意があるのですが――という意味ではなく、この英知はつねに自然という教義に支えられ、自然がわれわれの幸福をつくってくれると思うのが正しいことを証明しようとする論理に立って述べられています。ストア派はわれわれにこう言います――「あなた方が幸福になれる処方箋があります。外部の世界を軽蔑しなさい、自分の職務を果たしなさい。そして静かにしていなさい。そうすれば、あなた方は幸せになれるでしょう。なぜなら自然がその処方箋をつくるために、万事を按配していて、幸福への道をおおまかに示しているからです」。そう言って、かれらはそれを証明するために、自然、換言すれば、惑星、流星の研究も含めた物理学の理論すべて、さらにかれらの理論がいかに正しいかを証明するための考え方を示すための理論をつくりだしています。エピクロス派も含めて、この哲学者たちの名案は、たんに敬虔な願い、あるいは実際の役には立たない助言にすぎないような幸福論を、かれらが客観的だと思う世界記述にもとづかせることにあります。その教義が自然の中にそなわっているということを証明するのが重要なのです。まさしくマルクス主義が「あれやこれやをしなければならないでしょう」と言うだけでは満足しないで、歴史の現実的な展開がそうなるはずだとつけ加えるのと同様です。
マルクス主義の活動家のみならずそのインテリも歴史の方向へ進んでいて、まるで動く歩道に乗っているかのように物事の現実に動かされていると感じるように、あの哲学者らの教義には、明らかに、きわめて強力な言葉の上の説得力があります。というのも自然の方向に進んでいると感じられるからです。

それはまた信仰のメカニズムの問題を提起することになります。それは何よりもまず、宗教現象に関するご研究に属しています。今年、一九九五年、あなたはコレージュ・ド・フランスでなさっている講義「詩人ホラティウスの誠実さ」で、やはりギリシア・ローマの異教に関連して宗教現象にもどっています。あなたの研究では宗教問題はなかなか終わらないのですね。

——確かに、まだまだです。序文をつけてバンジャマン・コンスタンの六巻本を刊行するつもりですが、これは古代の宗教とキリスト教の歴史であり、一八三〇年以来、再版されていませんが、真実と虚偽の問題を離れて、もろもろの宗教を研究している最初の作品です。この本の初版は成功しませんでした。事実、かれは当時のキリスト教的で君主主義的な右翼から憎まれましたが、それも明らかにバンジャマン・コンスタンがキリスト教信者でなかったからですが、また左翼からも嫌われました（スタンダールがきわめて否定的な評価をくだしています）。というのも、たんにバンジャマン・コンスタンがヴォルテール的でなかったからです。現在、そのことを講義しています。

それでは、真実に関するご研究とも合致しますね。今度は、もはやその史実性、つまり、さまざまな言説（フーコー的な意味で）の歴史的な経過において真実を表わすさまざまな形象、つまりあなたが真実の多様なプログラムと呼ばれたものを示すことが問題でなく、またおなじ時期、おなじ個人において、さまざまな真実の在り方が共存することも問題でなく、むしろ真実と虚偽との問題を未決にしておく可能性と、その未決の発見的効果が重要になるようですが。

――それ以上です。バンジャマン・コンスタンはキリスト教信者ではないから、かれの考えでは、物事を言葉どおりに受けとるなら、何もかも真実ではなくなりますが、またそれがわれわれの感情に応じてもいるのです。その意味で、宗教は反論できないとしても、少なくとも、たとえば愛の感情のように現実的なものになります。たとえば恋をしている者に、そんな幻想のうちに生きているのだと説明しても無駄でしょう。バンジャマン・コンスタンにとって重要なことは、宗教が生活の一部であり、また人間の感情的生活に属している点です。そのような条件において、真実であろうと虚偽であろうと、まったく問題になりません。さらにかれとしては、なんらかの意味で、人間は真実のためにつくられているのでなく、また真実の上で生きているのでもありません。ふだん、人間は神話の中に生きていて（それはすでにルナンやニーチェの場合です）、その神話が人間のためになっているのです。

バンジャマン・コンスタンは宗教的な事柄にたいへん好意を示していて、信者でないことを残念がっているのも、それが感情の快楽になるからです。ですから、かれにいくつかの感情的なドラマがあるとき、もしも五件か六件のドラマが同時に起こっていても、かれは決して弱音をはいたり、ぐずぐずしたりしません。というのも五件しかないより六件の感情的なドラマのほうを楽しむからであり、つまりかれはいろいろな事柄を経験すればするほど幸福だからです。ですから、かれは人生のうちの三十年間を費やして、一度も実感しなかった感情を、一種の享楽主義、あるいは人間的大いさへの羨望から、内面的に模倣し、筆をとってたどってみようと努力しました。ウィリアム・ジェームズは恍惚境の研究に専念し、あるとき、まったくそんな状態を味わったことはないが、それでも「心が惹かれる」と、ベルクソンにうち明けたことがあります。わたしとしては、人間と作品との関係を文学的に説明するためには、自分に欠落していると感じる気持が、しばしばナルシシズムとして見いだされる感情とおなじほど重要だと思われます。この世にはナルシシズムしか存在しません。

3　コレージュ・ド・フランスでの授業

あなたは授業への道を進まれました。そうなさりたかったのですか、それともそうせざるをえなかったのですか。それが、あなたにとって興味あることでしたか。

――どう答えたらよいか。こう言ってもいいでしょう。もしローマ・フランス学院へ行ったときのように、まったく講義をしなくてもよいなら、もし、全然、授業をやらずにすむなら、とてもありがたいと思います。授業をしなければならなくなると、わたしは賢いアザラシのようになります。ご存知かも知れませんが、アザラシは鼻の先でボールを回すことなど、全然やりたいとは思いません。ですからサーカスのためにアザラシをしつけようと思う者は、サーカスのスタッフ全員が階段席に集まり、アザラシを水面の舞台につれてきて、鼻の先でボールを回させるのです。アザラシがうまく成功したら、サーカスじゅうの人々が拍手喝采してやります。その瞬間から、哀れなアザラシはわれを忘れます。つまりボールを回すことはおもしろくないとしても、拍手の趣味、また、とくに拍手してもらえなくなるのを心配して、要求されると、すぐ感激して曲芸をするのです。

あなたはだれの弟子にもなろうとされなかった。そして当然、決して弟子をつくろうともしませんでした。師弟関係というのはもはや通用しなくなったのですか。

――一九四五年前後の状況を見ますと、フランスの「大学」には、ふたつの主要な形式が認められます。ひとつは、幾千年とつづいてきたものであり、もっとも遠い文明に端を発しています。徒弟という関係です。つまり師事して自己を形成します。そこから忠実、愛、またときには悲劇も生じます。今日でも、最高に発展した研究機関において、だれかについてこんな話を聞くでしょう――「かれは師の教えを裏切った」と。それから、いま憤慨したばかりの者は、しばらく困惑して、思いとどまり、そして自分の職業倫理を思いだし、実際、もし師がまちがっていると考えるなら、そんな師から離れてもよいのではないかと判断します。これが武勲詩に見られるような忠実さや、真理義務と忠実義務とのあいだの矛盾という悲劇すべてをはらんだ師弟関係の古い形式です。

一九四五年以後、状況はいくらか変わりました。もちろん、あなたには忘れられないような授業もあったでしょう。わたしも、深く尊敬したひと、つまりルイ・ロベールのまじめな弟子でした。いくつかの講義がいまでも生々しく思いだされます。たとえばラ・ロシュフーコーについての『十八世紀における幸福観』を書いたロベール・モジに関する感銘深い講義です。しかしその後、教育は研究グループ、あるいはたんに、エコール・ノルマル・シュペリユールの場合や、確かにほかのところでもおなじですが、学友、ほとんど学友のグループを通しておこなわれるようになりました。

師との決裂はまた「フランス解放」につづく世代において、少なくとも人文科学の領域ではいままでとは違って、革命的な意欲、知的な熱情、革新熱、野心、そして歓喜に盛りあがっていたことからも生じていました。なぜなら、それ以前においては類似する現象が見られなかったからです。ただし戦前に、マルク・ブロックと『アナール』派がおこなった決裂は例外ですが。といっても、これは二、三人の孤立者でして、かれらには実権がありませんでした。一九四五年以後には、もはや歴史、とくに古代史を以前の世代のように書くことは論外となりました。フランスの大学において、一八七〇年から一九四〇年までを見ても、それとおなじような現象は認められません。実際、このような五〇年代の知的興奮は二〇年代におけるシュールレアリスムの影響力のはげしさを思わせるものでした。なんでもためしてみよう、たとえばマルクス主義や構造主義といった刷新熱に燃えていました。

ほかのすべての人間の制度と同様に、研究グループになっている現在の図式は、当然、古い師弟制度と同様、うまく機能していません。たとえば、あなたが、ほぼおなじ年齢の研究者たち、親しい間柄で、ネクタイもつけていない連中を集めたとすれば、かれらはおしゃべりしながら互いに教え合うでしょう。ふたつにひとつ、それはほとんど批判的集団の問題であり、つまり、あるときは、実際に知的な摩擦(アメリカの大学内では、「学内食堂効果」と呼ばれているもの、つまり議論、情報交換、争い)になるでしょうし、またそれはとてもよい教育になるでしょう。それとも、まったく逆になるかも知れません。もし問題のグループがアヴァン‐ギャルドを代表していると思うなら、団結するべきだと考え、おなじ著者、おなじ原則、おなじ規則にしたがって誓いあうでしょうし、また、過激な社会主義会議において言われるような「集中動議」、広範な順応主義、換言すれば連盟的な利害が生まれ、各自が他を模倣して、そのアヴァン‐ギャルドは統一を守るでしょう。それが今日の研究の問題点になっているように思われます。

それから、自信に満ちたそのアヴァン‐ギャルドのグループは、存続しようとして、次第に、外部に漏らすことなく、また自分でもおそらくはよく分からないで、心の中で、年功や忠実さや、その他、適当な基準を回復することになるのでしょう。

——そのとおりです。

コレージュ・ド・フランスのことにもどりましょう。というのもあの大学では、ほかとは違った授業がおこなわれているからです。コレージュ・ド・フランスは選び抜かれた少数の人たちが君臨している大学です。そこではいわば研究分野において国民的天才を顕揚していて、だれでも講義を聴きたいひとすべてに開かれています。

——実際、コレージュはフランスの大学の枠外にあって、共和国大統領の直轄機関であり、それで、騎馬狩猟とおなじように、フランス代々の国王をはじめ、創立者フランソワ一世の仕事を受けついでいます。受講生は、年齢が平均五十歳で、学識豊かで教養も高く、知的な好奇心から出席していますが、同僚であったり、専門家であったりしていて、いまさらテストをするような人々ではありません。わたしの考えでは、聴講生の前で講義をするのが規則ですが、それも自分のため、自分と話すためであり、聴衆に何かを教えるというような気持はまったくありません。

コレージュ・ド・フランスの教授の仕事は、ほかのふたつの仕事に似ています。つまり喜劇役者と映画音楽作曲家の仕事です。喜劇役者の仕事に似ているのは、やって来たい者が来るからです。講義は公開されていますから、好きなときに、出たり、はいったりします。また、芝居の役者のように、教授はわざわざ聴きに来てくれた客たちを相手にして、いくらかの恐怖を覚えます。さらに、講義といっても多種多様です。たとえば、数学者の講義は、専門家でない人々には明らかに難しい障害を越えられませんから、その観点から見れば、きわめてさまざまな聴衆を相手にする歴史の講義とはひじょうに違います。ですからあらゆる事態にそなえておかねばなりません。またそこから講義固有の難解さも心配もない講義の危険性が生じます。ある中国語の教授のことが思いだされます。そのひとは一九六八年の「五月革命」のとき、コレージュにおいて、教室を若い毛沢東主義者らに占拠されていました。かれらを厄介払いするために、かれは中国語で講義をするしかなかったのです。

唯一の規則としては、問題になることを講義してはならないということであり、たとえばルイ十四世の治世や相対性理論ではなく、新しいことでなければなりません。ですから講義題目は毎年変わります。そこで、映画音楽の作曲家が映画ごとに新しい音楽を作曲しなければならないように、コレージュ・ド・フランスの教授はよい講義であるだけでなく、それが未発表で、独創的でなければなりません。

コレージュ・ド・フランスでローマ史講座を担任していますと、たとえ自分でやらなくても、専門分野を擁護する責務が与えられていると感じるのではありませんか。

——むしろ、専門分野を顕揚する責務です。そこからばかげた反省が生じます。つまり公務員の階級で最上位の地位に祭り上げられたと思えば、最善を尽くさねばなりません。与えられた義務に精いっぱい尽くさねばなりません。自分の講義におびえます。それしか語らず、それしか考えません。ですからコレージュは、だれもが国王のために粉骨砕身していた旧体制時代の貴族制度のように機能しています。というのも貴族らしくふるまわねばならず、品を落とせなかったからです。自分らには卓越した品格があると納得させられ、そのために強制されることなく働かねばならなくなります。またもや賢いアザラシの話になりますが……

コレージュ・ド・フランスという教育機関についてのお考えをもっとうかがいたかったのですが、結局は……せめて「男性教授陣」のことをどう思われるか、うかがいたいのですが。とくに、わたしとしては、ほかとは違って、あこがれの的になっている序列の頂点に達するには、女性が科学的能力のほかに、当然のこととして、正当性の気持を獲得すべきではないかと考えています。なぜならその気持は容易に生まれないからです。

――社会学的に見て、ブルデューやパスロンによって提起された問題をくりかえすことになりますが、ローマ史家や日本学者のような、めずらしい仕事についている者の採用人事には、ふたつの条件がそなわるように思われます。すでに申しあげたように、日本学者になれるという気持が必要であり、またほかの人々がそうなっているのを見て、不可能ではないと分かっています。ところが、多くの女性のキャリアは、たんに子供たちという物理的現実に加えて、停止してしまいます。というのも彼女らは多くの活動分野から閉めだされているのを見ているからであり、また、ある種の職務につくのが不可能だと思うからです。

第二の条件として、実際に、みずから正当だと感じなければなりません。そうだとすれば、わたしがどうして日本学をやらないで、むしろローマ史を選んだかがよく分かるとしても、自分の正当性を確信して落ちついておれるのはどこから来ているのか――はっきり告白すれば――、分かりません。それを疑ったことは一度もありません。それはわたしの先生たちや学友たちには忌まわしいことでしたが、ありがたいことに、そうなっていたのであり、それが事実なのです。その点について、わたしは一度も反省したことがありません。

野心的な生き物の策略が、わたしのうちで、情熱的な状態になるほど知的活動を生みだしたのでしょう。わたしは決して使命感とか精神的優越性を口にしなかったでしょうが、女性にぞっこん惚れた男のような情熱的状態を語ったかも知れません。ところで、情熱家の世界はいかなる基準にも属さない世界であり、情熱にはそれなりの正当性があります。わたしは自分の頭の中で情熱的な正当性の領域、欲望の領域をつくり、権限をもたらすような知的優位の考えをうまく排除し、またいかなる師弟関係、あなたが抱いている制度観をすべて避けてきたように思います。個性主義的な無政府主義が知的な情熱の支配を表わしていたのです。

第二部　歴史のつくり方

1　「認識論」は？

あなたの前で歴史の認識論、ましてそれに関するあなたの著作に触れると、ただちにひどくお困りになるのは分かっています。でも……

――付け足して申しあげると、それは完全な失敗に属することです。まったく不謹慎な話ですが、わたしはローマ・フランス学院へ留学し、それからソルボンヌ大学の助手になりましたが、それはわたしが刑事のような嗅覚をもち、補助学科の扱い方がうまかったからです（とにかく二科目の金石学をかなりよく知っています）。ですからその方面の学問をつづけ、才能を発揮できたかも知れません。しかし抽象的な観念にも興味がありました。その結果、わたしは一冊の博学書も、一冊の哲学書もつくっていません。わたしはフーコーでもなく、マックス・ウェーバーでもないのです。そうなりたいと思ったことはありますが。わたしはこの両者の中間的な仕事をしました。つまりそれほど博学的なものではありませんが、それ以上の仕事もできたと思います（ときには人間像を書き、それほどまずい発表ではないと思っています）。しかしフーコーやウェーバーのレベルにはとどきません。つまり両者の中間的な仕事になるでしょうが、それでも歴史そのものからは、ずれた立場を示しています。

哲学者たちに対して恨みはありません。かれらに教えてもらっていて、たとえば「説明してください。それとも具体的な例を挙げてください」と言っています。今日、たくさんいる博学者に対しては、怠けた生徒のような引け目を感じますが、それも勉強しなかったという意味ではなく、もっと有効に時間を使えたという意味においてです。本当の理由は思索と博学とのあいだで対立があるからでしょう。わたしには両者を結合させられるほどの思弁的能力がありませんでした。

わたしがしたことは、この中間にとどまった中途半端な仕事です。自分の実力以上の計画に没頭しましたが、悔やんではいません。まず、わたしは興味を抱きました。それから、それは少なくとも歴史学が思弁的な面を決してあきらめてはならないということを示すものです。しかしそれがすべてであり、それが一種の声明文です。不言実行して見せたほうがよかったと思います。もっと本を書き、いいものを書いたほうがよかったようです。

しかし、同時に、知的な仕事は、わたしにとっては、きわめて利己主義的なことだと白状しましょう。わたしにとって重要な問題は学問を発展させたり、真実を普及させることではなく、ただしく考え、自分をみがきあげ、何も見逃さず、自分を変え、自分を完成することであり、またそれは自己愛によるのでなく、奇妙なことに、義務感からです。ちょうど禁欲主義者が自分を浄化する必要を感じるのとおなじです。人間の偉大な事柄に対して、ただしく考えてから死ぬ、あらゆる偏見から救われる、それが自己に対する義務のようなものです。たとえば、音楽と宗教を忘れないこと、あるいはなんらかのまちがった考えを見捨てたこと、です。

良い本を書かなかったとおっしゃいましたが、『パンと競技場』〔邦訳、法政大学出版局刊〕があるではありませんか。

——あれは失敗作です。

どうしてですか。

——古代ギリシア・ローマにおける自治都市の有力者の世界というきわめて特異な形成を記述しなければならなかったのに、通史的な軸を求めたからです。言い換えると、二度とお目にかかれないような、きわめて特殊な歴史的形成にしたがって、大原則、つまり贈与、再配分、集団的利益等の名において、垂直でなく、水平に切らねばならなかったのです。

2　歴史家の問題

認識論の声明に関して、すべての保留を抜きにしても、やはりあなたは認識論の問題から抜けられません。というのもそのことについてあなたご自身が書きつづけておられるからです。あなたの多くの著書や大部分の学術的産物がもっぱら話題になっています。その分野であなたが扱われたテーマ、そしてまた『歴史をどう書くか』以来、たえずとりあげられているテーマのうちで、歴史的原因性のテーマ、したがって歴史における説明というテーマがあります。

その本の中で、あなたは、歴史がこの世、つまり生成の世界、堕落と偶然の世代において展開されるので、天上的領域、つまり決定論の領域や、法則や科学の領域とは違って、その世界の定まった科学はありえないと、アリストテレス的な言葉で述べておられました。天上／天下というアリストテレス的対比に対して、あなたは物理科学／人文科学という対比を重ねました。

あなたはこの世には、三つのタイプの原因が介入するとお考えでした。つまり物理的原因（客観的な条件または与件）、偶然（表面的な原因、事件、機会）、究極原因（熟慮、自由）であり、またそれらの原因のいずれを強調するかによって、三つのタイプの歴史が呼応します。つまりマルクス主義的歴史、古典的歴史、そしていわゆる観念論的歴史です。

でも、それらの区別が抽象的であり、歴史は一枚岩でできていて、その岩が三種の原因性を混ぜ合わせるのであって、物理的、経済的な基盤、社会構造上の一階、文化的な上部構造を載せた全体というような「階層的構造」ではないと、あなたは主張されていました。

そこから筋立てという概念が生じます。歴史は法則にしたがわせるのでなく、筋立てにくみこまれます。筋立てとは、知性が構成したものであり、物理的原因や目的や偶然などの「あまり科学的でない」混ぜ物であり、それらが語りによってもろもろの事件を具体化します。筋立てがなければ、事件も存在しません。ポール・リクールが言うとおりです――「事件を歴史的にするのは筋立てである。事件は起こることだけでなく、語られるべきことでもある」。

そこで、歴史において説明するということは、ある筋の展開を示し、それを理解させることになります。「説明は、語りと区別しにくい作業のように語りの中に現れる」。歴史の説明は、日常生活において「説明してあげましょう」というのとおなじように、弱い説明ですが、ある事実を自分の原則にしたがわせたり、ある理論をさらに普遍的な理論にしたがわせようとするようなきつい説明とは違います。

でも、『ギリシア人は神話を信じたか』では、どうでしょうか。あなたは歴史的要因の別の面、つまり「小さな原因」の多数性を強調されていたように思われますが。それはどういう意味だったのですか。

――『ギリシア人は神話を信じたか』の中で、小さな原因と言ったのは、自分でもよくは分かりませんが、微小または末梢的な原因があったという考えではなく、別の考え、つまり大きい合理主義的展開を否定するものです。啓蒙思想の必然的な高揚とか、デモクラシーの傾向などはなかったのです。要するに、進歩はなく、歴史感覚もなく、弁証法もなく、外へ放り出しても窓からもどってくるような人間性もなく、ウェーバー流あるいは似非《えせ》ウェーバー的な合理化さえもなかったのです。歴史は階級闘争というような大きい原因では説明できません。真の原因は大げさなものではないという意味で小さいのです。「始まりはめったに大きくない」とニーチェが言い、……モーラスも言いました。

あなたはその本でも、『歴史をどう書くか』の場合ほど強烈でなくても、違った観点から考え方を発展させていました。つまり歴史において、説明するとは鮮明にすることだ、と。

歴史の第一動者〔神と同義（アリストテレス）〕の存在を否定し、フーコーにならって、いかなる合理性にもよることなく、突然すべての叙述可能性をつくりだし、限定する予測不能の連続的言説があると述べられてき、あなたは、イメージとして、われわれがみずからつくり、拘束される多面的な多角形と呼んでおられました が)、まさしくそのために、あなたはどんな出来事にも「予測不能な発明」の出現があると主張されました。またその点についても、あなたはイメージを使っています。つまり出来事とは柔軟な気体のようなものであり、多角形の内壁に残された空間全体を満たす、と。

もしそうでしたら、もしどんな出来事も「予測不能の発明」から生じるのでしたら、「出来事を鮮明にすることは、小さな原因を列挙するよりも興味深く、結局、先決的な仕事になるでしょう」。

ですから、あなたがときには口にされるように、もし認識論的な命題の自由な方式があるとすれば、今日、あなたは原因性と歴史的説明の問題をどのようにお考えでしょうか。

——歴史的説明とは、なんらかの効果をあげ、どんな偶然を逃すかを見きわめ、自分にできることとできないこと、人間的介入に依存することを知り、要するに、原因性を人間的に想定しようと試みる政治家がしていることをすることにあります。現実的な原因性は、いわば微視的物理学であり、われわれの理解を越えています。たとえば、気体の圧力を予測しようとするとき、それが幾十億の分子の運動にかかわっているかがよく分かります。つまり大多数の法則がはたらいて（大多数の法則は、たとえばポーカーでストレート・フラッシュよりペアのほうを多くするようなものです)、すべてがつり合うのです。ですから気体に関するアヴォガドロの法則という統計法則に落ちつきます。それはひとつずつ分子から説明しなければならないような微視的レベルと、うまく計算できる包括的効果との相違です。

わたしが言おうとすることは、原子物理学とは違い、また気象学に似ていて、歴史が原子的結果から包括的な結論を引きださせないことです。気体分子運動のアヴォガドロ法則はたくさんの結果を包括する法則ですが、その包括的結果はまったく不確定な原子運動の産物であっても恒常的であり、またそこでは大多数の法則にしたがって、すべてがつり合っています。ちょうど日曜日にはマッシ－パレゾー行きの地下鉄にどれほどの乗客がいるかを予想できるのと同様です。各乗客にはその方面へ行く理由がありますが、乗客数は、二、三名の違いはあっても、毎日曜にはほとんどおなじです。ですから現実の地域では、個人的な意志決定または原子運動という無限の状況がつねにおなじ結果を生むことになるのです。そのような領域では恒常性や法則に到達できます。

それに反して、別の領域では、つねに同数の集合的な総合的結果は生じません。それが気象学の場合です。それには原子的運動が含まれ、つまりひとつの雲を構成するどんな粒子にもそれぞれの運動がありますが、総合的な運動は予測できません。ご存知のように、その予測不能性が気象学の主要な特徴であり、そのために、今日では、渾沌の物理学と呼ばれるようになったのです。集合体を算定できるところまではいっていません。

それが事実です。微視的物理学は、あるときはほとんど一定の統計的な結果に到達したり、あるときは予測できなった結果になったりします。歴史は、気象学とおなじく、二日に一日はまちがい、予測できません。数学者たちは大いに偶然を研究して、次のことを証明しました。つまりカリフォルニア州において雷雨が起こる条件に少しでも変化があれば（たとえば一羽の鳥がその嵐を突き抜けて、その羽で少し雲の分子を乱すとしましょう）、すべてが狂ってしまいます。ですからロサンゼルスに雨が降るかどうかを知ることは不可能です。現実界のほかの領域においても、気体分子運動または原子爆弾破裂の場合とおなじように、結果はいつもおなじです。それは非合理主義でなく、非決定論ではありません。それはただ雪崩あるいはクレオパトラの鼻の話になるだけです。そうです、歴史と気象学はおなじ戦いをしています。

でもその不可能性にはもうひとつの理由があります。つまり基本的分子が何かを決定することすらできず、また人間の本性が何か、本能が何かを述べることもできません。

個人は、生まれたときから「神経的に」なんらかの性格や性向があって、そのひとの神経形成が、たとえばそのひとを利己主義または利他主義へ向かわせると仮定しましょう。そこに、あなた方には個人的な差異があります。しかしそんな与件は純粋な状態にはとどまらないでしょう。それはその個人が受けるはずの社会化や経験にはいってくるでしょう。そのような個人は、ある時期には禁欲主義者になったかも知れませんが、別の時期にはマルクス主義者になるかも知れません。個人がその時代の文化や個人的経験から来ているものと、遺伝から来ているものを切り離すことはできません。それは水とワインのように混ざっているのです。どれほどの量の水が混ぜられたかが分からないなら、そのワインが何度であるかが分からないのと同様に、特徴や生まれつきの本能の性質を確定したり、個別化することはできません。騎士道的恋愛を通じて、基本的な性的本能とその特徴を個別化したり、神経組織から来ているものと経歴的形成から来ているものを確定できるでしょうか。

しかしすべてがそこで止まるとはかぎりません。歴史的な経験とともに政治的な経験において、事実、人間がある種の活動や態度に他の場合より以上に精力を投入することが示されています。一九四二年には、ユダヤ人より所有権の擁護にエネルギーがそそがれました。その理由はだれにも分かりません。その「所有権志向」はだれにも定義できません。ある事実があるだけです。つまり差異的エネルギーが確認されます。

フーコーと一致した考えです。つまりすべてはおなじ自由裁量に融合します。しかし、フーコーとは違って、もし歴史的説明に興味がもたれるなら、次のように言われるでしょう。つまり、そのようなエネルギーの差異は、すべての世紀を通じて、画一的な歴史的自由裁量の背後にわれわれには分からない何かが差異を生じさせていることを示しているのだ、と。

もし歴史的説明ができるとしたら、その場合は低分子のレベルまでさがってゆかねばならないでしょう。それは二重に不可能で、もし可能だとしても、結局、あまり意味がないでしょう。あまりにも複雑であり、込みいることになるでしょう。おなじく、そんな気体の圧力を調べるために、それらの分子をひとつずつたどるのはまったく意味がありません。

説明をもっと進めて、歴史的説明の可能なかぎりのモデルを予測してみることは興味あることかも知れません。ここでマルコフ連鎖について話すこともできるでしょう。つまりその連鎖は毎年、最低生産量が達成されるかどうかで、たとえばミニスカートかロングスカートのいずれかが流行したり、しなかったりすることを妨げるか、それとも可能にします。少し空想してみましょう。わが紀元はじめにおけるキリスト教の勝利を、古い異教に飽きたらなくなったという宗教性の必死の必要によって説明できます。そしてそれがうまくゆけば、すべてを述べることになります。しかし最低生産量という現象がはたらいた、きわめて特殊な歴史的状況も考えられます。お分かりのように、わたしが言ったことすべてはあいまいです。

実際、人間的現象の機構については、いわば何も分かりません。

筋立て的な原因性と、現実的であっても手の届かない原子物理学的原因性とのあいだには、あなたがおっしゃるようなエネルギー流動の説明になるような歴史の立場があるのでしょうか。

――要するに、お尋ねになりたいことは、社会学的決定があるかどうか、またしかじかの社会階級にそれなりの精神性、それなりの宗教タイプの選択が呼応するかどうかでしょう。残念ながら、文化社会学に一世紀間も期待されてきましたが、なんの得るところもありません。

階級的利害もデカルトの『方法序説』も、一六三六年ごろに占星術が突然消滅したことの説明にならず、この一種の廃れに対して、われわれ歴史家たちも首をかしげるばかりです。ペリクレス時代または十五世紀フィレンツェ文芸復興期の天才輩出についても説明できるひとはいません。今日でも、ローマにおけるキリスト教の勝利やスピノザの思想やマラルメの詩を説明できるひとはおりません。どの面から、どうすればよいかさえも分かりません。それぞれ異なるエネルギーの神秘が存在しますが、自動車のボンネットのどこに穴をあけてのぞけばよいかが分からないのです。どうして人々は無調音楽よりも自分の俸給に熱中するのでしょうか。われわれに分かるのは、ただ、エネルギーの不均等によって、その背後に物理学があり、またすっかり言わせていただくなら物質主義があり、また人間が自然に属しているということだけです。

歴史的説明が完全な意味で説明になるのを妨げている障害について、あなたがなさっている分析によれば、二種の歴史を対立させることになります。つまり実際には説明にならなくても説明しているつもりの原因による歴史、そして、理想型を立てて、各時代における「自明のこと」を述べるという別の歴史があり、あなたは後者の歴史こそ、整合性のある、有効な唯一のものだとして選ばれることになりますね?

『歴史をどう書くか』で、当時、あなたが筋立てという概念に与えた拡張のせいで、そのような対立を立てることができなかったと認められます。あなたはどんな歴史も筋立てによると主張されていました。その歴史が事実の叙述的なものでなくなる場合も含まれます。なぜなら筋立ては、物理的原因、目的、そして偶然を「ほとんど非科学的に」総合することになれば、非年代的になり、それだけのことになるからです。しかもポール・リクールはその点について『時と語り』で反論しましたが、そのときかれは筋立てという概念から少しも判別価値を奪うことなしに、どれほどその概念を敷衍できるかと疑問視しました。

——歴史における原因の説明、あるいは筋立てでもよろしいが、それは人間的観点によってつくられます。つまりわれわれは社会闘争、経済危機、政治的な戦略と戦術を見ています。それがまじめな大新聞社や政治・経済のジャーナリストの観点です。フランス大革命やユダヤ人大虐殺や西ローマ帝国没落の原因について議論することは可能で、またこの上なく興味のあることです。

わたしが言いたいのは、原因の説明が法的に正当だということにほかなりません。つまり大革命が起こりえなかったとしても、その革命の原因について議論することは無駄ではありません。社会階級の上昇、あるいは「浮かびあがる」新思想、つまり主権が国民にあるという思想の発見、それらは明らかで、興味のある現実であり、つまりそれがわれわれ、貧富を問わず、人間、市民に意義あることです。革命は正当であり、可能であり、興味あることです。しかしそれが歴史において、唯一の理解可能な表現形式(歴史を興味深く、分かりやすくする唯一の方法)でないということはだれにでも確認できます。ほかにも方法があり、たとえばウェーバーやパスロンの方法、つまり類型論です(古代ローマの皇帝は旧体制のような国王ではなく、また華麗さは宣伝ではありません)。

とはいっても、説明は先決的な明示を前提とします。古代の神はつねに男か女ですが、イスラエルとマホメットの神と共通した名しかありません。もし歴史的事実が暗黙的現実、見えない相違において明示されず、理解されないなら、原因の説明はまちがうでしょう。

今日、実際的には、ある歴史家たちはむしろ説明しようとしていますが、他の者らはむしろ明示しようとしています。前者は人間が何をするかを問題にし、後者はあるがままの人間を問題にします。それはたんに趣味の問題であり、海が好きか山が好きか、とおなじです。それは『バジャゼ』〔ラシーヌの悲劇〕の筋立てを説明するようなもので、つまりまずロクサーヌのトルコ人的な嫉妬深い性格が明示されることを前提とします。人々は相違性において過去に興味を注ぎますが、筋立てにおいても過去に興味を抱きます。

それでも、事実、明示がフーコーのような考えをつくることになるのだという点をはっきりさせねばなりません。事実、明示するとなれば、相違性を示さねばなりませんし、その相違性は教訓的な叙事的大ロマンを消滅させます。もしあなたが古代ローマ帝政あるいはユダヤの一神教を明示なさるなら、クラウゼヴィッツのような合理性とか幾世紀にわたる一神教の観念を消滅させます。

ユダヤ人が一神教を発見したことは、ヤハウェが唯一の存在だったのでなく、もっとも強かったからです。ヤハウェが俗っぽい神ダゴンの神殿にはいると、ダゴンが恐れ入ってヤハウェの足下にひれ伏したのです。ですから他の民族の神々が存在していても、イスラエルは貞淑な妻のように、それらの神々には目もくれなかったはずです。というのもヤハウェがほかの神々に嫉妬する神だからです。これは一神教というよりはむしろ一種の一夫一婦制でしょう。

そこでヤハウェはいわば唯一の神になり、つまりそれ以外に神はいなくなり、その神だけが対象になります。しかしそれは、一神教の自然な傾向としての合理主義によるのではありません。それは精神性的事実であり、つまり「嫉妬主義」として明確にできるでしょうし、また不安な好戦的小国で、守護的軍神をいただこうとするイスラエルの状況からも説明がつくでしょう。ドイツの神学者ベルンハルト・ランクがこう言っていました――「モーセの一神教が生まれたのは歴史的な偶然であって、哲学的な転換ではありません」と。

古代ギリシアの場合は逆で、つまり宗教的な発展はきわめて合理論的ですが、適切に一神教へ向かうのでなく、最高の神、大臣の神々をしたがえた首相として、宇宙の政治を統一する神としての観念に到達します。というのも宇宙が支離滅裂に動くという考え方に反対だからです。だがその最高の神は唯一神ではなく、たとえばプラトンやプロティノスは（最高の神にしたがう）ほかの神々の存在を否定していません。というのも、幾度も言い古されてきましたが、異教の「神」という語はわれわれの言う「神」を意味していませんから。ですから国民にとってどんな神も男か女だったのです。またプラトンやプロティノスのような大学者にとっても、違ったふうに受けとられていませんでした。つまり神という語はかれらにとって、文字どおり、太陽や星のような物体がそのまま神々であるということを認めたままの意味をもっています。医学者ガレノスは神体、つまりある星の解剖をしようと夢見ていました。かれはその物体の中に人体よりもいっそう神の摂理的な生理学的合目的性を発見できると信じていたのです。神々と唯一神との相違を示すことで、自然的一神教という幻想がしりぞけられます。

『歴史をどう書くか』ではあまり問題にされていませんが、フーコーとの親密な時期に書かれた『ギリシア人は神話を信じたか』において重要に扱われている問題があります。それは真実の史実性と、当然、その歴史化という問題です。その問題を提起することは、ほかの歴史家以上に大胆でした。

——確かに、われわれにとって、真実という語は神聖なものであり、ですからそれに触れてはなりません。もしそれに触れるなら、一般のひとから極左か、むしろ粗雑だと見なされるでしょう。「それでは、もしデモクラシーが（王政や暴政などのように）作り話なら、あのガス室も存在しなかったことになる。歴史家がそんなことを言えるだろうか。それこそ、まさに反逆行為になる！」

真実が語られるとき、「粗雑にならない」ようにするにはどうすればよいのでしょうか。

——はっきり分けて、ふたつの問題があります。ひとつは全面的で徹底的、そして誇張的な懐疑で、われわれが狂人だと絶対に言われないようにすることです（デカルト）。過去からはいかなる真実も存続しない（歴史主義）。狂気、麻薬、金魚は、われわれにそうとしか考えられないことを示しています。その考え方からすれば、アウシュヴィッツも絶対的には確実でなくなります。すべてが疑わしくなります。このような誇張的懐疑は、いったん踏みこんだら出られない迷路のようなものです。確信すら疑わしくなり、ですから神経衰弱的鬱状態にしかなれないでしょう。

違って、第二のものはフーコーの問題でした。つまり過去のビジョンから贅肉をとり、過去からゆったりした美しい襞をとり除くと、われわれの神観念やデモクラシーや狂気の恣意性（非合理で不自然なもの）が見えてきます。それは絶対的真理とか誇張的懐疑の問題を抜きにしてできることであり、つまりただ歴史家としてふるまい、正確に説明すればいいのです。そうすれば、われわれの観念は恣意的であることが分かります。というのもそれが理性にも、現実性にも弁証法にも則っていないからです。ですから不変要素もありません。

それだけではありません。あるひとが「昔は幼稚で素朴な幻想を抱いていたが、いまでは大人としてものを見ている」と思えるように、おなじく真実も錯誤も、永続するどころか、歴史的な時期があります。神話の時代はたいていの国民のあいだで終わっていますが、ある国々では、教義的な大宗教の時代も消滅しているようです。

とはいえ、ニーチェ主義が、それ自体矛盾していて、確信もないのに真理だと断言するから、まちがっていると主張することは詭弁、つまり「嘘つき」の詭弁であり、「嘘を言っている」と言う嘘つきは嘘つきではありません。別の場合に嘘をつくでしょうが、この場合はそうではないのです。

わざと自分の立場を危うくするような理論をまちがいだとする考え方の背後にあるもの、それはわれわれの状況が「ありえない」のでなく、われわれが真理の一片もなしに大海のまっただ中に見捨てられるという不幸な目にあわされてはいないという、死活にかかわる動物的な確信です。そのような耐えがたい考え方は滑稽で、おぞましく、まちがっています。一種の生命的本能、不安のようなもののおかげで、われわれは自分に自信がもてるのです。

ですからニーチェ主義は思想史において千年来の時期を画するものだと言えるでしょう、ちょうど二十五世紀前のプラトンとか、フランス大革命とか、ローマ帝国の崩壊のように。それは神話の時代の終わりを告げるような画期的時期です。それは哲学の終わりであり、また人間的「主体」としての自己確信の終わりでもあります。

「主体」の観念の批判が述べられるとき、人間嫌い、反ヒューマニスト、人間の敵、構造主義者だと思われ、作者の概念も否定され、文学作品も「それが語る」などと思われてしまいます。それとも、人間が無名で「無責任」なプロセス、つまり言説活動……のプロセスに従属する、と考えられています。（この無責任という語はすばらしいではありませんか、というのもこの不満の主《ぬし》は、理論が真理であるかどうかでなく、それが精神的に受けいれられるかどうかを自問しているからです）。いいえ、まったくそのようなことはありません。でも、ただ、人間はもはや自分を元首だと思わない存在であり、また自分自身を証明できないことが分かっている存在です。人類は不安の叫びをあげていて、まるで「真理」と名づけられた女中のスカートにしがみつかないでも歩けたと、まだ気づかない子供のようです。

ニーチェ、フロイト、現代性、ドゥルーズ、ラカン、フーコー、さらに福音書を調和させて、不安に震えている人々をストーブのそばに引きよせるように倫理的で寛容な熱を帯びた永遠の確実性へみちびく必要はありません。この抑圧的な世界のそとに、人間の言葉が拒否されるような広大な言葉、自然らしさ、未来の真理、そして完全な正義、「否定性」、忘れられても追いだされた者のようにもどってこようとする何かが存在すると主張しても無駄です。

一八七三年のニーチェの遺作の中に、必要と思われる一種の懐疑的謙譲を分かりやすく一般的に述べられているところがあります――「宇宙から遠く離れた片隅で、無数の太陽系の輝きの中に、ある惑星で知恵のある動物たちが知識を発明した。それはこの上なく傲慢で欺瞞的な瞬間だった」。それはすでにヴォルテールが『モグラと園芸家』と題された短い対話の中で書いていましたが、読んだのは四半世紀も前ですので、詳しいことは忘れました。

われわれには何も約束されていなかったし、われわれ自身のうちにもまったく保証がありません。われわれには自然形態がなく、現実性との決定的な接触がありません。幸福、真理、道徳、さらに平和をおぼろげにでも示せる方法がまったくありません。

われわれの時代では、真理のように見える恣意性にわれわれが落ちついているということが、われわれにも分からないのです。われわれが気づかないこと、それがわれわれに見えないということを知らないでいるのであり、つまり、闇夜にどこまで見えるか、どの地点から見えなくなるのかが測定できないドライバーとおなじです。

しかし、くりかえして言うべきですが、神も分別もない世界に沈潜している現代人の悲劇について美辞麗句をならべることはやめましょう。つまりわたしの知るかぎり、与党と野党の選挙人たちは迷っていませんし、イデオロギーは死んでおらず、また死ぬこともできません。なぜなら人間たちが望んでいることすべて、おこなっていることすべてから、人間たちのために真実と善の幻想、貴重で豊かな言葉が現れるからです。今日の人間は、過去や未来の人間と同様に、執拗に、信じていることを信じ、欲することを欲しようとしています。哲学者と呼ばれるわずかの個人たちが何を書こうと、人間の生活はつづいています。なぜなら哲学は人類の意識ではなく、また原子爆弾はデカルトの不都合な定理から生まれたのではありませんから。教壇では懐疑主義の哲学者たちでも、自分の信念や興味、さらに懐疑主義自体に関してきわめて確信的です。それが日常性であり、また思想より強力な生活です。ニーチェ自身も、ニヒリズムに対して激怒し、その救済策を提示しはじめるときには、退屈で、説教的で、紋切り調になります。

そのようなことを、どう思いますか。モンテーニュの現代版にすぎないのですよ。『エセー』のほとんど最初の文から、こうなっています――「もちろん、人間はおそろしくうぬぼれていて、さまざまで、気まぐれな存在であり、そのような人間について一定の画一的な判断をくだすのは難しい」。

われわれは、真理を把握できるかも知れない哲学的「主体」、換言すれば最高者で神のお気に入りではなく、動物であり、自然の一部であり、「神の羊飼い」ではありません。ショーペンハウアーとニーチェ以来、哲学はハッピーエンドのない哲学になり、おとぎ噺から目覚める企てになっています。しかし形而上学は、新古典主義的経済学や中世的神学とおなじように、まだぴちぴちしています。つまり小説とおなじく信じられるものではありませんが、小説のように形而上学はわれわれについて語ったり、偉大な物語という証拠にこの複雑さやこの純粋さを提供しています。すべての哲学者らは、ボアローの言う上品な文学やジンメルの言う哲学そのもののように本当らしく見えます。

いくらかきびしい真実、あるいは、おなじことになりますが、きわめて不均等な誤りの可能性についてのお話だと思います。そのような不均等性や程度の違いをどう考えたらよいのかを説明していただけませんか。

——簡潔に説明して、終わりにしましょう。ここに、ひとつでなく、ふたつのことがあります。だれにも分かっている真理、つまり論理的で哲学的な問題としての真理があり、それは黒が白でなく、アウシュヴィッツが存在したか、存在しなかったかを決め、またなんでも勝手なことを言えないと要求しています。その唯一の真理こそ、長いあいだ哲学者らが考察してきて、また逆説的に、歴史家たちもまたそれ以外には目もくれない真理です。ただ、この問題にはもうひとつの面があり、それはまったく経験的な問題、歴史的な問題としての真理です。それがまさしくニーチェ－フーコー的な面です。

明らかに、断定のレベルにおいて、真なるものと偽りのものとの分割は恣意的でも修正可能でもありません。われわれはみな、抵抗したり要求したりする真理を生々しく感じます。だが他方、もし幾世紀にもわたる経験的見地から見て、天から地上に降りてくる真理が修史の対象になるなら、これはもうひとつの別の面になります。各時代において、真理とはいかなるものであったか、どの領域においてであったか、またどんな信じ方だったか、等々。真理の理想こそ、西洋の歴史的特徴です。

真理の言説や計画が各世紀を通じて変化したことは、純粋に歴史的で、またきわめて真なる事実です。

そう、ひとつでなく、ふたつのことがあるのです。友人ドミニック・ジャニコーが書いているように、フーコーは別の尺度を選び、非合理主義的な情動に屈しなかった。だが悲しいことに、世界的な妥当性を要求しても、世界の歴史の流れを変えられなかったという事実を否定することはできません。

とはいえ、完全を期すために、第三の面、つまり意地悪い歴史主義的精神、すべてを疑い、自分の疑いさえも疑うということを説明しましょう。フーコーは、狂気か麻薬で自称最高の自我を失うか、あるいは金魚がどう考えるかを自問するとき、クロード・ロワ（この対談のはじめで、あなたのようにモンテーニュについて話してくれた）の言う中国の詩人、つまり自分が蝶々だと夢みていたが、むしろ中国の詩人だと夢みる蝶々ではないだろうかと自問した詩人に似ています。そのことはすべて、白状すると、誇張的懐疑であり、そんな些細なことでアウシュヴィッツの存在を疑うことにはなりません。

『歴史をどう書くか』で、もし歴史研究の進歩が語れるとすれば、それは「質問表の延長」という形になると言明されていました。「歴史的総合には進歩などなく、多かれ少なかれ事柄は理解されても、その理解はいつも同じやり方になる［……］。歴史の唯一可能な進歩は、出来事の特異性に対するビジョンと、いっそう繊細な統覚を拡大することであり、そのような進歩は、まったく繊細であるので、雷のようにとどろかない［……］。歴史は進歩するのでなく、拡大するのである」（*Comment on écrit l'histoire. Essai d'epistémologie*, Éditions du Seuil, 1971, p. 271. 邦訳、四一六ページ、法政大学出版局刊）。歴史家は、すでに先人たちによって扱われた問題をしっかり記憶にとどめておかねばならず、ちょうど古代の雄弁者が修辞学の類型的表現を覚えていたのと同様です。そして忍耐強い分析作業と省察によって、それらの問題を洗練し、いっそう複合的なものにし、展開しようと努めなければなりません。正確には、それらの問題はどのように提出されるのですか。いっそう繊細になれば、いっそう

「確か」になるのでしょうか。
——幾度も引用したように、パスロンの考えは別の点で正しいのです。つまりもし歴史や社会学がなんらかの原則をもとうとすれば、すべての世紀を通じて歴史に不変要素がなくなるときでしょう。多神教から一神教へ移行する自然傾向はありません。世界史が階級闘争の歴史だというのも真実ではありません。アテナイのデモクラシーとはわれわれのデモクラシーと共通した名称にすぎません。人間性も、歴史または社会の法則も存在しません。普遍社会学は不可能であり、それはただ漠然とした普遍性に厳かな名を与えるだけでしょう。

その意味をよくご理解ください。つまり変化しやすい世界ビジョンのために、それと対照的な永遠化的ビジョンに反対して掲げられるような理由を選択すべきでなく、むしろもっと平たく、そんな立派な二者択一は存在しないということを、ペンを手にして、すばやく見つけることです。たとえいかなる倫理的または哲学的な理由であろうと、変化は選択されず、やがて不変要素は無に帰し、ただ空虚な言葉しかないということが確認されます。ふたつの高級な世界観のうちではなく、正確か無駄口のいずれかを選択しなければなりません。

フーコーは、人間観がまもなくわれわれの視野から消えるだろうと言ったために、古い大学で、無数の敵をつくりました。かれが言いたかったことは、いかなる学問も決して「人間」を研究したことがない、というのも、いくら言ってもきりがないから、（おそらく人間が完全に善人でなく、また完全に悪人でもない、という場合を除いて）ということです。つまり研究されるのは人間の言語であり、人間社会の政治経済学であり、人間的表現の記号論です。あなたが歴史の一ページに「永遠」の概念を持ちこんだりしたら、また「それがイデオロギーであり」、「それがどんな制度も正当化するのに永遠に必要なものを表わしている」とおっしゃれば、あなたは自分の風景画を下手なものにし、つまらない駄作にしてしまうでしょう。それでも、さっそく申しあげますが、歴史は普遍観念を用いることが分かるでしょう。でも先走りしないでおきましょう。

毎日、われわれがたがいに問いかけている問題を思いだしてください。つまり社会はなんらかのユートピアなしで生きられるでしょうか。無意味に生きられるでしょうか。どんな政治的制度にも、国王（もし国王がいるとすれば）はその国民を愛しているとか、それとも神から選ばれたということを主張して、みずからを正当化しなくてもよいでしょうか。人間は宗教をもたないでいることができるでしょうか。それらの質問は、人間性をつくりだすことができ、おそらく発見的価値もあるでしょう。しかしそうだとも、そうでないとも答えられないでしょう。遅かれ早かれ、好天気のあとに悪天候が来るだろうと告げたりしないように、宗教的なものやイデオロギー的なものが復帰するなどと先走って言ったりしません。天気が雨か、強風か、雪か、霰になるかどうかを決めるほうがより適切かも知れません。同様に、よい質問は、一般的に宗教的なものの復帰を云々することではありません。そんな質問をすれば、それこそ、二千年前の西洋人から実際に「宗教」、つまり教義的で、救済という排他的な大一神教と呼ばれたものが生まれるか、再生するかを自問することになるでしょう。ユダヤ教につづいて、キリスト教とイスラム教が生まれたのなら、おなじタイプの四番目の大一神教が生まれるでしょうか。これらの学識的で、特殊な宗教はかけがえのないものでしょうか。それとも、たとえば多声音楽（ポリフォニー）や、石油ランプや、帆船や、キュビスムや、古代の奴隷制度などが終わったように、それらの宗教の時代は終わっているでしょうか。

今日、たくさんの宗派、つまりあらゆる種類の信仰や霊性が栄えているのを見ます。おなじほどのものが一九〇〇年にも見られたし（忘れられていますが）、おそらくどんな時代でもおなじでしょう。そのことはわれわれの信じやすさや想像力を証明していますが、それはたいしたことではありません。でも、それほど多様な信仰でも、満たされない宗教的欲求を満たし、その空虚さに合わせて形成されたとは思われません。つまりそれらの信仰は勝手な付属物であり、つまり文化を構成し、もくもくとわき上がる積雲のような、ほかの想像力とおなじです。それは満たされているなんらかの欲求とか心の空洞ではなく、プラスになるものであり、そのようなプラスになるものがたえず、どこにでも生じます。それこそ、人間性と呼ばれるものが、どのように思い描かれるかを示しています。

不変要素はなくて、それでも普遍性はあるのですね。

——そう、逆、ほとんど逆のことが真理として残るように思われます。つまり過去のいたるところに、普遍性が見られるか、見られると思われ、それはウェーバーから理想型と呼ばれたもの、つまり封建性、デモクラシー、一神教などです。これらの語は神秘的な背景、人類の宗教的または政治的な使命、もっとも個人的、かつ肉体的な形で現れる権力の遍在性を啓示しているようです。生成の荘厳さを輝かせるこれらの語の背後には「何かがあると感じられる」のです。

さっそく申しあげますが、もしそれが錯覚的印象を与えるとしても、偽りではなく、つまりそれは現象学に属していて、あとでもっと詳しく話しますが、あまり退屈させるようでなければ、です。そうです、歴史は捉えがたい深さを感じさせ、それは絵画で大気の深さと呼ばれ、青い山脈までの遠景へ進んでゆくにつれて色彩が「ぼかされてゆく」のとおなじ印象です。歴史の不変要素や法則や人間性という幻想はそこから来ています。

もっと明瞭になるように努めましょう。まず、ベルクソンの一文があります——「草食動物をひきつけるのは、おおむね草本植物である」。歴史家と同様に、牛も一般観念をもつことができ、それがわれわれの問題になります。次の文はフッサールの一文節ですが、四半世紀も前に読んだものですので、記憶の中で平凡化していないかと心配です。さて、どうぞ、ある角度を考え、あなたの頭の中のテレビ画面に、ある角度を思い描いてください。それでけっこうです。さて、その角度がどうだったかを言ってください。いくらか開いていましたか、それともいくらか狭まっていましたか。何も分からないでしょう。つまり角度はこれでもなく、あれでもなかったのです。あなたは自分のまぶたの下で、ある角度をちらりと見たでしょうが、その開き具合はご自由でした。それでも、その角度はぼやけておらず、つまりあなたははっきりと、ある角度のイメージを抱いたのです。それはあるイメージ、あるいは二次元の精神的画像であり、抽象観念でなく、印刷された二、三行に収まるような定義ではありません。ですから限定されていなくても、やはりぼんやりしていないイメージがいくつも存在できます。あなたは、ある角度の一般的イメージをつくったことになります。

まずい暗示の仕方で恐縮ですが、われわれの一般観念は、そのままでは帰納法の結果でないということです。あなたがどんな角度かを認識していることは、あなたが人生で目にした幾十億の角度（あるいは、おそらく、赤ちゃんのときに見た最初の角度）から生じているとしても、角度という概念のほうは、寄せ集めの、あいまいなものとして現れません。それはさまざまな肖像をかさねてできる「典型的な肖像」には似ていません。ロンブローソは若干の犯罪者写真を重ねあわせて「典型的な犯罪者」の肖像を引きだそうとしたようです。ですから歴史上のじつにさまざまな光景もそれだけ一般的なものとして見られるのであり、たとえそれらの光景のひとつの、ただひとつの現れしか見られなかったとしてもです。個人的で、さらにユニークな出来事でも、長いあいだ、見つめられ、詮索され、その出来事の様相から受ける印象を表わそうとして、心の中で抽象的な語や定義や文章を試みていると、典型的なものとして現れ、ついにはそうなってしまうものです。

さて、と！　おそらくユニークな出来事を抽象的で一般的な言葉を使って表明すると、詮索努力の末に得られた表明は、あなたがさきほどおっしゃった質問表の延長にすぎなくなります。その努力の果てに、結局、封建制度、カリスマ、階級的社会、資本主義、至福千年説というような、現在と過去を理解するために必要不可欠な知識の言葉を発してしまいます。

ここで、わたしの考えを誤解しないでいただきたい。わたしは「封建制度」という観念が封建的なこと自体から来ているとは申しません。それを神のうちに見るとか、われわれの染色体から来る生来の観念、あるいは集団的無意識が問題だと推測するのではありません。そうではなく、たんに牛が一般に草を見るのと同様に、われわれは封建制度を一般的な観念と見なしますが、歴史教科書で学ぶ最初の封建制度以来のものとしてです。歴史とは一種のカオスであり、そこでは何もくりかえして起こりませんが、万華鏡に映るそれぞれの絵が、それだけで一般的なものとして見えるのです。そうなると、普遍要素が信じられないはずがないでしょう。牛は、ライプニッツを読んでいませんので、すべての草の茎がおなじように見えるはずです、しかしライプニッツによれば、反対に、おなじ形の木の葉は存在しないと述べていますが。われわれは、すべての犬が、憲兵か郵便配達人に対するかぎり、制服というものの一般概念をもっていると分かります。

このパラドックスはそれだけにとどまりません。つまりふたつの事柄が似ているからというのではなく、たとえば西洋の中世の封建制度と日本の封建制度があり、そこから「封建制度」の一般概念が引きだされるとしましょう。とんでもない、それはわれわれが、たんに西洋の中世の封建制度の例から引きだされた一般概念をすでにつくっていて、日本の封建制度に似ていると思うからです。さもなければ、日本の中世は、『源氏物語』のような逸話的なおもしろいカオスにすぎないと思われるでしょう。われわれは古い日本に封建制度「なるもの」を再発見したと思うでしょうが、西洋の中世と日本とのあいだに類似した封建制度を引きだしません。そう、一般観念なるものは、二枚の識別写真、ふたつの封建制度、ふたつのカードを照合して生まれるものではありません。歴史では、カードに頼れず、つまり「熟考」しなければならないのです。総合のチャンスに到達できるには、二十年の研究を通して、賢明に、かつ慎重に、明確にされた既成の事実を照合しても無駄です。精神的な現実はそれほど貞淑ではありません。ですから歴史は忍耐強い厳密さでもって書かれるのでなく、発明、つまりわたしが隠喩的手法でしか記述できないような発明形式でもって書かれるのです。たとえば探索し、判別に努め、抽象的な構造を見つけるように心がけることです。

そこで、レントゲン写真装置になろうと努めるなら、結局、何が見つかるでしょうか。明らかに骸骨であり、骨格であり、肉付けも陰影もない堅実な定義であり、要するに理想型（idéal-type）です。「中央権力のない人間支配が地代と結合するとき、封建制度がある」。

かくて、知的な作業という観点から見れば、回答はあらかじめ質問を待っているようであり、概念は、それが与えられる事柄に先行するようであり、封建制度の骸骨は、中世社会の不定形な体内で、われわれのレントゲン写真を待っているように思われます。マルブランシュが、われわれの概念は事柄そのものの中にはなく、神の心の中にあると言ったのも、じつはそのことを説明していたのでしょうか。

マックス・ウェーバーがたえず口にしていた有名な「理想型」によってかれが何を期待していたかが理解できるのではないでしょうか。歴史家あるいは社会学者とは理想型をつくる者だと、かれは書いています。封建制度もそのひとつであり、あるいは至福千年説、あるいは正当性付与、あるいは奇跡能力、要するに、われわれが日常用いている「質問表」のすべての語は、自分の日記を読むことにすぎなくなるでしょう。ムッシュー・ジュルダン〔モリエールの喜劇の登場人物〕のように、われわれは知らずしらず理想型をつくっているのです。

そのとおりですが、一般性がわれわれの目に映る一般的な外観を語ろうとして、ウェーバーは落ちつかないようです。つまりかれは理想型が事柄を単純化し、図式化し、詳細なことを放棄するという事実にこだわっているのです。誇張された単純化にうしろめたい気持があるように思われます。事実、ウェーバーは正確性の逸脱という言葉で表わしていますが、それは外観の逸脱です。かれがフッサールを読めなかったのも当然ですが、かれは個人が牛の場合と同様に一般観念のもとで現れるということを考えなかったために、封建制度の現実と封建制度という観念のあいだの差異を詳細の正確さ、およびほぼ包括的という言い方で解釈したのです。かれによれば、歴史家は図式化し、単純化するのです。理想型はつねにどこかの面でまちがいを犯します。

気の毒なことに、ウェーバーはささいなことで不幸になっています。「封建制度」という理想型は封建制度の現実を圧縮したものではありません。つまりそれが詳細を落としているとしても、単純化という手を加えたからではなく、詳細を度外視しているからです。かれは男爵領、伯爵領、そして城主領をそれぞれとりあげようとはしません。ちょうど牛が一般に草という観念において、一本ずつ草の茎を選り分けないのと同様です。おなじく、あなたがいま、まぶたの裏に浮かべた角度は、零度から一八〇度までの角度すべてを含んでいなかったのです。理想型でウェーバーを困らせるのは、かれが普遍的なことをアングロ・サクソン流に考えたということから生じています。かれは、一般概念が多くの個別的な場合を比較す現実世界の無限の多様性を極端に単純化してしまいます。

ることから帰納的に生まれると予想したのです。ですからその一般概念は少し不明瞭になり、したがって

知らずしらず理想型をつくるすべてのひとから歴史家を区別する問題にもどっていただけませんか。

――ここでは、直観主義者や神秘主義者には、まったく触れないでおきましょう。一種の超自然的な光によって中世の封建制度が見えてくるとは言いません。そんなことを資料で立証するのは無駄でしょうから。あなたが明確にしようとなされるのは当然です。なぜなら歴史家という人種は極端に恥ずかしがり屋ですが、真実とか厳密性が問題になると、たちまち見識があるというよりはむしろ疑い深くなるものです。もちろん、立証は必要です。人間支配と土地所有との結合があって、はじめて中世に封建制度があるのです。その結合は実際に起こったのでしょうか。そのことを確認するか無効にするかは、ただ資料だけでしょう。わたしが言わんとすることは、まったく違います。というのも封建制度という観念は、ヒヨコが卵から生まれるようには資料から生まれません。それを、まるですでに存在していたかのように、方法論の適用とはまったく無関係な洞察の知的努力でもって引きだささねばならないのです。厳密であろうとなかろうと、マックス・ウェーバーのようにずば抜けて炯眼の人々がいます。言い換えると、真実があり、また別に洞察があります。洞察力だけがすばらしいものです。

ここで、友人パスロンの現象学とその得意とする考え方[3]が浮かんできます。つまり社会学と同様に、歴史においても説得力があるのは、さきほど検討した理想型より以前には正当性のなかった事実あるいは関連性を歴史的観察において出現させることです。

歴史は科学です。なぜならそれは真実にあきたらず、レントゲン的透視によって隠れているものを調べ

るからです。一般性を見たり、すべての事柄の中になんらかの意味、味わい、分かりやすさを発見することと、それが歴史的認識の進歩です。四半世紀も前に、わたしはそれを質問表の延長と呼びましたが、それは平凡なことであり、つまり「もっとよく理解する」という感じは三次元の錯覚、被写界深度の錯覚を与えます。ここで分かりやすさは、不明瞭でない一般性であり、つまり相違です。その反対がつまらないこと、細事、末梢的なことです。封建制度やフランス大革命であろうと、何かの事柄を分かりやすくするには、その事柄自体のそとに助けを求めても無駄です。つまり分かりやすさの安心感を提供することは、どんな一般的観念にも含まれる長所です。すでに申しあげましたが、原因によって説明することだけでは、分かりやすい形式になりません。末梢的な事柄を越えて、普遍概念という抽象的なところまで到達されるなら、あなたの精神に光がさすでしょう。

一般性を見ることは相違、つまりさきほど幾度か申しあげたような相違を見ることと変わらないと説明しても無駄でしょう。すべてがすべてに似ていて、たとえばどの一神教も、どのデモクラシーも類似しているのは、末梢的なこと、平坦なあいまいさにとどまっているからです。

こんなに長々と、パスカルのメモを注釈してしまって、失礼しました――「精神がすぐれるにつれて、独創的な人間が多いと分かる。普通の人間には人間たちのあいだの違いが分からない」。

さきほど挙げた作品でひろく展開され、立論されている問題とは別に、もっと目立たないで、漠然と扱われている問題があります。あるとき、あなたの講義を聴いていて、日常性または平凡性ということを、ついでに指摘されたので、びっくりしました。きょうは、平凡性とそこから生じる問題をどのようにお考えなのか、うかがってよろしいでしょうか。

——日常性または平凡性は、漠然とした印象として気にかかるのですが、それを明確にできないでいます、というのもわたしには、それができる哲学的能力がないからです。

それを想起するには、『ボヴァリー夫人』において灰色を再生したかったと言うフロベール、あるいはボヴァリー夫人そのものを思いだしてもいいでしょう。つまりこのヒロインは、どこかの国、オリエントか島国では幸福がみなぎり、植物のように力強く、また岩山のような頑強さとサルトル的即自の力強さで生きているが、他方、日常性ではすべてがばらばらになっていると想像したのです。歴史的または哲学的な分析が日常性の平凡な散漫さとは反対の、なんらかのロマンチックなものを信じさせようと試みないかぎり、その分析の真実性は信じられないでしょう。

わたしとしては、島国で絶対的なものとして芽生える恋についてのボヴァリー夫人のロマンチックな夢想は信じられませんし、また人間、いやむしろハイデッガーの「現存在」(*Dasein*) も信じられませんし、また言うまでもなく、ソヴィエト連邦的なパラダイスを一度も信じたことがありません。つまりそんなものは内部からまちがっていると露呈していました。なぜなら日常性に反するからです。それが問題なのです。そう言っておいて、これからあいまいで散漫な考えを申しあげるが、というのも正確にはどう対処してよいか、自分でもよく分からないからです。

日常性とは、学者ぶった言い方をすれば、われわれにおける価値基準の存在様式がいかるものか、と言えるような問題にかかわっているのです。一例を挙げてみましょう。もと戦闘員だったアポリネールの詩にこんな文句があります——「兵士の心にフランスがぴちぴちしている」。ところで、わたしは、兵士の心に何もぴちぴちしていないと確信しています。軍人は、よく言われるように愛国心に動かされて行動したのではないとは申しませんが、ただ、とにかく、かれらはそんなものを感じていなかったと言いたいのです。

別の場合が心に浮かびます。どれほどひどい悲しみに沈んでいても、自分のうしろで銃声がしたら、きっと跳びあがるでしょう。おなじく、状況がどうであろうと、緊急事態であろうと、決してロマンチックな時間ではないときの平凡さというものは、ちょうどベルクソンが言うように、砂糖が溶けるまで待たねばならないというようなものです。また、はっきりとは覚えていませんが、青春の感動が思いだされます。十九歳のとき、生まれてはじめてコンサートを聴きにガヴォー・ホールへ行ったのです。そのとき、見てひどく驚いたことには、一方で、コンサートという文化的で経済的な機関としての客観的な大きい組織、管弦楽団、そしてこの場所で演奏される立派な音楽、定刻に来て、腰をおろし、そのままで、まったく儀式的に聴き入る聴衆がいて、他方、聴衆の心、さらに精神では、芸術に耳を傾けながらも、おそらくときには退屈さで中断されたり、またたまには感激または夢想の瞬間によって中断されながら、その喜びが弱められていたのです。だが結局、ごくわずかでしたが。価値基準にもとづいた機関、ここでは音楽という機関と内面的な利益とのあいだのずれは、あまりにも驚くべきものでしたので、わたしは価値基準を云々しても仕方がないと思いました。音楽についても、まったく違った、ふたつの言い方で話せると考えました。つまり高度に、明確に価値化された客観的全体として話されるか、また聴衆の内面性の日常的平凡さにしたがうか、です、そして後者は価値基準を尊重しながらも、それが自分の中で生きいきと息づいているものとは思わないし感じもしません。

そのときに感じ、またいつも感じている驚きがきわめて素朴だということは分かっています。しかしそれは、逆ではありますが、『クロイツェル・ソナタ』におけるトルストイの少々農民（ムジク）的な驚きと一対になりますが、ただしこの作品を読んだのは五十年以上も前ですから、思いだすかぎりは、と申しましょう。つまりトルストイは、ひとがどこかでクロイツェル・ソナタを聴いても、以前とおなじように生きつづけておれるのに驚いているのです。

ところで、歴史家に課せられていると思われる問題のひとつは、少しも大げさでなく、また歴史を一種の華々しい大カーニバルに変えることなく、こなごなで、凡庸な雰囲気を想定させるようなモデルしか使わないということです。時の散漫さや、自我の多様性や、われわれを支配していても、われわれには息づいていない価値基準の、まったく外的な客観性が見いだされるだけでしょう。

ですから人類学者グレゴリー・ベイトソンの本で、ある話を読んだときは、ひどくうれしかったのです。というのもその話が、みずから信者たらんとする宗教史家にはひどく嫌われているからです。ベイトソンはニューギニアのセピク河畔の部族を調査・研究し、ある宗教儀式を目撃しました。その儀礼は地元の神学者らによって定められていました。というのも神学者、つまり高度に養成された専門家たちがいたからです。その儀礼は、季節の変化や教祖の神話、要するに宗教史的作品を満たし、宗教において客観的に存在することは人々の精神や心の中で体験されていて、それはすべての首長が配下の集団を愛国者だと信じたいように、すべての信者が信じたがっていることだと思わせるようなすべての重要事を祝っていました。ところで、ベイトソンは、神学者でなく信者たちに質問し、その儀式の意義を尋ねました。そうですよ！儀式の意義の問題です。すると信者たちはおだやかに答えて、それが式場の新しい床張りを披露するのでないとすれば、なぜその儀式をおこなうのか、分からないと言いました。ですから未開人種は、レヴィ＝ブリュールの時代に言われていた高密度の即自性を有するどころか、われわれとおなじ日常性に生きていて、ベイトソンは信頼できる人類学者です。そこで、儀礼の意義の問題が実際に生じると思われます。

宗教の社会学が問題であり、自分の信仰の意義に透徹した選り抜きの信者がいて、また一種の伝統的な信仰、外面的な順応主義のうちに生きている人民がいると言われるかも知れません。わたしとしては、問題がそれほど単純だとは思われません。われわれがある事柄（祖国、宗教）に与える重要性、ときには中心的な重要性と、はっきり言って、そのために日に何時間を割くか、ということのあいだには、まったく比率が存在しません。

たとえ、いくら熱心な信者でも、本当に戦場で命を投げだす職業軍人が祖国のことを考えないのと同様に神のことを思わないでしょう。軍人は自分の義務を考えますが、もっと正確に言えば、その義務を果たしているのです。

しかしながら、宗教に関して価値基準との関連問題は、聖アウグスティヌス以後、きわめて急速にキリスト教神学において扱われ、さらに中世を通じて、また古典主義時代に発展させられました。問題は以下のとおりで、つまり人間は自分の宗教について、どの程度まで深く認識したらキリスト教徒として認められるか。カルボナリ党員の信念はその党員を救えるでしょうか。またその信念は信仰と見なされるでしょうか。その問題は大いに論じられましたが、わたしの考えでは、そこから得られた回答は、もし無学な一介のカルボナリ党員あるいは頭の弱い者、狂人（というのも問題は狂人にもかかわっているからです）が自分は無知だが、母なるキリスト教会から教えられることをすべて信頼して信じていると言明するなら、かれは救われていると見なされるでしょう。要するに、かれは他人任せで信じることになります。事実、きわめて重大な問題となり、社会学的興味の多い教理のことはどうでもよいことになります。ですからわたしとしては、キリスト教神学の内部において、問題が提起され、また多神教、擬カトリック教、俗カトリック教、順応的カトリック教、素朴なカトリック教、そして学問的カトリック教などのあいだに差別をつけることが問題ではなく、むしろ価値基準との関連性の問題が、そこでは明らかに極端化されていることを示したいのです。

行動の秘密はそのまま残り、価値基準でもってもそれを説明できません。たとえ客観的に、その行動が価値基準に則っていると述べられていてもです。それはすべて淡い表現を伴っています。行動を正当化するために、またとくに勧誘のために宗教について仰々しく語られます。祖国についても同様です。しかしそれでは説明になりません。ベルクソンは『道徳と宗教の二源泉』のどこかでこう書いています——「もし蟻に向かって、どうして巣のために必要な一切のことをしているのかと尋ねることができたら、その蟻は、価値基準のために道義的にやっているか、それともそれが自分の義務、さらには情愛からだと、答えるにちがいない」。

祖国であろうと宗教であろうと、価値基準の尊重、教会堂の会衆の感情、それは、ウフィツィ美術館やルーヴル美術館を訪れて、案内人の説明を聞く観光団の態度にならって想像しなければなりません。おそらく、かれらは芸術について造詣が深いわけではありません。われわれほど造形感覚がみがかれていないでしょう。といっても、かれらを軽蔑してはなりません。つまりかれらは費用を支払い、旅行をし、耳を傾け、信じ、努力し、案内人にしたがっています。かれらは喜びらしいものを感じ、またとくに、なにか偉大なものを見ているのだとはっきり感じます。それが価値基準とわれわれとの関係であり、われわれはそれをうやまい、それを生きるというよりは、むしろそれに奉仕します。そのように従順な敬意がなければ、もし文化や宗教が自己満足という代償にすぎないとすれば、それらはつまらないものになってしまうでしょう。ですから宗教を、バンジャマン・コンスタンのように宗教的感情から説明するのは難しいのです。

それがまさしく日常性という渾沌（カオス）であり、だからこそハイデッガーのうちに「現存在」(*Dasein*) についての記述を読むことが教訓になるという印象を受けます。つまりハイデッガーが書いている「現存在」、それを仮に人間と訳しましょう。そこには偉大な感情があり、存在と関係しています。そうでなければ「ひと」という無名の存在となって消滅し、祖国を考えることなく、偉大なことを思わず、不確かなものになってしまいます。しかし結局、それでもこの「現存在」は奇妙であり、つまりそれは食べません、働きません、爪も切りません。そこで、ふたつのうちのひとつになり、つまり「現存在」についての記述は人間の条件の記述になろうとして、嘘をわめき散らすか、それともハイデッガーはこの「現存在」を、人間についてではなく、人間において存在つまり人間の崇高な部分と関係するか、それとも関係できるものの真理になるものだろうと理解しています。この場合、『存在と時間』の中のこの章は、決して秘められた賓辞だけにとどまりません。

ハイデッガーの言葉によれば、芸術家の「現存在」は、その「現存在」が過去の遺産（申すまでもなくドイツ国民の過去の遺産）を、生きている未来計画と見なし、過去とともに、未来となる過去の真正なきずなを有しているなら、真正なものになるでしょう。毎日存在していないという、ただひとつの欠点しかないこの「現存在」のためにわたしが喜んでいるとあなたは思われるでしょう。ところで、来る日も来る日も存在するということは、いまこの瞬間に分かっている唯一の存在法です。現実には、いかなる芸術家も自分の計画が見えなかった。わたしは、ついうっかりルネ・シャールの前で、「詩的条件」という言葉を使いました。するとかれは、悲しいことにそんなものは存在しないし、また人間は瞬間的、いやそれ以下、たとえばなんらかの場合、なんらかの光景のもとで、抽象的に、そしてせいぜい自分の作品においてしか詩人になれないと、苦々しく反論しました。つまりその作品はいち早く作者から離れて、無条件でただよいます、ヘーゲルやマルクスが言ったように客観的な精神としてです。

歴史において、人々の客観的行為に等しい内的心理という幻想をつくろうとするのはまちがっています。それはまるで狩猟の趣味を犬のせいにするようなものであり、つまりその行動から気持がそうだろうと見なすことになります。

ハイデッガーや、ほかの多くの人々に感じとられるのは、超越できない日常性に対する幻想的な激怒です。その激怒は現社会への批判、いわゆるわれわれのデカダンスに対する風刺に変わります。ちょうどドン・キホーテが風車に向かって挑むように、無名の大衆、理想のない個人主義、デモクラシー的凡庸さの時代を告発しています。ハイデッガーは、そのデカダンスに対して、みずから空想的に概念化した古代ギリシアの人間性を対比させます（このような現実感の喪失はナチスへのハイデッガーの長い協賛を説明してくれますが、かれはナチスについてまったく個人的で、少なからず幻想的な概念を抱いていました）。また、申すまでもなく、ニュルンベルク裁判には、われわれの日常的凡庸性の水準よりはげしい緊張感がありましたが……

このような懐古趣味的、ドン・キホーテ的性格の痕跡が賢明なトクヴィル自身にも発見されて、驚かされます。それはかれが書いたものの最良の部分でないとしても、よく引用されているところです。かれによれば、デモクラシー社会は類似していて平等の人々、つまり「権力」のおだやかで、冷たい視線のもとで、「たえず、わが身をかえりみながら、わずかの俗っぽい楽しみを得ている」人々からなっています。ここで、しゃべっているのは、日常性に対して、あこがれの旧体制を対比させるノルマンディーの田舎貴族です。つまり昔の貴族たちは平等に反対する自由を表わし、王国の偉大な利益を気にかけていたのです。しかし真実のところは、かれらはおいしいワインや狩猟や農家の娘にうつつを抜かし、またどの時代においても、人間の大多数、いやむしろ人間の総体はわずかの俗っぽい利益を追っていたのです。

反-日常性というドン・キホーテ的性格は左翼にも右翼にも見られます。驚異的経済発展とマルクのドイツに対するファスビンダーの映画の、いわゆる左翼的な激怒は不気味な空想に属しています。やはり空想ですが、もっと楽しいのは、現代性について、すべてのことを誇張している社会学書であり、たとえばテレビによる魅了と呼んだり、現世界のような仮象の支配を述べています。このような社会学は文学ジャンル、たとえば風刺詩の言葉を借りていて、古代ローマの雄弁さがあり、たとえば今日の社会はデカダンス状態に陥り、永遠の日常性という害悪はごく最近のことであり、それらはわれわれのまわりにひしめきあっているのが見え、それらがわれわれの現代性を形成している。このような誇張された劇的脚色には享楽的な苦々《にがにが》しさが感じられます。

3　フーコー

幾度もフーコーの思想をほのめかされましたね。でもフーコーをどのように解釈し、またそれをどのように利用するかについて語る前に、あなたは自分にとって友人だったひとを想起させたがっているように思われてなりませんが。

——フーコーは、知り合いになれてこの上なくうれしい人々に属します。というのもかれはルネ・シャールのように大型の人物だったからです。かれは自分の性格についてしゃべったり、奇癖を告白するのが好きでした。それは、かれが自分や他人とおだやかにつきあうやり方であり、友情の条件と手段でした。ですからその友情は、堅実で、時間をかけて生まれ、またデリケートでしたから、獲得しにくいものでした。友人のうちには、いつか何も話すことがなくなるような者がいますが、真の友人は、相手の生きざまを愛し、楽しめます。

そこで友情は義務にも時間にもしばられない楽しい自己分析療法になり、理想的モデルになり、結局、落ちついた人間性のユートピア的な夢になりますが、それも友情の喜びは、自己において、また他人とのあいだで得られる平和にあるからです。ですから、思うに、フーコーの会話は他人の陰口をたたいたり、同僚の悪口を言ったりするようなものではありませんでした。というのも妬みと高度の自己尊重はアマゾン河以上に世界じゅうでもっとも大きい大河のようなものであり、またもっとも意識的でないからです。

主イエスも言っています——「なんじら互いに相手を忘れなさい。わたしがなんじらを忘れたように」。フーコーはなんでも理解できるひとに属していて、それもわれわれの多くの者より感情や情動が豊かだったからです。ですからかれはどんな感情も非難しなかったし、どんな欲望も滑稽だと思いませんでした。これはわれわれが自分の限界で落ちつくためにすることです。というのも未知に対する恐怖は妬みとおなじほど普通のことですから。したがってすぐれた知性にも不思議なほど人間的な経験に欠けることがあります。その恐怖は、たんにわれわれ各自、われわれ個人を脅かす脅威にかかわるだけではありません。われわれもまた社会やわれわれ群衆という、外的と思われるものをねらう脅威や冒瀆を恐れます。それほどわれわれは自己中心的であるとともに付和雷同的なのです。

フーコーには幻想がありました。またそれを自覚するほど内省的傾向がありました。ですからそのことを、ある晩、わたしがなんらかの記念号に書くだろうと見越してうち明けました（かれはジョルジュ・ヴィルについてわたしの書いた記念号が気に入っていました）——「きみがわたしについても記念号を書いてくれるように死んでいたいものだ。かんたんなことを書くだけでいいんだよ、たとえば……」）。そのうちのひとつを挙げてみましょう。かれは子供のころ、フランス史の挿絵を見てぎょっとしました。というのもガリアの反乱者ウェルキンゲトリクスがカエサルに降伏しているのを見たからです。美しく筋骨隆々たるウェルキンゲトリクス（これは確かにフーコーの性的趣味に合っていないことが明らかです）と、小男で、やせぎすで、神経質で、風采の上がらないカエサル、それでも勝利者……上品に言えば、力に対する精神の勝利になるのです！　政治屋や警察の連中に対するフーコーの勝利。知識は権力と関係がありま す。真理を発見することも力です。身体に対する言葉の勝利でもあります。『タルチュフ』〔モリエールの喜劇〕がどのように解釈されているかを見てください。あの人物は滑稽な小男で、威信もなく、醜いやつですが、うまくオルゴンをまどわし、また結局はエルミーヌをも誘惑しますが、それも言葉の威力のおかげだと言われています。とんでもない、それはまちがっている。この喜劇の現代版は『タルチュフ、または闘士』でなく、まさに『タルチュフ、または精神分析者』なのです」。

フーコーの幻想は、真理と言葉という自分の武器で、権力や美貌という屈辱的な他の魅力にうち勝つことでした。だれでも自分のやり方で欠点の埋めあわせをしようと渇望しています。もしそれがサド・マゾヒズムに属するなら、権力への憎悪や愛着という語は辞書から消えるでしょう。

ついでながら、精神伝記作者たちとその皮肉な狭量さを満足させてあげるために、次のことをつけ加えましょう。つまり問題の幻想は、イランの体制やホメイニ師へ向かわせるフーコーの政治的偏向の心理的媒体でした。「もしも、あすの日曜日にコレージュ・ド・フランスで選挙がおこなわれないなら、ノフレール・ル・シャトーのホメイニのところにもどれるのに！　テヘランから三千キロメートルも離れている人物が、ただの一声で、イラン国王とその配下の警官どもに対し、三十万人を動員して戦わせることができるとは、まったく驚嘆すべきことだ！　そうは言っても、もしかれが権力を掌握すれば、めそめそすることだろう。かれの政策発表を聞くだけだ。もうひとり、魅力的なひとがいて、それはマリー＝フランス・ガローだ。マリー＝フランス・ガローのひざの上で日曜日をすごせるなら、なんでもくれてやろう。彼女は右翼の政治家なんかではなく、一種の文学的人物だよ！」

バークリーで、かれの別の大好きなことは、講義が終わってから、「ちょっとLSD〔幻覚剤〕」をたしなむことでした。かれはそのことをしきりにうち明けたり、忠告したりしました――「きみは絶対にLSDをやってはいけない。というのもきみのような不安体質の者には、たいへん悪い作用をひきおこすからだ」。そう言って、かれは本のページのあいだに挟んであった細かい三角の吸いとり薬紙を大事そうに見せました。そのことがやはりかれの幻想でして、かれの使命を説明するのに決定的なものです。

自分の幻想について語ったおなじ日の夜、フーコーはカエサル的またはモリエール的に、おなじ追悼記念号の計画に寄せて、かれがもっとも意味深いものと思っている思い出を語ってくれましたが、それはかれの本当の問題が男性相手でなく、麻薬だということです。その話によれば、子供のころ、かれは薬局を営んでいた父のところからあらゆる種類の麻薬を盗んで飲みましたが、それは「自分の精神にどんな作用があるのかをためすため」でした。それは要するに、かれの「われ思う、ゆえにわれあり」(コギト)、あるいは「反‐コギト」だったのであり、つまり発狂または陶酔として、麻薬が教えてくれることは、われわれの自我が別のものになることがあり、また、発狂していない自我が本当の自我であり、それが重要だと見なせる理由がわれわれにはない、あるいはむしろその原理も原則もないということです。

その後、かれはおなじ経験をしましたが、今度は麻薬でなく、過ぎてゆく時代とともにです。われわれが古代の書き物を読んでいるとき、ひそかにこう思わないではいられません――「しかし、どうしてこんなことが考えられたのか」。

お分かりのように、この逸話は重要です。個人の知的特徴は、必ずしもその個人の性的特徴とは一致しません。サド・マゾヒズムという構成要素について言えば、それは一般の人々よりも少し多く存在していましたが、それが探される以外のところにあります。あるとき、われわれが核戦争の偶発を問題にし、どちらからともなく、そんなことが見られないように自殺する機会があってほしいと言いましたら、フーコーは暗い調子でこう答えました――「わたしは自殺なんかしないよ！　本当に恐ろしいことだから、絶対に見たいものだ」。同様に、テレビで噴火山の光景を見ているとき、かれは思わず賛嘆の叫び声をあげましたが、これはカントから崇高感と呼ばれたようなものです。要するに、一般人とおなじくフーコーにも複雑な卑小さがありました。フーコーを「むち打ちじいさん」のように好んで思い描かれているようですが、カリフォルニアのサウナで、狭い浴室に閉じこもったときは？　それは刑務所についての著書を予告していたのでしょうか。

フーコーが自分自身について抱いていた立派な観念はヒステリー性人間の部類に属していました（というのも、だれもが何かに属しているからで、たとえば変質者とか、心気症患者とか、偏執者とか、強迫神経症患者など）。つまりフーコーは自分のうちにおいて、自分を自分自身でないと思う傾向、空想的人間になることを嫌っていました。かれは二十八歳のとき、自分の性的趣味のうちに発見した「ヒステリー的大喜劇」を、苦々しく、わたしに話していました。また死ぬ七か月前に、こうメモしていました――「わたしはエイズ患者だと知っているが、ヒステリー症のおかげで、そのことを忘れている」。かれは『赤と黒』の若い主人公を「ヒステリーの若坊主」と見なしていましたが、その意味は、かれがなんらかの点で自分もジュリアン・ソレルに近いと思っていて、その人物に親近感を抱くとともに、自分に対していくらか反感を覚えていたわけです。

まったくフーコーのヒステリーときたら！　パスロンは一九七〇年ごろ、つまりヴァンセンヌでの大学紛争の幾年間かフーコーの側近にいて、みずから学生と教官の集団を構成しているさまざまな敵対関係にある過激派に混じって青「ヘル」の役を演じていました。フーコーのほうは超党派的な、過激派の偉いリーダーでした。そのとき、パスロンは自分の思うフーコー、つまり平和主義者でヒューマニストとはまるで違うフーコーを実感したのでした。というのもフーコーのうちには、われわれ以上に幾人ものフーコーがいたからであり、またその多様性がかれを苦しめていました。それがヒステリーでして、そのことをかれがわたしに話すときはいつもいらいらした様子で、自己嫌悪に陥っていました。かれはヴァンセンヌ大学で、社会や古くさい大学や老師たちをののしる危険（身体的にも、身分的にも）を冒すことができ、また個人的には、ヴァンセンヌで、まさしくフロベールから愚劣と見なされたように思われたにちがいない革命的で、空想的な人道主義的興奮にかられた半狂乱の人々といっしょにいましたが、結局、きわめて古典的、したがってもっとも巧妙な大学生活を続けることができました。パスロンの言うとおりです。すでに申しあげたように、わたしはフーコーに友情と深い愛着を感じていましたが、近しい人々について、正義感からではなく、平静に、好意的に話しあうこともでき、また反対に、われわれの矛盾とおなじようなそのひとたちの矛盾のおかげで、われわれのような人間がいっそう味わい深く、さらに興味あるものにしてくれることが分かりました。

フーコーの哲学思想は難しい思想ですが、そのすごい人気は、じつは誤解からきていて、その思想が理解されたら、ある直観の統一性と整合性のあることが分かります。人間としてのかれは自分のさまざまな人物にひき裂かれていて、たとえば反逆児、権力者、したがって体制派、安泰を願う自己中心的人物でもありました。この多様性はマキャヴェッリ流ではなかったのです。つまりかれにはそれらの役割のどれもが必要であり、それぞれの役割の義務と危険を徹底的に引き受けようとしました、ちょうどジキル博士とハイド氏のように。反逆者で反体制派、そして秩序派で権力者です。

ですから、かれはヴァンセンヌで警官どもからひどい目にあわされたり、マドリード空港でフランコ派の警察に挑みかかって裁判沙汰になったり、ブルギバ大統領のチュニジアで、左翼の学生運動のときに拷問に近い扱いを受けたり、あるいは燃えている小屋にとびこんで、爆発しそうなガスボンベのあいだから気の毒なひとを助けたりしました。おなじころ、この弾圧反対の英雄／先駆者〔発音はいずれもエロー、つまりごろ合わせ〕はラジオかテレビの局長になろうと努めたのです、そしてもしそうなれたら、ワンマン局長になっていたでしょう。かれは親しい友人には、素朴な支持者たちや、自分自身に反する真実を言うのが好きでした。パスロンには、狂人どもは危険で、またきわめて退屈だと言いましたし、わたしには、フランスにおいて警察は、人間として可能な最小限の「権力濫用」を犯していると言いました。すでに申しあげたかも知れませんが、かれはクレマンソーを思いださせ、おなじような勇気と大胆さがあり、また暴言を吐き、たとえばモンマルトル地区から選出された代議士であるとともに、国鉄のスト破りです。しかしマキャヴェッリ流で狡猾なフーコーは、自分自身に対してはそうではなかった。つまりかれは、某氏には嘘をついたことがあると親しい友にうち明けたことがあります。

大胆さと多様性のせいで、ある劇場で、かれはとなりの席に坐っているひと、つまり寛大で勇気があるとはとても言いがたい人物のことを大声で、警察の奴めとどなるほど錯乱した敵意を示したことがあります。このような矛盾と衝動の行為に走っていても、かれの勇気が自分自身に対する慰めと信頼に役立ちました、というのもかれはどんなことにもお返しをしましたから。あるとき、わたしが自分の短気さに悩んでいて、取り柄といえば、ただインクと紙の勇気があるだけだと言ったら、親しそうにこう答えてくれました――「身体的な勇気しかないよ」。かれにとって勇気は一種の祖国であり、ウルム街では対立者であり、その大学でただひとりの右翼で、そのために尊敬していたロベール・プジャッドという未来の大臣とか、また書くことが身体的な危険だと心得ているピエール・ヴィダル－ナケともその祖国を分かちあっていました。

ある人々は、かれの多様性、そのヒステリー症を自分の多元的で反－コギト的哲学に投入したと言うかも知れません。わたしなら、むしろそのおかげでかれがあらゆる事柄の混乱した現実性、あるいはルネ・シャールが言うような「明確さのカオス」を理解できた、と言うでしょう。いまでも次のようなフーコーの言葉が聞こえるようです――「かれらはすべて、ぼくの異論的態度を非難し、この態度が無責任であって、何ひとつ現実的なものをもたらさないと言う。権力の座にあるときと、そうでないときとでは、役割がおなじでないということがかれらには分からないのだ」。かれが話す声はすばやく、にがりきっていて、ちょうど自分自身の心底と向きあっているときのようでした。

卑見を述べさせてもらうなら、かれは正しかったと思います。ここで、アロンのなじみ深い問題が見られ、つまり「もしあんたがわたしの立場で指揮するとしたら、どうしましたか」です。しかしこの質問に意味があるのは、統一された世界が想定できる場合にかぎられ、つまり理性的に、慎重に、役割が交替可能か和解可能なときであり、真実が統一と平和をもたらす世界においてです。もし世界が不統一なら、もし戦争が世界の真実なら、もし世界がニーチェやマックス・ウェーバーが言うように悲劇なら、もし天が神々のあいだで引き裂かれていたら、その場合は秩序の擁護者と反乱者は決して平和をもたらさず、またカプレット家〔ロミオ〕がモンタギュー家〔ジュリエット〕だったらどうするかを尋ねるのも無駄で、むしろ平凡で下品な策略になります。そこで熱心な調停者なら、世界をつくるにはどちらも必要であり、反乱者も支配者のいずれも、物事が進行するには必要な存在だと言うでしょう。そうかも知れません。しかし進行するでしょうか。それともわれわれはただ動くだけで、ただ、いつまでもこの複数の世界とわれわれの時代のまん中にいるでしょうか。さらにその調停は戦争の告白です。無駄な告白です。なぜならいつの世においても、人々は何かに賛成か反対かで戦ってきましたし、また哲学者の話にあまり耳を貸そうとしませんでした。現実において、歴史において、ハッピー・エンド的哲学が人間のうちに見るような美しく良きもの（理性、慎重、対話、他人との出会い）がはたらいているとはあまり見られません。そんな哲学が確かに統覚であるのか、またたんに敬虔な願望ではないかと疑問に思われるときがあります。ところで、

「聖霊」という臆病な白鳩は、大嘘よりはむしろ真実のごまかしを憎みます。

もうひとつ、かれが二十八歳のころ、つまり一九五四年ごろの打ち明け話によれば、かれは子供のとき、自分自身を軽蔑し、信用していなかったし、また慣習に対して理想主義的若者らしく、おとなしかったので、十九歳ごろまで従順で、我慢強く、恥ずかしがり屋でした。フーコーの生涯、その大胆さ、その身体的で精神的な実際の大胆さ、そのニーチェ主義は、この少年のころのまじめな卑屈さと青春時代の屈辱感に対する反動でした。自尊心は一種の効力です。

以上のようなわけで、われわれは親密な関係にあり、またすでに申しあげたような共通した妄想、つまり自分の迷いをたえず追い払うことで救いを求めるという妄想でも一致していました。フーコーは自分を実験の場と見なしていました。つまりかれにはそれができた。なぜならかれは度量が大きかったので、喜んで、また好奇心から自分自身や自分の観念とたわむれていたからです。

真実への思索を通して、あなたは歴史の認識論から、歴史や人間性や意識や信仰や現実関係の哲学へ移っています。そこに、歴史学におけるあなた独自の立場が理解されている理由があるように思われます。その立場は、歴史を書き、また歴史を書くためには、その活力、つまり懐疑主義がいかなるものかを理解することなしにはすまされず、また哲学まで到達できないような自己意識的歴史は存在しないということにあるようです。フーコーにとっては、その行程は哲学から逆にはたらいていて、つまり真実の歴史のようには、もはや哲学をおこなうことができません。

あなたがその哲学の要素を発見し、ご自身の思索を明確にされる方法は、確かに、ウェーバーやニーチェや、さらに究極的にはモンテーニュとともに、フーコーのうちに見ておられると思いますが。

――フーコーは例のガス室が現実でなかったとか、自然科学が真実でないなどとは思っていませんでした。それらはすべて真実です。かれが言いたかったのは、歴史の方法論や物理の法則が理性の内的活動とか、ひとが抱く使命感からきていないということです。また決してわれわれはありのままの現実を見ることはありませんし、またその現実はわれわれの視線に押しつけられるものでもありません。われわれは理性の子でなく、偶然の落とし子です。

われわれはまた戦争の落とし子です。なぜなら人間はいつも戦争の中にいるからです。つまり真理には平和は存在せず、なぜなら選択権や価値基準（デモクラシーかファシズムか）を証明できる真理がないからです。人間の最後的解決（革命）も賢明な解決（現体制）も存在しません。確認されるのは、ただ、権力がもっとも一般的だということだけです。つまりいたるところに権力があり、その中には一方通行の道路も、恋人のカップルも含まれます。古典政治哲学によってあれほど論じられた君主も、社会の横糸を形成する幾百万の小権力がなければ、ただの傀儡にすぎないでしょうし、またおなじく幾百万の個人が社会の縦糸を形成しています。ところで、権力のあるところには、必ず抵抗があり、権力は抵抗を呼ぶ、ちょうど行動が反動を呼ぶように。

理性にもとづいた平和の見込みは、とうてい考えられません。ですから自分の陣営を選ぶしかありません。また両陣営にとって、もっともらしい真理説が説かれるたびに、それが欺瞞だということは分かっているのです。

フーコーの著作の哲学的偉大さは、われわれの時代の良識に属し、おなじ知的感受性をもつわれわれの多くの者が感じ、推測し、知ってはいるが、まとまりよく述べられない直観を体系づけることができた点にあると思われます。

主体の否定はフーコーについての第一の誤解の原因になります。かれはただ、主体(「主体」とは、ここでは「一般意志」を表わす哲学的用語です)は存在しないで、個人があるだけだと言いたかったのです。あるいは、人間は真理の支配者で君主として、デカルトのように真に見る方法を心得ていると見なされます。あるいは、フーコーのように、人間は一般意志であるとは思われません。フーコーもまた、個人は存在しないで、言説と呼ばれる、名もない力に服従しているとは思いません。かれは、歴史が人間をつくり、人間が歴史をつくると認めています。それは、われわれすべてが思い描いている考えです。われわれが時代の子であることはよく知っていますし、われわれのうちのだれかが革新的なことを提示し、実現することもよく知っています。もし人間が革新的なことをしないなら、だれがするでしょうか。とにかく歴史には役者が必要であり、つまり人間は歴史において発明家であり、歴史を変えます。しかし人間は受け身でもありますから、歴史に従います。

第二に、われわれはみな、狭い範囲の真実の中で生きていますが、その範囲が狭いだけでなく、狭いということも分かりません。次にフランソワ・ジャコブから借用した一例を挙げましょう。顕微鏡は、滴虫類とともに、はるか昔から発見されていたが、だれもそのことを考慮しなかった。

ここまでのような非個人的な調子を少し離れたいのですが、フーコーはあなたに必要だった体系化をもたらしたと言われているようですが?

——ご存知のように、フーコーは、ある時期の、いわゆる真理なるものがどれほど固有の前提事項を無視し、またその真理が充足していないで、ゆがんでいるということを示しています。その結果、われわれは自分らの明白なことから脱しにくいのです。つまり人間はいつでも、自由に考えられなくなっています。

古代ローマ人にとって、奴隷制度はまったく自明のことであり、それに反対しようとは、たとえキリスト教徒であろうと、瞬時も考えたことがありません。そのような考えが起こらなかったのです。たとえストア学派の哲学者らも、目の前に見ながら、奴隷制度を拒否していない。というのも、かれらは奴隷制度が人々から誤った考えでつくられた制度であり、正しい考え方をすれば、奴隷制度が終身雇用制だと思えばよいと説明しているからです。かれらはその事実に反対しませんが、ただ人々の不正確な考え方を批判しただけです。人間は他人を所有するのではなく、永久の賃金労働者をもっているというわけです。ストア派の学者らが奴隷制は自然に反すると言うとき、かれらはそれが自然でないとしても契約にしたがっていると考えています。ですから哲学的整合性が別のやり方で奴隷制を裏づけているのです。

もうひとつの例を挙げるなら、すでにお話しした古代の神々には、世界の無限境にあって、世界を創造した巨大な力がまったくありません。この神々はこの世にいる三種の生き物のひとつを表わしています。つまり死ぬもので理性のない動物、理性はあるが死ぬべき人間、理性があり、死なない神々です。神々は創造されずして永遠に存在する世界の一部です。ですから、人間から神へ移るには、無限境へ急がなくてもよかったのです。上の席にのぼれたらよかったのです。当時、「神のようなもの」とは超人間という意味を表わしていました。ですからローマ皇帝たちを神聖化できたのです。「エピクロスは神だった」と、その信奉者のひとりはいまでも書いています。つまり超人だったと見なしましょう。神々と人間は二種類の人民のようであり、一方は偉く、他方は卑しく、またおたがいに外交的関係にあります。神々を恨むときは、その神殿に投石しますが、ちょうどわれわれの時代に、人権を侵害した国の大使館の壁にインク瓶を投げつけに行くのとおなじです。ですから以上のことは神々についての古代的言説であり、つまりここでは言説は、はっきり述べられるのを望まないので、言わないこと、自明のこと、言うまでもないことを明言しているのです。今日、キリスト教の神が男か女かを自問することは、ある定理がオスかメスかを自問することになります。言説というものは、われわれを閉じこめておく瓶をつくりますが、われわれにはそれが瓶だと分かりません。

しかし、あるひとたちは苦労しながら抽象概念をつくっています。かれらは、言説が、人間を無力で無責任にするほど上部構造を決定するマルクス主義的下部構造式に、あるもの、ある事例だと理解したつもりです。ところで、フーコーの言う言説とは、あるものではなく、われわれには全体が見えず、また勝手に未来観ももてないという事実です。われわれが全知全能でないという事実には、そうなりえないという事例らしいものは何もありません。言説が人間に襲いかかり人間を無力にすると信じることは、阿片に催眠性があるのはその催眠力によると信じることになります。

エンジンの機能がいかなるものかと質問されたら、エンジンは機能するという事実だと答えるのが適当でしょう。エンジンは、シリンダーとかクランクとかキャブレターというような部品ではありません。言説もそのようなものだとすれば、個人の発明、社会の進化、制度、あるいは技術的発明、そして歴史家に分かっているすべての原因は、突然、あるいはほぼ突然に、ある言説から他の言説へ移ることが許される。突如として、なんらかの不連続が発生します。あるビジョンから他のビジョンへ移ります。

最後に、ときおりフーコーについて誤りが犯されるのは、「言説」の場合のような抽象概念を理解するのが難しいからではなく、むしろフーコーの原文をよく読んでいなかったためです。「意地悪い構造主義者」としてのフーコーは、作品が匿名で生まれ、「それが構造においてひとりでおしゃべりをするのだ」と主張していると、多くの人々から思われています。不幸なことに、コレージュ・ド・フランスでの就任記念講義で、フーコーはそれとはまったく反対のことを言いました。

著者がその本の著者であることを否定するような考えはフーコーにはありません。かれは著者を、つくりだすひととは見なさないで、そのひとの受けとられ方だと考えます。たとえば『ロランの歌』の作者は不詳です。『ディド・ボタン』〔読みづらい地域人名録〕の作者はだれですか。スタンダールが会計監査官のときに書いた公文書簡は、かれの作品に属するでしょうか。かれはその作者でしょうか。どんな中世史家でも、著者という概念は中世につくられているが、まず作品の作者は不詳だと思われていると承知しています。一九三五年の映画は、そのように見なされていました。

結局、言説は恣意的で、限定され、深みのないものですね。

——いまあなたが指摘された三つの性質は、あるイメージでよく分かるようになるでしょう。つまりわれわれの観念や真理は、歴史地図で見られる昔の王国のように、短く、ごてごてした言説を広い襞の下に隠しているのです。国境は奇妙な形をしていました。というのもそれが歴史の偶然でつくられ、自然国境でなかったからです。さらに、その歴史的国境が未来の国民的統一あるいは国民的国民性をひそかに意味するという、ひそかで、緩慢で、深みのある活動を啓示していると想像しても無駄でしょう。

「非順応型の常識」、とくにあなたの常識は、フーコーの哲学によって体系化されるようになったのですが、それがフーコーの著書を発見したとき、それをどのように受けとったのですか。

——フーコーを読みはじめたとき、木を見て森を見ませんでした。わたしは思いました——「フーコーは歴史主義者的であって、すべてが歴史的だと考えている。われわれ、『アナール』派もおなじ考えだ」と。書物が傷の奥深くまで侵入し、メスがどこまではいりこめるかが、分かりませんでした。そこで、フーコー（また多くの歴史家も同様だと思いますが）は、要するに、われわれ歴史家が考えていたこと、つまりすべては歴史的であり、それ以上に進まないということ以上に何も言っていないと判断したのでした。思想の大きい役割を果たす体系化が導入されたとは分かりませんでした。

フーコーは、言説の分析や、かれの「トポロジー」に専念して、ジル・ドゥルーズの語をくりかえし、一度は重要な歴史的合理性を否定しましたが、伝統的な歴史的因果性をそのままにしています。たとえば『快楽の活用』とか『自己への配慮』の中のページが思いだされます。それはかれの思索の対象ではなく、おまけに、かれにはそんな因果性を再検討して自分の「アルケオロジー」をねり上げる必要はありません。それに反して、あなたは『歴史をどう書くか』以来、たえず因果性と歴史的説明を対象になさった思索の中でフーコーの思想を検討されています。それはどうなっているのですか。

――フーコーは因果関係による歴史的説明について語っていないか、また語るとしてもまれで、きわめて少なく、また表面的です、というのもそれは事実、かれの問題ではないからです。

かれは出来事を通常、歴史家たちが使っている意味では述べたり説明したりしません。かれの問題は歴史を出来事（一九一四年の大戦、ローマ帝国の崩壊、フランス大革命）の構成として話すのではなく、かれが言説、あるいは論証的実践または前提事項と呼ぶ暗黙的思想を定義することです。かれは狂気の事件的いきさつを書くのでなく、シェイクスピアの時代、次いでデカルトの時代に考えられていたような狂気を描写しています。あれほど多くの読者を感動させた「大いなる監禁」は社会的で医学的な歴史上のエピソードではなく、一種の症状であり、狂気の描写の一例です。かれにとって重要なことは狂気の全体的な様相あるいはむしろ狂気についての言説です。なぜなら、かれの目的が制度や精神医学の発達を述べるのではなく、変人（われわれすべてのうちに存在します）についてのシェイクスピア的なイメージには次の世紀の変人や無分別のイメージとはまったく共通していないと示すことです。大いなる監禁はその描写の一例にすぎません。フーコーは、継起するそれらふたつのイメージが類似せず、いずれもおなじく恣意的だと示したいのです。そこには出来事の説明はありませんが、われわれの考えに対する懐疑主義に通じる一例であり、まさしくモンテーニュに見られる人間の変化と矛盾の歴史的な実例やエピソードとおなじようです。モンテーニュの懐疑主義に反論できるのは、そのような例の史実性を疑っても仕方がないでしょう。同様に、『監視と処罰。監獄の誕生』は、パノプティコン〔監房全体を監視しやすい円形刑務所〕に反対した一九六八年の五月革命をひきおこすような現代社会への抗議的歴史ではありません。学校の若者たちをあれほど興奮させたパノプティコンは、この本の中の細事にすぎません。おおむね、フーコーの著書はいずれもモンテーニュの言う人間の変わりやすさの小さな見本にすぎません。フーコーは総括的な歴史を書かず、普遍要素に関して自分の懐疑主義をためそうと努めています。そのかぎりにおいて、かれは読者の判断次第で歴史家であったり、なかったりします。『狂気の歴史』が事実をすべて検討していないとか、古代における愛の歴史では世襲財産や結婚のことが触れられていないのはまちがっていると言うなら、それはこの本をまったく理解していないで、モンテーニュを古代史の教科書と見なすことになります。

　フーコーの仕事は思想における習慣（「言説」）の重圧をあばくことにありました。かれは思想の歴史を説明しようとはせず、そんな仕事は歴史家たちに任せています。かれはただ、われわれの思想が不合理な習慣に満ちていて、理性の光にならないことを証明しようと努めただけです。どうしてしかじかの習慣があるのかを説明する任務は歴史家たちに任せます。かれには、ただその習慣のはじまりを観察して、それがひとつの習慣であって、良識ある行為ではないことを分からせさえすればいいのです。ですからほかの時代の習慣は違ったものになり、やはり恣意的なものになるでしょう。

ですから友人ピエール・ブルデューがフーコーに反論して、理性への歩みを妨げ、またそれらの習慣を説明するのは社会的対立であり、またその対立に付随した利害関係だと言ったのはまちがっているようです。ブルデューの言うとおりかも知れませんが、フーコーなら、そのような対立は歴史家や社会学者の問題であって、かれはただ習慣があったと示すだけで充分だ、と答えたでしょう。さらにそんな対立自体が習慣……だとつけ足したことでしょう。たとえば、今日、歴史全体が階級的利害で説明されるとしても、やはり古代では、その利害は、自分の富のおかげで、都市の支配者グループに属することが利益だとしても、そのためには自分の財産を平民にパンや競技場の催しを提供するために出費することも利益になるという習慣でなりたっていたではありませんか。階級的利害自体も、各時代において、なんらかの習慣にもどり、そしてその習慣は望みどおりの利害に動かされますが、ほかの世紀の階級的利害とおなじように特有で、一時的でもあります。

したがって、原因の展開という問題はフーコーにとっては問題ではありません。一例を挙げるなら、もしかれが一九一四年の大戦について語りながら、その問題にとりくむとしたら、わたしの推測では、かれの注意は、十九世紀の外交の前提事項がいかなるものかを決定することに向けられたでしょう。

いいですか！　一見、ほかのことを話しましょう、そして現在のちょっとしたことで、明日になれば忘れてしまうかも知れませんが、その兆候的価値が大きい出来事から始めて、革新や言説や原因性を明らかにしましょう。きょう、一九九五年一月十九日に、ピエール神父は象徴的ながら、パリの繁華街にある空き家のマンションを不法占拠して、そこにホームレスや、のけ者や、「新貧困者」たちを住まわせました。これは、いわば、階級的ゲリラ戦への復帰ですが、再配分にかかわるゲリラ戦であって、生産や仕事や

「譲渡」や「余剰価値」などにかかわることではありません。それは独断的ではありません。それは生産関係ではなく配分の特権者らを倫理的に、法的に追及しています。今日、パリでも地方でも日常的に見られることは、無宿人が自分らの新聞をあなた方に売っている光景です。かれらは丁寧に話し、礼儀正しく、同胞として話します。かれらは堂々としていて、懇願をするのではありません。かれらは階級の敵でもなく、卑しい人々でもなく、貧困者でもありません。また石油ショック以前のパリで目立った浮浪者でもありません。形式的なデモクラシーの抽象的市民でもありません。不運にも社会のそとに置かれた不幸な人々でもありません。外国からの移民でもありません。『ユマニテ』紙による「労働者」でもありません。「福祉国家」の被保障者（この国家から保障を受けていませんから）でもありません。われわれのきょうだいでもない、というのもかれらはあなた方に向かって「あなた」と丁寧に言いますから。また哲学者には貴重なあの「他者」という豊かな飾りつけもありません。それは現在、拘束力のある、新しい何かです。こうして突然、世界史上、前代未聞の人種が出現して、われわれを驚かせていますが、この自称ＳＤＦ〔定まった住居なし〕と呼んでいる人種は、「恵まれない人々」があなた方と対等で話し、かれらの新聞を買ったら、「さようなら、ではまた」と言って握手するという社会の新しい「言説」をもたらし、通用させています。まだ不可解なこの社会はキリスト教国でもなく、共和国でもなく、国家でもなく、デモクラシーでもなく、福祉国家でもありません。そうなんですよ！　フーコーが語るすべては、そのこととおなじように理解しにくいのです。

フーコーの問題が原因によって出来事を説明するのでなかったと、おっしゃっていました。でもあなたは、説明的歴史が依然として価値あるものだと主張されながらも、「明確化する」歴史について述べられるときにはフーコーを参照されています。この両者を和解させることができると、さきほど簡単に述べられました。その点について、もう少し詳しく説明していただけませんか。

――難しいですね、というのもわたしは現代史の教師ではありませんから。でも一例としてさまざまな原因を想像してみましょう。RMI（（再）就職促進最低所得保障）は一世紀にわたる労働者運動と階級間の実質的な闘争がなかったら、とうてい考えられなかったでしょう。さらに、クリーンであるべき公共の場の治安維持（鋭いアラン・コルバンによって書かれたものが思いだされる）のおかげで、屋外にさらされていた下水道が除かれ、公共広場での拷問や絞首刑、街頭での狂人、通行人の前で凍死している浮浪者の死骸などが見られなくなりました。一七八九年の思想を追加しましょう。たとえばシエイエス師によれば、「地域」の「住民」は組織され、政治的地位を与えられ（「国民になる」）、一方、王「領」の羊のような国王の「家来たち」は集団的に、そして名もなく、支配者（この者だけが個人化された）とつながり、たがいに、宗教や慈善や施しの上でしか連帯性がなくなりました。もうひとつの原因は確かにキリスト教的慈善ですが、これは慈善の伝統、慈善的制度、貧者やほかの現実的な事実に対するアングロ・サクソン法だと理解しましょう。つまりすでに述べたような政治制度や共和主義的理想のことです。

別の大陸へ移りましょう。アメリカ合衆国では、市民的な慈善と連帯性は、反対のモデル、つまりパイオニアやフロンティアのモデルと共存していて、ちょうどこのモデルにもピューリタニズムやストリップショーが共存しているようです。おなじくシャモニーでも、有名な「山岳人の連帯性」と「チャンスは自分だけでよい、自分のことを考えろ」という考え方が共存しています。

「チャンス」というのは最高にアメリカ的な言葉です。あの大陸にいるフランス人をびっくりさせたのは、アメリカ人らが無宿人についての言い方です。アメリカ人の言葉や声は、自分らにとって、どのアメリカ人も処女地をめざして飛びかかったパイオニアのままでいることを示しています。各自にはそれぞれのチャンスと偶発的不運があります。運命は、善かれ悪しかれ、個人的で、危険です。ちょうどザイルでつながった登山者パーティーとおなじであり、登山者らはとなりの絶壁の上のパーティーで事態がうまくいっているかいないかで首をふりながら注目しているのです。結局のところ、政治的な行動には「多数の明日」というモットーがあり、したがって、もしうしろをふりかえるなら、過去の歴史は多数の「きのう」です。

われわれ、一九九五年のフランス人は社会に関するこの新しい「観念」の作者です。われわれは自分のうちにその観念を発見し、発明します。でなければその観念がわれわれをつくることになります。われわれは配分社会という言い方で考え、賛成か反対か、です。一方、三十年前には、そのようなことは思いもよらなかったでしょう。なぜならわれわれは時代とともに生きていて、マルクスや聖ウィンケンティウス・ア・パウロの時代にいるのではありませんから。

以上が、個人であって最高権者ではなく、みずから言説をつくり、その言説によってつくられる人間に関してフーコーが述べているすべてです。

われわれは階級闘争や技術の進歩による労働者の解放の時代にいると思っていましたので、配分の時代だとは考えられませんでした。いつか、もっとほかのことを考えることになるでしょう。無条件で正しい社会についての真の考えは存在しません。一般観念は真でもなく、正しくもなく、不正でもなく、むしろ空虚です。

しかしながら、お分かりのように、わたしはこの未来の配分社会を信じてますが、あなたもおそらくおなじでしょう。われわれがそれを信じるのは、教育や性格などから来ているのでしょう。われわれはこの未来を望んでいます。でも、その未来が正義や真実の方向に向かっていると推理し、言明するつもりはありません。そのような政治哲学は言葉の上だけでしょう。そのかわり、われわれはつねに、われわれの意志に共鳴してもらうために述語や修辞学を活用できます。それこそ、いま、われわれがおこなっていることです。つまりわれわれの説明によって読者におなじ意志が伝わるように期待しています。しかしわれわれの望むことが「正しい」とは主張しません。

いつ、どこにおいても、たとえいくら称賛すべき考えであろうとも、なんでも考えられるというわけにはいきません。われわれが一九九五年のフランスにおいて考えるように、アメリカ大陸や古代の恵まれない人々のことは考えられていません。ですから今日のフランス人であるわれわれには、その点について称賛すべきことを考えられるメリットが得られるというチャンスがあります。とは言っても、古代ギリシア人が慈善的でなかったとか、ウェルキンゲトリクスが航空機を使えなかったので、アレジアの戦いに負けたと非難することは難しいでしょう。パラドックスは皮肉であろうと、悲痛であろうと、憂鬱であってもかまいません。しかし事実はそこにあるのですから、見過すわけにはいきません。時代と偶然はわれわれにしっかり考えさせますが、少なくともわれわれ流にです。ただし、われわれの頭より、ほかの頭、たとえば「正義」と「真理」そのものの頭が悪いという意味ではなく、なぜならそんな頭は存在しないからであり、われわれのほかに頭はないのです。

メリットが得られるというチャンス……個人や心の場合には、このパラドックスはキリスト教的意識を悩ませました。それがルター流の救霊予定説です。ここに正しいひとがいて、かれは天国へ行くでしょうが、また悪者がいて、かれは地獄に落ちるでしょう。しかし悪者は悪者になるべく選ばれたのではありません。だからかれを責めることができない。かれはただ善人になれないという不運に見舞われたのです。

かれはあるがままのかれであり、それだけです。しかし神は全能で、われわれ近代人の偶然では何もできませんから、ルターは、神が悪人を悪人になるように定めて地獄へ落とすようにし、また選民を選んだとうち明けています。歴史的立場から、ニーチェはそれを生成の無邪気さと呼びました。

第三部　さぁ！　自由に考えよう

1　興味あることと陶酔境

『詩におけるルネ・シャール』のことにもどる約束でしたが、あなたはその本について、あなたはシャールの詩をはるか前から愛していたし、またフランス文学への義務感からも、この本を書いたとおっしゃいました。その点では「救出発掘作業」だとも言われました。ですから考古学的、あるいはむしろ古文書学的な責務でして、後世のためにこの詩人が自分の詩について語ったことを保存すべきだとお考えでしたが、それは広く歴史家的な態度です。

あなたが歴史家としての活動分野のそとで、あるいは自由な思索の分野において特別に研究されているシャールや、その他のテーマについてですが、わたしとしては、歴史家としてのあなたを見失わないように努めるつもりです。

そこで『詩におけるルネ・シャール』についてですが、この本を書くにあたって、あなたはルネ・シャールの詩を古くから愛好していたとおっしゃっています。その興味はどうして生まれたのですか。

――まず、イメージの幻想的な強烈さの魅力、そしてたとえ人々から理解されなくても偉大な詩から発散する香りと荒々しさの混合でした。ある詩のことが思いだされますが、それはわたしにはとうてい理解しがたいものでしたが、それを、あるとき、結婚の贈り物として友人――滑稽な話ですが――に贈ったのです。ところで、その詩はエロチック、それも激烈にエロチックです。そんなことは一瞬も考えられなかったのですが。しかし、その詩の語彙を通して、愛の濃厚な強烈さ、つまり愛ということの強烈さを感じていました。そして、要するに、その詩を、はじめて性交のシーンを見る子供のように把握したのでした。子供は何も分かりませんが、同時に、すべてを理解してしまいます。

最初、シャールの詩で心を惹かれたのは、その難解さを解きたいというような気持ではありません。たとえば一九四八年からたえずシャールを読んでいますが、この詩人になんらかの意味を与えようとは思いませんでした。ほとんどの詩のテーマが分かりませんでした。まず、はじめは純粋に生理的な喜びが占めていました。いくつもの詩をそらで覚えていました（いまでも暗記しています）が、それはただそれらの詩の語法のすばらしさのためだったのです。エリュアールの魅力もおなじでした、ただしエリュアールの豊かで神秘的な雅量よりはシャールの甘美な荒々しさのほうに惹かれますが。

それでは、どうして突然、理解する必要が生じたのですか。「甘美な荒々しさ」で満足できたでしょうに。

——一九八三年、すでに申しあげたような理由でルネ・シャールに会いに行き、かれと話しはじめたとき、かれには暗号化された難解さがあり、またそれによって、かれが書いたものすべてに明確な意味を与え、特異な荒々しさでもって、その意味が尊重されるように望んだと察したのです。

エリュアールやブルトンのほうが、はるかに多く暗示を使ったのですが、シャールはものすごく語を思索しました。かれは自分で秘密の詩的言語を創造し、それがはじめは正確な言語になるはずでした。

その発見はシャールに対する興味を変えましたか。

——豊かにしてくれました。シャールを好きにもしてくれました。というのもかれは複雑な詩人、あるいは、もし、お好みなら技巧的な詩人であり、つまりマラルメ以来、ヨーロッパやアメリカの詩の一般的な傾向としての難解さに凝るような技巧という意味においてです。

『詩におけるルネ・シャール』はそのまま、「注釈」となっていますが。どのような意味でしょうか。

――学校式のやり方の、いちばん平凡なものにすぎません。つまりマラルメやゴンゴラの難しい詩を分からせる必要があるとき、どうしますか。「どういう意味かを述べ」、注釈します。通常、詩が問題になるときは、こう言われるでしょう。つまりあなたはそのようにこの詩を理解しますが、わたしは別の解釈をします。もちろん、その詩を別に理解することもでき、そうする権利もあります。しかし、象形文字のテキストを前にして、もしあなたがエジプト語を知らないなら、エジプト学者に「わたしは別の解釈をします」とは言えません。エジプト語を勉強してからなら、別の解釈をする権利があります。シャール語を学ばねばならないのです。その難しさときたら、マラルメの詩が難解であっても、専門外の者の理解の助けになるシンタックスや語彙のゆがみを勉強すればよい、という程度を越えています。

それから、この詩人が言わんとしたこと、あるいは暗示しようとしたことを示し、詩の中でシャールが展開しようとした考えを述べなければなりませんでしたが、それも固執した考えがあったからです。したがってわたしの著書も対談に頼ることになります。シャールに自分の詩の解釈をしてもらうことにして、かれが固執し、表現に努力した意味を把握しようとしました。かれの言いたいことがわたしに理解できなかったので、分からないときには、シャールからよく叱られたものです。かれにはかれなりの考えがありました。ですからほかの考えを押しつけられるのを好みませんでした。

それでは、シャールの考えということになりますが。でも、わたしはあなたが注釈と呼んでいる作業のひとつの機能を改めてとりあげたいのですが。つまり伝わりやすい感動を生じさせることです。そのために注釈者としてのあなたは、ときには感嘆しながらも、その感嘆で満足していません。さらに、あなたの著書はすっかり模倣的な構成にはならないで、あなたとシャールとのあいだにある親近性を述べるという記述作業を表わしていますが。

——フロイト的なひどい悪意なら、わたしが「父」に替わるものを探しているとか、この詩人の熱烈なファンだとお情けで思ったことでしょう。とんでもない。なぜなら思春期は経験済みですから、わたしは好きなように本を書こうと決めていたからで、つまりシャールの監視や検閲のもとで書く気はありませんでした。違いを見てください。たとえば親友フーコーが死んでから一年経っても、目に涙が浮かんでくるときがありましたが、それに反して、シャールの死はド・ゴール将軍の死とおなじで、歴史的に生きたひとの一般的な事件でしたから、一滴の涙も流しませんでした。その事実から、お好きなようにフロイト流の理論を立ててください。それから、もしそれを我慢して、本当の民主主義者になる必要があれば、「父」の話をして、父とは、称賛されるひとであり、真似たり、泣き悲しんだりする存在ではないと認めましょう。そうは言っても、わたしはシャールが好きでしたし、また大好きです。

シャールを称賛するのは、重要な面として政治的ですが、ただし一面だけです。それは〔大戦時の〕「抵抗運動」です。それとは別に文明的価値観もあります、つまり感受性の豊かさ、非‐順応主義、精神力、したがって寛容の精神力（馬鹿は寛容になれる力がありません）、欲望に対するブルジョア的規制の拒否、俗説を軽蔑するスタンダール的な大胆さ、ちょうど「ドイツ軍占領下」の場合のように、ほとんどすべてのひとが方向を見失ったときの義務感、最後に、暗澹・未知・羞恥・尊敬領域の認識、保守的合理主義やもろもろのカント主義や似非学問に対する拒絶があります。

一九四五年、十五歳のとき、わたしは一冊のささやかな本を読んだおかげでファシズムから逃れました。それはあまり知れられていないジュリアン・バンダの『デモクラシーの大試練』で、戦後の粗悪な紙に印刷されていました。マリー＝クロード・シャールといっしょに「クラシック・アシェット」叢書でルネ・シャール選集を出したばかりでした。われわれは、百、あるいは千人にひとりの若者がこの教科書版の本を読んで、このような文明価値観を発見してくれることを期待したいものです。

シャールの考えとあなたの考えのあいだ、記録された対話と個人的に話されたこととのあいだで、いちばんよく感じられるためらいのテーマとして恋／「愛」があります。つまり女性との日常的関係にある恋と、原則、理想としての「愛」のことですが。

——有名な事実があります。つまりシャールは生涯、恋が快楽に限定されると主張していました。それはむしろ原則の表明であり、夫婦関係や、とにかく愛という伝説をきわめてはげしく否定する手段のように思われます。シュールレアリスト的な荒っぽさになりますが、その語のきわめて一般的な意味で恋をしているかれを見たことがあります。しかしながら、かれは快楽しか認めようとしません。というのも愛という神話のうちには、いつも恋愛情熱に対する道徳の安っぽい支配や、家庭作りへの急転換を見ているからです。

しかし、かれは快楽という語が好きですから、われわれも快楽について話しましょうか、それとも愛という語を、快楽か情熱かなどと問わないで受けいれましょう。シャールは禁止事項を無視し、気にとめず、いささかも感じない。つまり愛の世界はただエデンの園であり、そこには罪もなく、すべてが悦楽にすぎず、心の熱であり、単純な気分であり、またどんな失望もどんな幻滅もなく、たとえばプーサンの《バッカス祭》です。ところで、この純粋なエデンの園は決してひとを裏切らず、かれには生きるために必要であり、また人間のあるべき姿、地上の楽園を去らないかぎりあるべき姿であるとともに、つねに生きるべき状態です。それをかれは故郷《ふるさと》と呼んでいます。そこで「愛」は、もし万事うまくゆけば、人間が望むはずの状態になります。

結局、詩そのものはきびしく苦しい作業を表わしていますが、やはり言葉が口からたやすく自由に出て、悦楽と愛に支配された世界を喚起させます、というのも詩と愛は愛されるものですから。詩「〔結婚したくてたまらないほどあこがれる〕美女の顔」(*Le visage nuptial*) の次の句を見てください——「言葉は、つき破ってでることに飽き、天使のようにおだやかな埠頭で酒を飲んでいた」。ここでは、言葉は口から出てくるのでなく、口にはいりこみ、自分で悦に入っています。その言葉はもう言い表わそうとしたり、分からせようとしたり、小石を砕くように脳みそをくだこうとはしません。それこそ、かれが自由とも呼んでいた詩のおだやかな悦楽境地です。詩の言葉は、現実的なものに堅苦しくしたがう必要もなく、自然に流れてゆきます。

性愛は恍惚そして詩とおなじエデンの園になりますから、女性は当然「美」と「詩」の分かちがたい隠喩になり、ですから結局のところ、それぞれの詩における女性はほとんど女神のようです。

シャールによれば、女性への愛と美への「愛」の関係を理解するには、ティツィアーノの絵《聖愛と俗愛》を見ていただきたい。前者は、パノフスキーの言葉を信じるなら、これまでに描かれたこともないほど豪奢な裸体のうちに認められます。世俗的な愛のほうは、虚栄をあらわにした豪華な衣につつまれた悲しげな女を表わします。

シャールもおなじ考えであり、ですからそんな質問に対して答えは簡単で、つまり愛は原則として性的なものではありません。肉欲的な愛は低級であり、つまり愛と性的衝動が混じったものです。愛は、恍惚という語の正確な意味での、日常的ではない激烈な境地においてしか、その力全体を発揮できません。

シャールは真実を語り、自分が何を話しているかをよく知っていました。陶酔の経験は、友人で無神論者のジョルジュ・バタイユとおなじように、かれにもなじみ深いものでした。*NRF* 誌に、シャールと陶酔に関するわたしの評論が出たとき、この詩人はそのとおりだと書いてきましたが、また、幸いにして歳をとってもその悦楽は衰えていないと付け足していました。

シャール以外の証人をとりあげてみましょう。陶酔は愛する心境の最たるものですから、どれほど官能的な放蕩者でも、陶酔的な愛の喜びと勝手に取り替えることができるなら、いわゆる肉体的快楽をためらわずあきらめるでしょう。聖アウグスティヌスが三十歳のとき、はじめて神秘的な経験を味わったとき、この経験が、比較してみて、肉欲的な快楽に嫌悪を感じさせ、そのために決定的な改宗への道が開かれたのです。

わたしが美化したり、教化しようとしているなどと思わないでください。陶酔とは、麻薬や忘我だと思い違いするような軽薄な連中が考えるようなものではありません。しかも、わたしとしては、聖アウグスティヌスの『告白』よりもむしろ実際に生きている友人のカップル、つまり深く愛しあっていながら、おなじような経験をした無信仰な人々の体験談のほうを信じます。ただし、かれらは改宗したわけではありませんが、驚嘆から立ちなおるのに幾日もかかり、陶酔のためなら肉感を喜んで捨てただろうとたがいに理解しました。ふたりとも、別々に打ち明けてくれたのです。ですから、ここで教化的な文学を話すのではなく、聖なるスタンダールによれば、ちょっとした真実ということになります。確かに、このような出来事は珍しいですが、未知のことではありません。クロード・ロワが言うように、恋人たちは天才になることがあります。陶酔境とは何かを正確に勉強すれば、以上のことが信じられるでしょう。

そんな異常な状態に、たいへん興味を感じておられるようですが。

——おなじくラブラドール・レトリーバー種の飼犬アルゴスの心理にも興味があります。いま申しあげたような珍しく、また無視されがちな心境ですので、わたしにとっては職業上、有益なことですから、なおさら心が惹かれます。そのような心境は、ときとして知覚そのもの、つまりわれわれが目を開ければ、またわれわれの存在が無にひとしいと思われる外的世界が世紀や社会によって変化するということを明らかにしてくれます。そのことを示唆する平凡な一例を挙げるだけで充分でしょう、つまりルーヴル美術館にある絵画は不眠の一夜をすごした翌日でも、ますます輝いていますが、それと分かるはずのものを見せなくなり、形象に按配された生彩ある色になります。つまり疲労は、われわれの目が世界の情景において、現代的な合理性に大切な「有効性」と「なじみ深さ」を重要視する傾向を弱めたのです。しかしギリシア人の目には最高神ゼウスの像あるいは星空がどのように映ったでしょうか。どう考えたか、とは申しません。

ある日、疲れていて、ぼんやりしていたとき、海岸沿いの道路で急ブレーキをかけてとまりましたが、じつは海の景色が幻のようなものにさえぎられたからで、つまりまぼろしの色をして、ドレスのように広がった奇妙な船体の原子力船が、波をきって進むかわりに不気味なのろさで自転していたのです。景色が変わり、まことに物騒なものを表わしていたからではありません。それはひどく発熱しているときのようなわたしの知覚の異常でした。

ある夜間旅行の終わりに、ゴヤふうの巨大なものがマッターホルン峰のような方尖塔の形で小人《こびと》の国の上に突っ立っている光景を見ましたが、これもおなじような恐怖であり、このときはもっと興奮しました。巨人をこの目で見ただけで、つまりわたしの知覚系そのものがおかしくなっていて、そのことが、わたしにはいちばん心配でした。でも、古代ギリシア人は空の星を眺めて生き物とか神々だと思っていても、不安になったでしょうか。ギリシアの農民ばかりでなく、プラトン、アリストテレス、医学者ガレノス、背教者ユリアヌスもいます。つまりかれらが自分らの目で実在を確かめた神々がいました。それに反して、庶民のあいだのむなしい神々、たとえばユピテルの妻ユノーとか商売の神メルクリウスのように夢の中でしか見られたことがないようなものもいます。異常になった知覚は古い別の時代には普通のことだったかも知れません。

いつものような不安と特別な興奮を覚えながら期待していた登山の前日に、夢を見たことがありますが、それはあまり訳も分からず、次の日一日じゅう、気にかかっていました。その夢の中で、わたしは山歩きをしていて、予定の行程のつづら折りの山道を早い足どりで登っていました。すると突然、激しくゆらめきながら空間全体を満たす波（響きだったか、「精神状態」だったか、分かりません）を感じはじめます。そのゆらめきは道の曲がり角ごとに大きくなり、悩ませるようでもあり、またおごそかでした。ちょうど、圧倒されるようになったその現象の中心に近づいていましたが、すると最後の曲がり角をすぎると、突然、目の前に巨大な女神の像があり、それは、まるでミネルヴァのように長く、白いチュニカを着て、身動きもしないで空に抜き身の剣を振りかざしながら目を凝らしていました。わたしの行く道をふさぐようではなかったと思いますが、わたしを脅すというよりは、むしろ何か魅惑的で、すばらしく、また恐ろしいことがはじまろうとする世界へみちびいてくれるようでした。わたしは目が覚めて、とび起きました。しかも、ちょうど登山へ出発するために決めておいた時刻でした。しかし脚がふらふらし、また夢（それはまったく悪夢のようではなかったのですが）のことが気がかりで、登攀をすることができませんでした。あとになって分かったのですが、登山の想像界が夢の中で、増大するゆらめきで、わたしを陶酔境へ近づけたのでした。剣をもった女神は、心が魅惑的な境地へ落ちこもうとするときに襲われる不安を演出するだけのことでした。パスロンの言うとおりです――「そんなことはよくあるはずですよ」。

どうしてそれほどシャールが好んで愛を陶酔境だと見なしたのでしょうか。

――陶酔とはなんでしょうか。それは精神が恍惚としていても、完全に能力を保持し、浮かんでくるイメージという形で、さまざまな思いを生きる最高の幸福感です。それは数秒間つづき、ときにはもっと長くつづきます。そこからこの精神現象の魅力が生じるのですが、そのことについてはあとで話しましょう。好んでこの境地にはいろうとしても不可能です。つまりそれは精神を奪うことであり、予期しない幸福であり、どんな麻薬を使っても駄目であり、この場合、ＬＳＤあるいは詩人アンリ・ミショーの〔幻覚剤〕メスカリンもまったく効果はありません。恍惚境、ただそれだけです。なぜなら陶酔は内面的な平穏さ（偶然の予期しないことや不安を除いて）であり、身体的な不動の状態であって、それはまったく幻覚とか妄想には属していませんから。

精神が奪われるような陶酔は、それが起こったら、精神がぐらついてしまいそうになる感激状態から逃れられ、たとえその感激が宗教的、あるいはプロティノスや、おそらくスピノザ（「われわれは永遠だと感じ、経験する」）のような哲学的であろうと、恋愛であろうと、音楽であろうと、汎神論的であろうと（これは詩人テニスンの場合でしたが）、もちろん政治的なものであってもかまいません。瞑想、精神的鍛練は感激を生みだしますので陶酔になるチャンスになるかも知れず、たとえば『神曲』やドービニェの『悲愴曲』の結末がそうです。

陶酔で忘れられないことは、この上もない幸福感に浸れることであり、またカトリック教神学で、神から授かる、「楽園」での歓喜をすでに味わえると決められているような幸福感です。またその幸福感はしばしば、あるいはいつも、心を奪うような狂おしい愛情と区別しがたいこともあるようです。惚れている気持ではなく、あなた方のうちに生きているのは「愛」です。自我は個性をうしない、愛にとけこみます。属性が主語になり、つまり「ソクラテスは愛しやすい」ではなくなり、「愛はソクラテスだ」になるか、それともむしろ「すべてはもはや愛でしかない」となります。あなた方は「愛している」とは思わなくなる、なぜなら自我とその自我が生きているということのあいだの隔たり（日常性を構成している隔たり）は消滅してしまい、愛そのものがあなた方を飲みこみ、愛はたんに愛、愛そのものになってしまうからです。あまりにも広大ですからその愛は何かへの愛ではなくなります。ベルクソンが言うように、偉大な感情には対象がなく、つまりそれだけで充足します。さきほど話しましたふたりの恋人はたがいに愛しあっているとは感じていませんでしたが、それでいっそう心が満たされるばかりでした。「自分」と「他人」というこの区別はもはや存在しなくなりました。何かへの愛でなくなることはすべてへの愛になったのです。その愛はあらかじめ可能なすべての対象を満たしました。というのもそれはすべてのものを吸収していたからです。

陶酔がいかにわれわれの精神の習慣的な「プログラム」、つまり一般に規則として主語と属性、動詞と補語、自分と他人を区別することを一変させてしまうかがお分かりでしょう。そこで、もしこのような脳の状態にアルコールの酔いではないような実質性が与えられるなら、またもし陶酔的経験が普通の知的な言い方で表わされるなら、そのような経験が愛を原理として、また広大無辺の能力として発見させることになるかも知れません。ですから陶酔に関心を示した哲学者らが現れたのです。

もうひとつの問題は、愛に満ちた神という一神教以外に、陶酔がつねに愛を幸福感に結びつけられるかどうかを知ることではないでしょうか。ルネ・シャールの場合がそのことを想定させます。プロティノスもまた、たとえ異教徒であっても、愛という言葉を使っています。ですから結論として、愛でない幸福感は存在しないと言えるでしょう。これは心理的に興味深いことでしょう。

そこで、ベルニーニの《聖テレサの法悦》〔陶酔境の聖テレサ〕というような名作に関する一般の解釈がどれほど素朴なものかがお分かりでしょう。ローマに来る観光客の多くがこの大理石像を前にして感心し、女性の歓喜、絶頂の性的興奮を表現していると思うことが多いのですが、というのも、そう感じるのが社会通念の常《つね》ですから。それほどキリスト教的精神性が、昔は一般文化の重要な面でしたが、いまではわれわれからあまりにも遠ざかってしまったのです。

事実、陶酔というのは愛を自立化させることにあるのですから、その場合、愛は主語も属詞も目的語も状況補語もない動詞になります。ですから、はっきり言って、もし恋する男が好きなだけエロチックな状況で陶酔境に陥っても、その境地からたちまち生じる結果として、性的な愛や絶頂の性的興奮をまったく無視するでしょう。

いま、ベルニーニのことを話したのは、シャールの大いなる栄光のためです。つまり陶酔の経験のおかげで、この詩人は愛を自分の宇宙的な（したがってとくに詩の）大原理とすることを学びました。またかれの「性的差別」も理解されます。つまりこの偉大な愛人は、自分の精神的な住処の奥には女性のいる場所はないと、幾度も書いていました――陶酔において、愛はすべての肉体的なものを喪失し、さらにいかなるものも愛の対象にしなくなるからです。

あなたのご質問から、陶酔境にあるプロティノスが感じていた「なんとも言えない接触感」が思いだされます。非個性的な「絶対」との接触感だそうです。そこに陶酔のよく知られた面が存在し、媒介的な面とでも言いましょうか……触知できる「感じ」が味わえ、さらにビジョンが聞こえたり、見えたりできるという感じです。というのも、精神のメカニズムが別の逆転をすることによって、そのときまでの考えが隠喩に満ちた知覚、いわば身体とともに経験される隠喩になるからです。「愛の広大さに浸される」とは言えず、自分の身体が巨大になると感じます。「精神的に向上した」とは思われず、身体が高くなって空中を浮遊するように感じるからです（たとえば聖者の空中浮遊という伝説がありますが、これはアヴィラの偉い聖女テレサ自身によって否認されています）。「幸福の歓喜に浸る」あるいは「絶対的なものに触れる」とは思われず、むしろふんわりした接触感が感じられます。それは「なんとも言えない」接触感であり、というのも考えは感じになり、また感じがどのようにして生じたかは言えず、盲人に色彩がどうかを説明することができないからです。プロティノスが付け足しているように、それは「わけの分からない」接触感であり、というのも感じというものは知的なものではないからです。

ただ、精神は陶酔境にあって、錯乱というよりはむしろ極度に明晰ですが、それらの「感じ」が明晰でないとも感じます。つまりそれらの感じは現実らしさに包まれていないのです。ここで、さきに申しあげた告白者らの証言が示唆的です。かれらもまたプロティノスのように、なんらかの接触感[4]を経験しています。たとえば、かれらは、みずから言うように、やわらかく、ふわふわした世界に浸っているように感じています。事実、かれらは触覚的にその心地よさを感じていました。ただ……その触覚的な「感じ」は皮膚の上ではなかったのです。つまり、まるで悦楽の中にいるのだと教えるように、かれらから少し離れてただよっていて、ちょうどアパートの部屋の四方の壁にとり囲まれているか、それともかれら自身の言葉では、「繭」の中にいるようでした。それだけが問題の奇妙さではありませんでした。つまり接触感の心地よさは想像されるような快い接触感の心地よさをはるかに越えていたからです――それは「歓喜」という語で表わされる強烈さを帯びていました。われわれの五感を通して、歓喜の意味を示すようなものでした。おなじように、われわれの夢の中でも、あるものを「見ている」のか、それを「知っている」のか、はっきりできないことがあります。

そこである感じ、ある触覚はふんわりしていて、それを象徴するすばらしい幸福状態と混じりあっていました。それに加えて、その性質にはいかなる物質的な媒体も喪失していて、アリストテレスのように言うなら、いかなる「実体」もない「偶発事」であり、触覚に感じられるようになる抽象観念でした。なぜなら接触感がこれほどふんわりするものとは、いったい、なんだろうかとうち明けたとき、それを聞いた友人たちはびっくりして、しばらくはものも言えなかったからです。皮膚は当然、接触を感じるはずですから、おそらく、綿なしで、ふんわりしているものは、皮膚から離れて浮遊していたのです。それこそ、プロティノスの場合とはまったく違った意味でなんとも言えないものです。そうです！　心理的な異常は歴史学的に有益なんですよ！　しかも、そこには狂気、あるいはフーコーによれば金魚の変種があります。つまりそこには、われわれの精神が普通とは違った別の「プログラム」にしたがって機能しはじめることが分かります。

別の考えがわたしの精神を悩ませています。属性が主語になり、象徴的なものが象徴されているものになるなどという陶酔についてあまりアリストテレス的ではない「論理」、それは芸術作品の論理に通じるのではないでしょうか。もし、ある絵画、それがたとえば愛または人生の三時期のアレゴリーとして語ることができるなら、おそらくその絵は、表現しているものを陶酔状態で生きているとわれわれに言うかも知れませんね……

あらゆる差違を考慮し、またすべての検討もおこなった上で、シャールにおける「愛」または「美」の役割を担うような動力的原理がはたらいているのでしょうか──歴史における研究や記述のような、とくに創造的な活動でなくても。たとえばいかなる手段で、またなんのために、ひとは働くのか、といった役割のことですが。

──おっしゃる原理は、厳密に言って、もっとも一般的な意味で愛と呼んでもよいのではないでしょうか。でもきわめて神秘的で、かつ一種の形而上学にしたいような別の概念を使えば、はっきりさせることができます。つまり興味あることであり、これは姑息に好奇心と呼ばれるようなものとははるかにかけ離れています。

わたしの場合、それはフーコーと違ったふうには申しあげられない要請にしたがっているからです。というのもわれわれはそのことについて幾度か、いっしょに話したことがありますから。つまり、もしわたしが真実を摘みとり、頭の中で、いっそう明確な観念をまとめることができるなら、そのとき、わたしは救われるでしょう。その理由や、根拠は尋ねないでください、わたしにも分からないのですから。たとえば、もしいま、興味あることという神秘的な語が何を意味するかを明言できたら、救われる道を前進したことになるでしょう。

それはフーコーを深く動機づけたものであり、またそのことを大部分の人々に理解してもらうのは難しいことでした。つまりかれらにおいて、重要な要請があるとすれば、それは大義名分と価値観の倫理的な熱意から生じるものです。

申すまでもなく、問題の真実というのは人間、一般の人間に関する（探求する個人、その罪などに関するのではありません）真実です。つまり一般に、人間とは何かについて客観的な観念を抱き、幻想的世界に生きることをやめることです。そうするためには、歴史、またとくにローマ史、この古典学にはそれ自体としての興味はなく、それはたんに人間や人類の知識のための実験領域にすぎなく、また一般解剖学をおこなうような単純な手段にすぎません。

ところで、ここに大事なことがあるのですが、つまりそのように自分にさからってでも正しい考え方をしようとされるとき、非個性化され、自己でなくなり、透明になり、われを忘れ、華々しい消滅において自己死になります。

自分の真実を言うことで非個性化されたいという欲望はあまりにも分かりやすいことにすぎません。つまりわれわれは自分の一部分だけで、愛し合ったりしません。われわれは見いだせる味わいを大いに楽しみながら、われわれであることに満足すると同時に、自分の平凡さ、あるいはむしろ個性——「どうしてわたしはわたしなのか」——に不満を抱きながら生きています。われわれの友人たちのほうがチャンスに恵まれています。というのもわれわれは自分らと違ったかれらの特殊な味わいを愛するからです。われわれはかれらに好意を抱き、自分らに対するように寛容であり、またそれ以上に、われわれの弱さよりはるかにすぐれた能力をかれらに認め、われわれが平凡なために完成できなかったことをかれらに期待します。われわれは進んで友人たちの庇護者となります。

死はわれわれの平凡さを追認することになりますから、われわれには非個性化することしか残されていません。もしそれができるなら（しかし、絶対に不可能で、また、たとえそれができたとしても、作品は著者を見捨てて、おのれの道を生きるでしょう）、そのときは死ねなくなります。つまりすでに消滅しているからです。それは仏教の謎めいた涅槃の説明になるでしょうか、つまり不死不滅でなく、生存をやめ、自己を無にするべき転生へのあこがれでしょうか。

興味深いことに専念して、そのような真実の要請にしたがおうとするなら、愛他主義者になりますね？

——いいえ、ここでは真理を普及したり、共同社会を啓蒙するような科学的発見をおこなうことはどうでもよいのです。すべては個人的救済の問題であり、ちょうどキリスト教徒にとって、自己の救済をすることがたんに権利であるのみならず、義務でさえあるのと同様です。神学の手引書には、他人の救済のためにみずから劫罰を受けようとするのは過ちだと書かれているのもあります。その言葉を次のように訳せるでしょう——「適切な慈悲はおのずからはじまる」。わたしとしては、こう言いたい——「自分の魂を悪魔に捧げるのは、しかじかのひとが救われるためだ」と。でもそんなことは問題ではありません。というのも救済というのは、キリスト教とおなじほど集産主義的な説においても個人的なことにとどまるからです。

そのことは、あなたからも、自分でも幾度も触れてきましたが、わたしが出版された途端に、自分の本に対して感じる嫌悪感をも説明してくれます。完成した本は汚れた洗濯物です。仕事を見守り、その本が受けるか受けないかを心配するのは、汗にまみれた古シャツをまた着るようなものです。

いま、あなたがご自分の本を思いだすのに使われる表現のひとつが分かりましたが、それはご自分への自己説明です。それは自分が最初の受け手だと見なして、しかじかの論議をはっきりさせるだけでなく、問題の論議を解明するプロセスにおいて個人的に、また自分だけがかかわっていて、その論議を検討しながら、自分を検討しているということを意味しますね。

――そのためにおそらく、わたしに自己説明ができると思われる唯一の口頭的で日常的な文体を使っているのです。

そのような条件において、さきほどおっしゃったこと――真実の探求は探求する個人にかかわるのではなく、人間一般にかかわる――と、いま、おなじ探求の、深く個人的で唯我論的な性格について主張されたことをどのように両立させるのでしょうか。

――クロード・ロワからも、まさしくおなじことを言われましたが、それはすべてモンテーニュの伝統につながり、つまりモンテーニュは歴史を読み、研究し、あらゆることに興味を覚えますが、かれは自分が人間的条件をそなえている存在としての自分自身のことしか興味がないと言います。自己において錯覚を一掃できるのは、自己自身と不可分の人間について勉強することによります。また、そのような一致は非個性化の努力によるしかないと思われます。ですからモンテーニュの計画は、人文学的「好奇心」とか、人間の心の知識を芳しくするような人間への共感ではなく、もっと実存的で、もっと「神秘的」で、人間の知性がそれ自体に隷属することから自己を解放できる面を明らかにしているようです。モンテーニュは古典学に魅了されたはずがなく、むしろ自己変容を夢想していたようです。ですからそのことだけで千ページも執筆に専念したことが理解されます。

いままでお使いになった「神秘的」という言葉にびっくりしています。要請とか、あこがれというイメージによって喚起されるはずのものがどうなっているのかを説明していただけませんか。それは宗教的な信念のように言われますが、そのひとつでしょうか。

――本当に、わたしの言葉は神秘的ですね。しかしここでは、知性における純粋性が問題なのであり、というのも、思考の勝手な考え、それ固有の錯覚傾向、あるいはその解放には、いつも結果は錯誤につきまとわれるからです。

いつか西洋で生じたその理想をめぐって、わたしがつくりだした神話についてお話ししたでしょうか。

神話ですって?

――そうです、じつはふたつの話を自分に語っていますが、現実性は多分、怪しいものです。ひとつはアメリカにかかわり、もうひとつは日本にかかわっています。日本の話のほうを自己流に話してみましょう。これはまったく他性〔他者〕的であり、また唐突な和解の神話です。

十六世紀にさかのぼれば、そのころ、日本は地の果てにあって、急に西洋人の到来を前にして鎖国をしようと決定します。日本は世界の秩序から離れて、まったく別の惑星になり、自律制度として発展します。鎖国は厳重を極め、いかなる外国船をも寄せつけず、日本、つまり大和の国という神国から出国することもすべての日本人に禁じられます。中国へ渡ることもできなくなります。そこで剣をつくる原料の鉄もなくなりますので、たまたまこの国に落下する隕石の鉄を鍛えて武士の刀をつくらねばならなくなります。

例外として、年に二、三隻のオランダ船かと思われますが、それが長崎の沖の小島に停泊してもよいということになりますが、オランダ人は下船することができず、日本人も、遊女を除いて、乗船することができません。この三隻のオランダ船が商品を運んできて、そのかわりに三隻の船の代償として、いくらかの日本製品を運んでゆきます。それだけが外国との接触です。

年に一度、おなじオランダ船はその年に地球上で起こった事件を要約した世界情勢について報告書を提出するように命じられます。こうして日本人はナポレオンという人物の存在を知ります。将軍へ渡されるこの年次報告書はオランダ語で書かれていますので、その後はこの外国語がもっともすぐれた西洋語と見なされます。

しかしながら、このほとんど完全な閉鎖性にもかかわらず、流入が生じて、一八二〇年代から、日本を改革しようと望んだ教養あるひとりの侍が声明文を書き、国家は、オランダ語で「自由」を表わす *vrijheid* の形態に則してボナパルト流に憲法を改めるべきだと提案する。いかに文化的アンテナは敏感であり、遠くまで及ぶかがお分かりでしょう。その後、中国文人のような教養を身につけ、一八〇〇年、つまりジュール・フェリーよりも七〇年以上も前に、書物が読めていて、決して第三世界の国民ではなかった日本の学者らは洋学と呼ぶ学問に専念し、そのためにオランダ語を勉強します。地球が円いことも分かり、天文学的知識も獲得しますが、それらは数学（日本語とオランダ語での微分、積分）のはじめであり、ですから西洋学は蘭学と呼ばれていました。そこまでは、すべてが完全に本当のことです。

浮世絵についても言えるのではないでしょうか。これは一七八〇年代から遠近法をとりいれます。つまり西洋人が浮世絵を手に入れ、また印象派がそれを見て、自分らの絵において、油彩の浮世絵を描いていたとき、日本人のほうは西洋の遠近法を見て、びっくりし、西洋人に関心をもつようになりました。わたしが見た一八一〇年代の浮世絵には、ローマのフォーラムやロドス島の巨像が描かれていて、日本式のデッサンになっていました。

どのような結果になるかがお分かりでしょう。一八九五年に、日本は西洋的な列強国になり、今日では世界で二番目の経済大国になっています。わたしの個人的な神話では、日本は西洋の勝利を示し、同時にさきほどお話しした理想を失わないという希望を表わしています。

この西洋中心的信念が熱狂的だということはよく分かります。それを宣伝しようなどとは思いません。少し距離を置いてみれば、啞然とするばかりです。つまりわたしはまるで一九一四年の愛国的なフランス兵のように滑稽です。ところで、愛国心、フランス、ストラスブールの大聖堂、ヴォージュの青い戦列というような考えは、わたしには我慢ならない忌まわしいものです。しかし確かに西洋という考えはそうではありません。ですから自分が一九一四年の愛国的フランス兵のように青いズボンをはき、鉄砲の先に花をつけた姿とおなじレベルにいると思います。そのことを悟って自分でも驚いています。そしてまた、あえて言えば、歴史についても立証できます。一九一四年には、どの国民もすべての価値観を実体化していました。動員された知識人も、それぞれドイツかフランスのために死ぬ覚悟でしたから、生死を賭けてまで聖域を守ろうとしたのです。

もうひとつの神話はアメリカの神話ですが、まことにローマ的です。つまりそれもまた大国に結びついた世界的文明の夢です。

はじめてアメリカ合衆国へ行ったとき、まるで電撃を受けたようでしたが、それからこの国へ行くたびにおなじでした。というのもこの国がわたしの息子か妹の国のようになっていたからです。きわめてフランス的な反米主義にはうんざりします。これは無自覚な外国人嫌いであり、自分の進歩主義に満足していますが、実は羨望と無力感から生じています。しかし固定観念辞書を相手に喧嘩するのはやめましょう。

アメリカに滞在するたびに、わたしは改めてこの国の愛国者になります（その場合だけ、愛国者になるということをさもしいとは思いません）。他方、フィレンツェやシエナに行くと、イタリアに惚れこんだフランス人でしかありません。一か月前、北米を横断したことがあり、つまりラブラドル半島から、ユーカリと栗鼠と、民族的でなく社会的な暴動の都として知られたロサンゼルスまでです。トウモロコシ地帯、あるいは地球上の小麦庫と言われる地理的に広大な畑がつづく二〇〇〇キロメートルの上を飛行しながら、この大陸が、ヨーロッパのように愚かな国境で区切られていないと思って、うれしくなりました。世界の支配者たる帝国の市民だと感じることは楽しいです。

偉い歴史家ロナルド・サイム卿がわたしに話してくれたことによると、古代ローマ史のおもしろい点はすべてのナショナリズムから突出していることですよ！　それにしても、エアバスに乗っている、ほかの二、三百名の乗客たちは眠っているか、読書をしていて、わたしほど感激していないようでした。

アメリカが好きなもうひとつの理由は、もっと実際的であり、つまりわたしの話は古くて貧しいヨーロッパから移民してきて、この新大陸で急速に成功した人々のことです。一九八〇年のある日の十六時（現地時刻）に、生まれてはじめてニューヨークに着き、おなじ日の夜中には二万ドルを手に入れていました。確かに、次の日は、まったく少しも儲けませんでした。しかし前夜以来、ある画家と、たがいに突如、親しくなりましたが、かれが言うには――「ぼくの絵を一枚、きみに進呈するよ」。ちょうど真夜中でした。

アメリカは、古代ローマのような、なじみ深い考え方を呈していて、たとえばすべての文明に祖国がないのです。「文化帝国主義」に押されて外国の手本を真似るようなことはしません。というのも自分の時代とともに生き、あっさり「文明化される」からです。

普通、古代ローマ人はギリシア人とは違った国民だと見なされますが、それはローマ人らが別の言語を話し、別の国民だからではないでしょうか。かれらは征服者であり、少し鈍いと言われ、また剣闘士の試合を見物しています。それに反して、ギリシア人らは哲学的で耽美的……です。現実はもっと複雑で、つまりギリシア人はこの上なく戦士の国民であり、おもしろいと分かったら、すぐ剣闘士の試合に熱中しました。ローマ人について言えば、これはギリシア人のようです。同様に、明治時代以後の日本人も西洋人であり、工場をつくり、テレビをもち、議会をもち、ボードレールやトルストイを読み、マーラーを演奏し、また抽象芸術やポスト・モダニズム芸術もあります。

ギリシア文明がわが地球上の一端において、当時の「世界」文明であったことを想起すべきです。その文明はインダス河流域、つまり今日のパキスタンからモロッコ、正確に言えばその首都ラバトにまで広がっていました。古代モロッコのベルベル人国王は教養があり、ギリシア史家でした……ガリア人は自国語をギリシア文字で書いていました。エトルリア人もローマ人もギリシア語から派生したアルファベットで書いていました。というのもその文字がはるか以前から採用されていたからです。

要するに、ローマはギリシア人という別の国民の文化を自分のものと見なしていたのです。その文化がスペインやガリアを征服したとき、ラテン語が話されるようになり、その地方の人民や支配階級は自発的に「ローマ化」され、つまりラテン語でギリシア化されはじめます。わたしのいるプロヴァンス地方で、いくつかの原住民の町では、ローマ人領主の依頼を受けてギリシア人がローマにもたらした学問、つまり修辞学と哲学の教師に町から俸給が支払われていました。

ローマの神々をどう思いますか。ローマ人は、無条件でギリシアからそれらの神々を受けいれなかったときは、単純に、ギリシアの神々とおなじ神々だと見なしました。ただ名前だけが翻訳され、たとえば「ゼウス」はラテン語では「ユピテル」になり、同様に「エロス」はラテン語で「アモール」と訳されます。神々はいたるところでおなじであり、楢樫がどこにおいても楢樫であるのと同様です。ただ固有名詞だけは、普通名詞や惑星の場合とおなじように言語から他の言語へ訳されます。またガリア人のほうでも翻訳しはじめます。たとえばユピテルという名で、かれらの神タラニスへ祭壇をもうけたのです。

このような、いわゆる他文化受容の動機は単純で、つまりそれは自尊心です。世界の支配者になったローマは「世界的」文明あるいはむしろ、かんたんに文明として現れているものに遅れをとってはならないと思ったのです。ガリア人やスペイン人はもう未開人ではないように心がけた。かれらには、ギリシア人がたんにこの文化の最初の保有者にすぎず、ギリシア人だけの特権だとも思えなかった。それは流行とか気どり（スノビスム）ではなく、そう考えるようになるのはヘレニズムを敵視する人々、たとえばカトーです（しかも、われわれが気どりを云々するとき、それは一般に愚劣さを表わします。それより一世紀前に、ピエロ・デラ・フランチェスカやボッティチェリが流行児と見なされていました。気どりとは、イデオロギーのように、他人への興味であり、他人の考えです）。

このように、すべての文化は無国籍存在ですので、それとは知らずに外国の文明を敵視するものが敵対する国の文明に影響されることが多いのであり、たとえばカトーはヘレニズムに挑戦するのにギリシア起源の手法や範疇を使っていました。十八世紀には、ボナパルトびいきたちを呪ったスペイン作家たち以外には、もはやだれもフランス化されていなかったのです。ロシアでは、十九世紀に、「スラブ主義者ら」がヨーロッパ模倣者あるいは「西欧主義者ら」に反抗しましたが、それもじつはヘルダーやヘーゲルの影響を受けたからです。事実、異文化受容と同化とは別のことです。古代ローマ人はギリシア人だと思っていなかったし、また日本人も西洋人だとは考えていませんでした。ローマ人は、ギリシア人に対する劣等感、あるいは、お望みなら、その国民的アイデンティティを踏みにじることが難しかっただけに堕落したギリシア人（かれらの考えでは）を軽蔑するふりをしたのです。

異文化受容の動機は、地政学的領域で求めるべきではなく、時代においてです。もしボルネオの原住民が（予想されるように）ブルージーンズやコカコーラにあこがれるとすれば、それは、われわれが石油ランプや帆船を古くさいと思うように、弓やふんどしが時代遅れだと思うからでしょう。どの国民も異文化受容をし合うのではありません。つまり近代化しようと思うのです。紀元はじめから十世紀までのあいだ、アジア全域を通じて、きわめて多くの小王国が固有の異教から、当時の「近代的な」大宗教、たとえばマニ教、仏教、ユダヤ教、キリスト教ネストリウス派、あるいは（ロシアの場合のように）ギリシア正教へ改宗しました。これは賢明な絶対君主がその国を近代化して、未開国だと見なされないために率先して改宗したからです。その君主は新しい幾つかの宗教の宣教師を招いて、その中から選択し、その家来たちは一体になってあとにつづきました。

模範的文化の越境的浸透性には驚かされます。古代インドの叙事詩は、今日、バリ島の踊り子たちに演じられ、またアレクサンドロス大王の名声はチベットまでとどいています。ギリシア神話も、チャーロット〔チャップリン〕やミッキーや西部〔劇〕がヨーロッパ人に親しまれているように、エトルリア人やローマ人に親しまれていました。

本来、わたしの夢は、われわれの文化がアメリカの力のおかげで維持されることです。というのもヨーロッパは、たとえ統合されても頼りにならないでしょうから。それとも、むしろわたしは千年の単位で、ある文化、たとえば、わが国の文化の保存よりは文明状態の永続を夢想しています（こんな意見がわたしの頭に浮かんだとは驚きですが、事実、そうなのです）。

死ぬという悲しさを慰めてくれるのは、次の世代がわれわれのことを思いだしてくれるというものではありません。われわれの世紀がヘレニズム時代とか、名称も消滅したすべての文明とおなじように記憶から消し去られても、あまり苦にならないでしょうが、ただし、そうなるとダンテ、モーツァルトの協奏曲、ベラスケス、その他のことが悲しくなりますが。慰めとしては、いつも、どこかの隅で、人類が一種の人格分裂を起こして自分のことを考える余裕ができ、また貧困者や盗賊のように、無駄な生き残りに汲々として、その場しのぎの情熱のためにしばしば残忍な偏狭さにすっかりのめりこまないようになることが確信できれば充分だと思われます。自己に対して距離を置いて見るというこの立場こそ、人類の唯一の贅沢であり、またその女乞食的な贅沢です。ですから、もし人類が頭の片隅で自分の上を越えてのりだし、客観的な好意をもって自分を見つめることができたら、そのとき、わたしはその考えに同調し、その考えはわたしになり、わたしはそのようにして、またその中で生きるでしょうが、名もない存在として、また、そうとも知らず、そんなことはどうでもいいのです。

ひとが死んだら、個性化や意識は外見上の存在だったものとしてしか現れません。なぜならこの世には唯一の知性しか存在せず（わたしとしてはそのように信じたい、できれば信じたいものです）、またその知性は過去、現在、そして未来の幾百万人に共通しています（アリストテレスやアヴェロエスはそれを「知的媒介者」と呼びました）。もし、まったく偶然に、わたしがあるとき蘇生したら、だれのもとに降りてゆき、話しあえる同類がいるかも知れません。それ以外のことはすべて……詩人が言うように、「地域から地域へ、世界の崩壊が、休みなく、迷うことなくつづいてゆく」。つまり、それは容赦なく、それは決して乱れず、それは味気なく、帝国の建設やセーヌ県での自動車登録証管理のように無関係のことです。しかもそれが味気ないというのは、死ぬからであるのか、あるいは味気なさという罪のために死を宣告されているかどうか、分かりません。雌牛は雄牛を生み、雄牛は雌牛をつくり、雌牛は……もし人類がそんなことだけに時間を費やすなら、人類は盲目です（なぜなら盲人は視線を自分の身体にうずめていますので、自分が見えない存在ですから）。そしてわたしのほうは、孤独で、完全に死んでいます。

しかしながら、このかすかな希望、この贅沢と休息の片隅、つまり人類が自分を見つめる時間をもち、あえぐのをやめられる片隅、それらは思想が本当にひとつの思想にならないかぎり実際には存在しないでしょう。たとえばその思想が陰険で、その時代を支配する不安や熱狂のイデオロギー的な反復でないか、またわたしが濫用する刺激的な言葉を使うと、それが教化的で説教的でないなら、存在するでしょう。とにかく偏見で、ごまかし（これが大嫌いです）と感じられるか思われるすべての思想に対して感じる根づよい憎しみは、おそらく倦怠、そしてわれわれをそっと教化しようとする繰り言に対する嫌悪感でしょう。

わたしがしつこくくりかえして言った教化的思想とはなんでしょうか。それを申しあげてみましょう。われわれの思想は、その思想自体や生活に捉えられまいとする苦労があるように思われてなりません。その思想は期待していること、あるいはむしろ生きる助けになるものを自分に信じこませようとする誘惑にたえず脅かされているのです。自分にとって都合のよいものを真理と見なします。これとかあれとかの区別もしません。現実、真実そして良さはおなじものです。プラトンが言ったように、よい料理人は実際にそうであるためには料理人たるべき者に一致しなければなりません。それが「真の」料理人です。したがって、良いことは潜在的に現実的なことよりすぐれていて、つまりそうさせるのです。よい料理人でなければ実際に料理人ではありません。

おそらく、どの時代でも、哲学と呼ばれるものの最大多数は、現実には、意識されない教化的意図に動かされていたかも知れません。自分の心の中で、われわれは隣人の発見と道徳的要求を担っているのだと、ある思想家が言うとき、その思想家はわれわれに、（敢えて言えば）明白な事柄を語っているでしょうか。むしろ人類が善良で幸福であるようにわれわれが願っていることを言っているのではないでしょうか。かれはおとぎ噺を語りたいというやさしい熱意に負けているのではないでしょうか。哲学書の読者の大部分は確かにおとぎ噺を好んでいるのです。多くの人々にとって、「真の」哲学は、信じたり、信じさせたり、存在することを正当化し（その存在を是認し）、今日の人間に、その必要なメッセージをもたらすのはよいことだ、と教えているのです。

あなたには分かりすぎるほどでしょうが、わたしは説教を嫌悪していますので、いたるところにヴィクトル・クーザンのような人間が存在するように見えます。ところで、ヴィクトル・クーザンのような人々と接触すれば、忌まわしい悪寒が走ります。つまりそれこそ起きあがろうとし、泥沼から這いあがろうとするが、たちまち泥に沈んで死んでしまうというような思想です。ある哲学の説教的な性格はその哲学の主張（事実、ときには、信じてもよいことがやはり真実だという場合もあります）から生じません。むしろその哲学者自身の動機、あるいはわたしがびくつきながらけんか腰になって決めつける動機からきているのです。その口から信心深い熱のこもったことが話され、生活的で付和雷同的な本能に動かされていると思われたら最後、わたしはパニック状態になり、逆上してしまいます。というのもその者が、下界に落ちてきた悪霊のせいで、世界じゅうの災害の犠牲になると同時に共謀者になるからです。

非個性化にもどって、その理想、たとえばモンテーニュやスタンダールの理想がどれほど学者の学問や研究や客観性の理想と異なっているかを申しあげましょう。自分を非個性化するということは、自分で自分自身を知り、自分の中で、人間的条件の属性としての自尊心や、悪意や、付和雷同性や、生存欲を知ろうと学ぶことです。人間という存在がどのようにつくられているかを知るために自分をためすことです。自分を変えたり、順応させたり、道徳的に向上するというよりはむしろ、自分自身とのあいだに距離を置くためであり、また、大ざっぱに言って、自分を容認するためです。追求されるのは自分に関する真実であり、たとえそのことが歴史とか社会学というような学問を通じてもかまいません。

科学者のほうは、科学者であるかぎり非常に違います。かれはモンテーニュやスタンダールやフーコーではなく、自分の真実を追求するのではなく、なんと言おうと、真理なるものを探求するのでもありません。瞑想者でも傍観者でもありません。つまりかれは未知のものをさぐり、神秘を解き明かそうと努力します。この試みは、自己であることをやめようとする欲望によるのでなく、一種の帝国主義によるのです。なぜなら科学には静寂主義（キエティスム）らしいものはまったくないからです。つまり科学には攻撃計画という偏狭性と洞察力があります。凝視し、「見るために生まれ、見つめなければならない」ような、ゲーテの詩の監視者を真似る必要はありません。この監視者にとってはこの世のすべてが楽しいものです――「太陽、月、森、そして、そこにいるノロ」。

いくらこの追求が客観的なものであろうと、自己中心的であることには変わりがない。ある考えが興味深いと言うとき、われわれはそれを自己流に考える。ちょうどある女性がわれわれの好みのタイプだと言うときのように。それは事柄の性質ではなく、ある女性が栗色の髪をしていたり、ロシア語が分かるというようにです。つまりわれわれと彼女の関係にすぎないのです。

では、彼女のどこに惹かれたのでしょうか。われわれの精神力を彼女に及ぼせることです。代数的なトポロジーのほうが古い幾何学の勉強よりおもしろい、というのもこの幾何学では、コンピューターを使えば定理を増やせ、またその定理が文字どおり新しいものであっても、もはや真に征服したものにはなりませんから。おなじように、たんなる事件叙述よりも概念形成的な歴史のほうが活力的です。とはいえ、政治史はいくら事件叙述的であっても、それが難しい技術だと分かれば、また興味が涌いてきます。

バシュラールの次の言葉を知っていますか――「科学は真理なるものを探求するのではなく、隠れたものを探します」。バシュラールは、科学、たとえば社会学が、偽りの外観を破ったり、イデオロギーの迷いを目覚めさせると言いたいのではなく、むしろ自明のことでなく、謎に興味を抱くと言いたいのです。空が青いと知っているのは科学には属さず、また人間の経験になじんでいることも科学ではありません。要するに、科学は知識全体や経験の豊富さに共通した外延をもっていません。科学には攻撃的な急襲という偏狭さと洞察力と、戦いのきびしさがあります。それが「科学の征服したもの」と言われています。それでも学者はいかめしい格好をし、隠れたものを、損なうことなく征服することを誇り、真理のように無垢だと感じていますが、他方、かれは征服者、あるいは侵入者の魂をもっているのです。つまりかれは瞑想にふけるのではなく、「自然」のヴェール、たとえば偉大な女神イシスのヴェールをはがそうと努めているのです。

そういうわけで科学のすべての領域は、多少とも知的野心にしたがって構成され序列化されます。分子生物学をすることは、生物を調査し、植物や動物の目録をつくることより立派な誇りをもたらしますが、それでも後者はダーウィンの時代までは権威のあるものでした。たとえば国王たちは自分の名声のために博物学者らに命じて遠くまで未知の植物を探しに行かせたものです。

ここで、われわれに重要なのは精神力であって、たとえばわれわれ人類の友たちへの興味ではありません。また過去のある面にいちいち意味や興味を与えるような現況に対する配慮や問題でもありません。科学はユマニスムではなく、知的支配を追求し、歴史は、人間や現況とは無縁のトポロジーあるいは宇宙発生論とおなじく例外ではありません。もしマドレーヌ文化の新しい洞窟壁画が見つかったら、だれもがそのすばらしい発掘の詩的で芸術的な価値、さらにはおそらく真の友愛的感動を受けるでしょう。しかしきびしい科学は感激することにあるのでなく、新しい資料の興味は旧石器時代の洞窟芸術の解釈問題、つまり一般的で、また、いわば哲学的な興味に富んだ問題を発展させることでしょう。

そう、科学は、古代の定義にしたがえば、知識愛ではありません。つまりそれ以下で、それはテレビ・ゲームのために知識を蓄積するのではありません。それは推理小説のように「謎」を解こうと努めるより以上のことをします。つまり科学には世界の唯一の謎を前にして実存的不安のようなものがまったくありません。もっと視野が広く、苦しむというよりはむしろ野心的です。つまり科学は征服したものを知的に構成するのです。興味深いこと、それはすべての属州を組織し、われわれの精神に服従させるようなものです。事物との接触、あるいは昔の生者との出会いという感動（たとえば考古学的な発掘で体験します）は、情けないことに、「存在」の飼い主というよりはむしろ調教師に似た学者の打算的な自己中心主義とは永久に無縁です。かれにとって、興味あるのは複雑なものです。草稿の練られた明瞭さは、むしろ美学に属し、たとえばトゥキュディデスの繊細な手法はすべてその点にあります。

そのような評価を科学以外の分野に広げられるでしょうか。

——美の分野と美的快楽の分野で、少し似ている征服者的野心が認められます。美はさまざまに定義されていますが、われわれに美と思われるのは、頂点というよりはむしろ芸術家たちのあいだの競走の結果としてゴール地点にいることだと仮定してもよいでしょう。美は絶対ではなく、新記録です。わずかの競走者だけがおこなえたものが美しいのです。

しかじかの絵画様式が、「だれにでもおなじようなものがつくれる」という理由で偉大な芸術になれないという単純な考え方には真実味があります。独特で、天賦の才で、絶対的偉大さとしての芸術的天才の定義はすべて、最初にゴールできたわずかの選手だけであり、他の大勢の競走集団はあとにしたがうしかないという相対的事実を認めるしかありません。

地方の美術館や画廊を訪ねると、よく分かります。機嫌がよければ、どの絵もそれなりのでき栄えであり、二流の画家はいないでしょう。しかし地方のスポーツ競技で味わう楽しさは、新記録保持者的作品だらけの大美術館にはいると、たちまち消滅します。おなじように、個展開催初日の特別招待会へ行ってごらんなさい。比較できるものがなくて、その画家に好意を寄せないことはまれであり、いちばんすぐれた作品について観客のあいだで一致した意見にすぐ同調してしまうでしょう。困ったことに、絵を買おうと決める前に、おなじ若い画家の絵のうちから相対的に選択することから、いわゆる絶対的な尺度でその画家の評価へ移るのがむつかしい。つまりこれは立派な画家かどうか、です。しかしその絶対的な尺度は画家どうしのあいだでゴール‐インした順番でしかありません。よく言われるように、芸術は難しく、あるいはむしろ、難しいからこそ偉大な芸術として扱われます。ある画家が偉いと判断されるのは、競争相手たちより立派に見えたからです。芸術家はつつましく「美」に奉仕する者ではなく、ほかの者よりうまくつくれるひとです。

音楽史において美の相対的なレベルがいちじるしく突出した場合を見てください、世界記録が二度破られていて、つまり厳密なポリフォニーの、書かれた芸術音楽の誕生、それから三、四世紀後に、それまで想像もできなかった偉業、つまりバッハとモーツァルトとベートーヴェンです。

「いつも、すでに」もなく、「最好調」もありません。なぜなら要するに、芸術史はふたつの評価タイプのあいだでゆらぐことがあるからです。ひとつのタイプは、今日、われわれにはもっともなじみ深いものであり、それは各芸術家の独創性や様式の相違、そしてすべての流派とすべての文化を完全に同等に扱って、考慮するということです。しかしもうひとつの考えられる評価は、アカデミズムにまとわされることなく、非時間的な基準を参照しながら、それでもやはり不平等になるかも知れません。つまりその評価は世界記録という相対的な観念、それでも共通の尺度にもとづくでしょう。美、あるいはむしろその美が位置づけられていると考えられるレベルは、一種の自然淘汰、作品間の生存競争から生じるのです。

事実、そのことはちょっとしたスキャンダルの秘密、芸術における時代と現代性の役割を明かしてくれるかも知れません。美はひとつの絶対的なものだと見なされていますが、もっとも独創的な、あるいはさらにもっとも非時間的な理想に尽くしている芸術家でも、やはり現代性にとりつかれているのです。つまりかれは自分の生まれた時代の芸術を考慮します。たとえ昔の巨匠を引き合いにしながら、その時代から離れようとしてもです。この指摘は鋭いチャールズ・ローゼンからきています。それはハイデッガーの言う史実性の活発な回復の方向へ進むと思われるのではなく、むしろおなじ世代の競争者のあいだのチャンピオン的敵対関係を喚起させます。

このような時代の役割はいたるところで認められます。普通、青春時代はその時期の思想家たちに熱を上げます。歴史家たちは「科学の最近の状況」を代表していると思われるような、もっとも新しい出版物を引用するとき、かれらはいっそう科学的に行動しようと考えます。そこでわれわれには、異文化受容が現代化として実行されていることが分かりました。

権力への意志が学者や芸術家にもあるとお考えになるのでしょうか。

――そうでもあり、そうでもありません。「権力への意志」という言葉はあまりにも漠然としていますので、発音できないほどです。それに形而上学的な意味（あるいはむしろ物理学の哲学という意味）を与えることは、ニーチェがその当時の物理学書を読んでいましたから、ニーチェの著書には適合しても、そのような言葉は夢想へ通じるだけです。それに心理的な意味を与えて、人間が、「善」や幸福よりはむしろ権力を求めるというのは、常にある点ではあまりにも真実でしょうが、やはり間違いになるでしょう。なぜなら人間は平穏その他のものを求めることもあるからです。しかし、そのような致命的な言葉を言わないで、黙ったまま、その言葉を考えてみるのもいいでしょう。なぜならその言葉には発見的な効果があるかも知れませんから……アメリカの空を飛行機で飛んでいるときのように。おそらく哲学は発見的手法でしかなく、つまり詳細観念を示唆してくれるだけでしょう。

2　信じることと信じなくなること

共産党についてさまざまな見解があるでしょう。そのひとつはひじょうに普及していて、もう二度とその話を聞きたくないと思う人々の痛烈な皮肉をこめて「党」年代のことを語るようですが。

——われわれはそんなことをしないでしょう。

そのかわり、あなたは、どうして信じられたか、どうして信じるのをやめたか、また知らず知らず信じていたかどうかをお知りになりたいでしょう。これはすでにお話ししたように、あなたのご研究のほかのところで必ず触れていらっしゃる問題です。では、なぜ一九五一年に共産党にはいられたのですか。

——一九五一年から一九五六年まで、共産党とウルム街（エコール・ノルマル・シュペリユール）のあいだで、まず、小さいグループを思いだせば、そのすべてのメンバー、つまり「サン‐ジェルマン‐デ‐プレのマルクス主義者」または「軽薄グループ」と呼ばれていて、フーコーやウルム街について書かれた多くの本の中ですでに触れられていたのですが、かれらは党を脱退しました。われわれは五、六人で、ごくまじめな気持で党にはいりましたが、信念に欠けていて、そのことがほかの人々に悟られました。

というのもどんなグループでも、いちじるしい個人的動機の相違が統一によってカバーされていることが思いだされます。ですからしばしば、危機に際して党が決裂します。つまり党はしばらくのあいだは、異なる動機と理由で組織された戦列です。われわれの細胞には十人ばかりの完全な闘士や、二、三人の理論家、わずかの単純な理想家、一、二人の情熱的な野心家、人生の門出で性格上の危機を味わっている二、三の苦悩者、それにそれぞれひそかに不安な五、六人の未来の学者たちがいたのですが、この人々はまじめな闘士たちからまちまちに信頼されていました。ある人々にとっては、共産党への加入は野心の誤算でした。だからかれらは方向転換しました。

この小さいグループで、確かに、フランスの知的な歴史の面をさぐろうとしたのはまちがいだったようです。わたしはそこに二十世紀半ばまでつづいている青春の歴史を見たいと思います。つまり十六歳でスタンダールが軽騎兵にされた時代がもどってきて、われわれは共産党において、一種の世俗的な神学校、つまりセクト現象に好都合な精神的駆け込み場所で暮らしている少し素朴な大きい若者らでした（ある人々は、アルチュセール主義のように、目につかないが強力な修道院的な禁域でしか理解されません）。それは二十歳だというわれわれの年代のシュールレアリスト・グループだったということを理解させてくれます。なぜならシュールレアリストたちにおいて、リーダー格だったのは、アラゴン、エリュアール、ブルトンでしかなく、かれらは三十五歳でしたから。

わたしのほうは、ウルム街にいたころ、その大学で何をしてもすべてが仮のもので、大人になるための問題を整理する暇があるように、はっきり感じていました。わたしにとって、本当の人生はこの神学校を出てからはじまるでしょう。当座は、子供っぽいことをしていて、それもほとんど意識的でした。ですからゲ＝リュサック通りに面したウルム街を出て、ゴブラン通りのほうへくだってゆくとき、わたしはそのくだり道が、まるで未来の象徴かのように、夢の中にあったこと、つまりさんざん楽しんだ（まるで〔アラン＝フルニエの〕『モーヌの大将』の小学校のころを話すようです）エコール・ノルマル・シュペリユールから出てしまえば、人生はきびしくなり、もっとも散文的な地区へくだってゆくこの通りのように低くなってゆくだろうと、悲しくもあり厭になりながらも確信するようになりました。人生はゴブラン広場になるでしょう。

わたしだけが例外ではありません。あるとき違った形で、エコール・ノルマル・シュペリユールとそこで起こっていることすべてが、ほかの人々には、まったくふざけた別世界の非現実だということを目撃したのです。そのころ、ウルム街では、まだ木造の仕切りだけで隔てられた小部屋からなる大寝室で生活していました。ある日の午後、その時刻には寝室に明らかにだれもいないと思い、疲れていたのでベッドで休もうとしたとき、突然、細胞の仲間のひとりがはいってきました。かれのあとにつづいて、エコール・ノルマルの学生でない、見知らぬ仲間がついてきて、明らかにその寝室がふたりだけで落ちつける孤独な場所だと思って引きあげてきたのです。わたしはかれらの大きい声で目が覚めましたが、かれらの話を聞いて少し驚き、がっかりしました。事実、わたしの友人は立派なブルジョア層の出身でしたが、すっかり声の調子を変えていました。相棒のように、かれはエリート気どりで誇示的な口をきき、声の効果を生かしてサロンで話すような声でしゃべり、エコール・ノルマル・シュペリユールの学友たちや共産党仲間とは離れ、外では現実的に自分の階級にふさわしい態度にもどっていました。ところで、そんな考えを夢にも疑わなかったわが細胞の仲間が、おなじ世界の友人に説明し、自分が共産党に参加したのは革命が避けられず、また指導力に恵まれ、祖先伝来の習慣や権力の形成が共産党の手にわたらなかったら、プロレタリアや民衆は無知とまずい政策におちこんで、霧散してしまうだろうと言っていました。権力の専門家たちの義務は公共福祉のために共産党に参加すべきだというのです。わたしは唖然としたままで、自分の感じに苦しんでいました。つまりそのような社会的野心、階級の行動方針、そのような動機は、ゲーリュサック通りのように大人びた効果や現実的効果を生んでいました。

これは青春の歴史ですが、同時に育成と教育の歴史でもあります。なぜなら政治的現実の認識へ直接踏みこんでゆけないからです。政治は満たされるべき一種の要請ではありません。つまり保守的に考えるか、それとも反対に、どうしても反抗するかです。学ばねばならないのは、むしろ今日の歴史です。人々は、旧体制がいかに機能していたかを知らないように、政治が深いところでどのように機能しているかを知りません。ですから、バンジャマン・コンスタンの言葉を借りると、われわれは最初の青春時代にいたから、これほどいかさまで、これほど悲劇的、あるいはこんなに不正な社会を目の当たりにして驚きのようなものを感じ、また、この反抗的な状態には、社会がよく分からないかぎり、悪意というよりはむしろ自然な心が表われているのだと言えるでしょう。

われわれは多くの現実について幼稚な無知で共産党にはいりました。その現実が分かり、その教条の論法や異論から抜けだすまでに三、四年かかりました。そこにどんな醜悪なことが起こっていたのか、またいつも保守的な考え方をしていたか、それともつねにあまりよく考えなかったり、あるいは決して考えてみようともしなかった者らが、われわれとともに大局的に判断できるかどうかは分かりません。それから二十年経ったいまでも、アロン主義の前提となるものや暗黙の選択において、もう少しはっきり見定めることができるにはかなり長い時間がかかるでしょう。何事にも時間が必要です。ルナンは『回想録』で、若い神学校生だったかれが、すべての問いに答えているカトリック護教学に反論することができるようになり、信じることをやめるまでに幾年も要したと語っています。一九五三年のある夜、このわたしはすでに述べた「軽薄グループ」のふたりの仲間、ジュネットとモリノに疑問をうち明けていました。つまりかれらにこう言ったのです、つまり一方で、わたしはマルクス主義とその理想を信じているが、他方では、

〔ソ連に〕強制収容所が存在するというのは反共産主義者的な中傷になるのではないかと思っていました。この意識問題をはっきりさせるのに二、三年かかりました。

共産主義者であることはたんなる意見ではなく、平凡でない、きわめてきびしい生活へ突入することになりました——まずそれが共産党への魅力になったり、あるいは反対に、逃げだすことになりました。自分の運をためすには、少しはロマンチックなところが必要でしたし、またスタンダールが言ったように、想像力のある人間にならねばなりませんでした。どの時代でも、血の気のある若者たち、熱中者(*Schwärmer*)たちは何かに改宗しています。たとえば二世紀前のドイツではロマン主義派のとき、また聖アウグスティヌスの時代にはマニ教のときに。

ところで、わたしは二十歳でした。そう、これは陳腐な生活ではありませんよ……ちょうど人生の入口にいて、またわたしは性格的に不完全だという気がしていました。四半世紀前に、二十歳でシュールレアリスムのグループに参加した人々がうらやましかった。なぜなら友人モーリス・パンゲからシュールレアリスムについて教えてもらっていたからです。でも、わたしなら無理してその仲間にははいらなかっただろうとよく分かっていました。そこで、共産党でもいいや、と思ったのです。というのもそうすれば、未来の教授職や、なんの変哲もない図書館の虫の平凡さよりはましな境遇になり、鍛えられ、向上するかも知れないからです——それが自分を自由人だと自負するのに必要なことでしょう。

でも正確には、どのようにして共産党へ参加することになったのですか。

——スターリンのことはまったくなんとも思っていませんでした。ただ言えることは、あまりすばらしい人物ではなかったということです。また党の指導者らを愛するなどとは、とんでもないことでした。財の配分という社会主義的な体制が資本主義的体制よりすぐれているという考え方にも、あまり共鳴を覚えなかったし、すべての工場を国有化するという計画にも興奮させられるものがなかったのです。もっとおおまかに言って、社会主義は、わたしがまったく知らない退屈な経済技術的問題のように思われました。「歌うあす」とか「輝かしい未来」というような言葉には気分が悪くなりはじめました。またわたしが過激な手段という見通しを前にしてしりごみしなかったとしても、革命が歴史、あるいはむしろ先史時代の終結、人民の幸福をもたらすとか、地上の楽園が来るなどとは思っていませんでした。結局、ソ連のうちに、いささかも終末論的希望も抱かず、ソ連が楽園だともまったく信じませんでした。それどころか、この国が平凡、かつ陰鬱であり、それが現実で日常になっていると思っていました。

未来の平凡さを確信していたわたしは、たとえ革命主義者であっても、わたしが考えていたフランス共産党には、空想的な部分が自然に消滅し、また共産主義が古来の偏見と害毒、たとえば国民間の戦争、所得の不平等、また旧来の陋習、つまり人種差別、ユダヤ人排斥、植民地、さらに（シモーヌ・ド・ボーヴォワールがすでに『第二の性』を書き、男女同権がいまや自明の理になっていました）婦人の劣等性というような耐えがたいことなどに対する荒療法になるだろうと推測していました。というのもわたしが入党し、またいっしょに参加した者たちは、フランス共産党のよく知られた指導にしたがって、啓蒙主義時代の古い理想に依存した理由からでした。つまり八十年前には社会主義者であったように共産主義者になり、スタンダールの時代には自由主義者であったのが、一世紀前には共和主義者になっていました。「ブルジョア新聞」がスターリン的世界にはユダヤ人排斥が潜んでいると書いているのを知って、わたしはとびあがって驚いたことがあります。また、われわれにはあまりそのつもりがなくても、世界にかなりの反ユダヤ主義者がいると言ったことが思いだされます。もし本当にソ連に反ユダヤ主義があるなら、あるいはもし国民的闘争によって社会主義的革命を果たした諸国民のあいだにユダヤ人排斥が起こりはじめているなら、そのときは何もかも崩壊したでしょう。以上がわたしの考えであり、つまり共産党がわたしの心を沸かせた善意を表わしているのだと思っていたのですが、それは原始心性に終止符を打つことになるでしょう。

ときおり、『フィガロ』紙は一九五〇年ころのエコール・ノルマル・シュペリユールを引き合いにだしながら、将来のフランスのエリートのうちから『ユマニテ』紙の購読者になる者が出てくるだろうといって憤慨しています。『ル・ヌーヴェル・オプセルヴァトゥール』紙はエコール・ノルマルの学生がそれほど下層民的な知性におちこんでいるのかと皮肉っています。至福千年説的な希望の魅力にとりつかれた若者たちの共産主義的信念を歴史の終末という魅惑的なユートピアのせいにするのは易しいことです。一般的傾向から離れるとすれば、次のことが確認されます。つまり一九五二年からは、われわれの細胞がいくら努力しても、もはや新しい参加者を増やすことはできなかった。たいていの党員仲間は若くても一九三一年生まれであり、「フランス解放」のときは思春期でした。一九三〇年生まれのわたしは「決意をする」最後の者、あるいは最後の前の者でした。ところで、われわれはあとから入学してきた者らとのあいだに違いがあることを感じていました。そのことについて、ときどき話しあったものです。たとえば若い同窓生は子供のような無邪気さで戦争を通りぬけていました。かれらにとっては、ヴィシーとか、ドイツへの協力とか、反動とか、ファシズムとか、大虐殺とか、原爆とかいうものは憎むべきであっても、体験したというよりは歴史的な事柄でした。かれらはわれわれほど、近い過去にとらわれていなかったのです。「フランス解放」の直後に起こった共産党ブームは、至福千年説的な希望以上に、流血の恥ずべき過去に対する憎悪で説明がつくように思われます。「善良な人々の陣営へ夢中で逃げこむ」という言葉に気がついたとき、わたしは決意しました。共産党は逃避場でした。共産党員はけなげにも戦争とファシズムの復帰に反対して戦いました。そう、共産党は革命主義者であり、ソ連は怪しいが、とにかく難局には思いきった措置が必要です。

そのためにわれわれは、申しあげたとおり無秩序な状態にも脅威を感じていましたから、過激な手段に訴えることを受けいれました。この乱暴さは共産主義とファシズムとの共通点でした。つまり各種の全体主義は民主的でないという点で共通しています。プラトンもおなじく、さまざまな野蛮国にはギリシアでないという共通点があると言いました。この明確さ以上に、レーニンとヒトラーがおなじように憎むべき存在であっても、両者はまったく異なっていたと認めなければなりません。

ここで、わたしが自分の意図の純粋さで昔の悪い癖を釈明し、また共産主義がはじめによいことをしようとし、少しも悪いところがなかったとほのめかしたいだけだ、と考えていただけるでしょう。しかも、一九九五年では、こんな問題で弁明をする者がいるでしょうか。わたしは、ただ、黒死病の黴菌が、エイズの、おなじく恐ろしいウイルスではなかったと言うだけです。社会主義は人民を掌握して、人民の生活を合理化するという口実で、その生活を組織し、そのために市民社会、市場、企業を解体し、そのかわりに唯一の党派になろうとしました。ファシズムのほうは、市民社会と社会階級を管理するというよりはむしろそれらを唯一の党派のもとで国家に従属させ、国民集団を、組織化というよりは訓練された市民軍にして強化しようとしました。ファシズムは、社会というよりはむしろ国家、他の競争国の中で一国家をめざします（それにすぐ軍事計略がつづくでしょう）。

これら両罪悪のいずれも、新しさと主張を輝かせました。それがかれらの言う至福千年説（「先史時代の終結」、「千年国家」、「第二ローマ帝国」）であり、それは必然性から生じ、現実から暗示された解決でもなく、大計略、十字軍、根拠のない空想であり、したがって言い方次第では、それらを精神的、心理的産物と呼んでもいいでしょう。

しかしながら、そのいずれかの計画に熱狂する個人の心理的動機はまったく違います。各個人はそれらの体制や主張のうちに、自分に都合のよいものを汲みあげたのです。なぜなら「共産主義の神髄」または「ファシズムの神髄」はありませんし、ただ政治的体制、宣伝文句、そしてきわめて多様な個人的動機があっただけです。至福千年説、あるいは政治経験の欠如、そして過剰な想像力があったことは確かです（一九六八年の毛沢東主義者らにも見られます）。もっとよくある動機（左翼の理想、野心、権勢欲、軍靴の響きの魅力、愛国主義、「デカダンス」と「凡庸さ」への嫌悪）は、いずれの体制へも向かうことができました。ご質問があったからお答えしますが、わたしは共産主義のうちに人間について視野を広げ、もっと合理性を導入できると信じ、また見つけようと思いました。ファシズムについては、主意主義的付和雷同性と集団のための権力追求を見るだけで、わたしは逃げだしたでしょう。

しかも、至福千年説であろうとなかろうと、やはり避けられない問題があり、つまりわれわれは本当にフランスで共産主義が勝利できると思っていたのでしょうか。われわれが入党を決意したときに、そんな希望があったでしょうか。地上の「楽園」は敬虔なフィクションではなかったでしょうか。メシア以上のものをそれに期待していたでしょうか。それとも言葉の上だけだったのでしょうか。世界的な、原子爆弾の戦争につづいて、フランスでは共産主義の勝利以外には予想できなかったのです。わたしとしては、期待される共産主義的社会革命（「大いなる夕べ」）を信じていなかったし、自分の確信不足を反省したくもなかったのです。ほかの若い野心家たちは共産主義国家フランスの大臣になれると心から信じた素朴な者であったり、すでに党の幹部になっていて、いよいよ権力の座につけると思っていました（しかもかれらは根っからの右翼的男女で、強硬な権勢をふるっていました）。共産党への参加の魅力は、「楽園」の到来という至福千年説的希望どころでなく、参加することによってすでに現世で得られる満足感、たとえば命令したり、組織したり、闘争したり、大義をふりかざしたり、共産党という対抗社会において役につくことだったのです。野心的なずるい連中は一九五六年に脱党しましたが、じつはその時期には共産主義がフランスでは危機に瀕していて、この対抗社会の総力も日にあたった雪のように解けはじめ、またかれらの権勢欲を発揮させる場もなくなることが明らかになってきたからです。

「大いなる夕べ」というメシア的テーマは、希望というよりはむしろ正当化のイデオロギーでした。それは共産党を、さきほど述べたような対抗社会にし、現世からすでに「楽園」を準備するという口実で、共産主義を脇へ置いていました。またそのテーマは、民主主義的ゲームのルールにしたがおうとしないで、そのルールを利用するのに役立ちました。つまりブルジョア的な政治的自由を利用できる点では利用しますが、共産党の政策に役立たないときは尊重せず、しかもそのようなことを平気でやっていたのです。というのもブルジョア的自由は不完全であり、まったく形式的だったからです。つまりそんな自由は「楽園」でしか充分に実現しなかったでしょう。

万一、フランスで共産党が権力を掌握していたら（われわれのだれかが本気でそんなことを信じられたかどうかは疑わしいですが）、あれほど違った動機から参加した党員のあいだで、すぐ決裂が生じたでしょう。ですから、一九五六年のハンガリー事件のとき、ハンガリー共産党は二派に分裂しました。われわれのうちでは、もっと早く排斥される者が出たでしょう。それは根拠のない予想ではありません。なぜなら一九五四年から、われわれの細胞には堕落した仲間がいると疑われていたからです。支部の監視下に置かれ、モスクワから呼ばれた監視人がわれわれの集会に出席し、またわれわれの周囲でも除名者が出はじめました。上層幹部の指図で、モスクワ裁判や早期のプラハ裁判に類した審問会が思いだされます。「あのちびっ子は何者ですか」と、わたしは愛すべき指導者を指さしながらアルチュセールに尋ねたら、かれは黙ったままで、キリスト教聖職者のようにおとなしくしていました。

で、いま、あなたは共産党の話をするのにキリスト教を引き合いに出されたと思うのですが！　いまの最後の言葉には、両者のあいだに現実に類似した内容があるのでしょうか。それともたんなる話し方なのでしょうか。

――キリスト教会、そのとおりです。つまり共産主義は教義であるとともに全能な党派であり、おなじようにキリスト教はそれ自体としてユニークであるとともに、宗教であり、「教会」であり、人間の精神を支配するものです。すべての悪はそこからきました。だからマルクスにはなんの罪もありません。それはこの予言者のメッセージが現在もそのままだとか、真理であるとか、意味深いという意味ではありません（しかしそれほど予言者は期待されていません）。つまりレーニンにいたるまで、マルクス主義は社会の変動のために立派な寄与をし、ほとんど悪をはたらいていないということを確認するためにすぎません。かれはもう亡くなっていますから、ユートピアや至福千年説（でもどんな未来計画にも空想的な面があるものです）に文句をつけてレーニンを非難するのは、将来の世代に向かってこう言うことになります――「決して危ないことをするな、実験するな、波風を立てるな、どんな希望もそのままにしておけ」。

一九一七年から一九八九年にいたるまでの共産党の悲劇は、ユートピアに対する罰ではなく、教義の隠れた悪徳をあばくものでもなく、目的に対する手段の報復でもなく、ロシアの経済的、または政治的な遅延の結果でもありません。つまりそれは全能な機関としての共産党のレーニン的構成によるものです。一九二一年以来、つまりトゥール会議以来、レオン・ブルムがそのことを言っていたし、またかれは洞察力に富んだすばらしい演説で予言しました。マルクス主義の善意がゆがめられたと嘆くのは、あれほど立派だったイエズス（イエス）のメッセージの最初の純粋さが後世において改悪されたと言って残念がるのと同様にまちがっています。それは福音書のなかにメッセージしか見ないで、キリスト教会という、征服と精神支配の機関を知らないことになるでしょう。信じたくなることが多いとしても、福音書的メッセージのこんな腐敗が聖パウロかも知れない犯人のせいにするのは歴史的に見て疑わしい。つまり聖ペテロだっておなじであり、あの石の上にキリスト教会を建て、使徒たちに向かって、「わたしがおまえたちを愛したように、おたがいに愛しあえ」と言った「ひと」もおなじです（なぜならマックス・ウェーバーが正しいことを言っているからであり、つまりその命令は使徒たちだけに向かって言われたのです）。よろしい、レーニンのように言いましょう——「党の統一を決して破るな、そして党を愛しなさい」。イエズスは七十人の宣教師を派遣して、甘い言葉を普及させ、カペナウムを呪い天の火に捧げました。自分の奇跡がその地で効果がなかったからです。まもなく決まり文句が現れる、つまり聖ヨハネの第一書簡は「親しい子供たち」に、偽予言者や異端者に対して用心することを教え、また愛と慈善などに没頭すべきだと、くどく言い聞かせる。つまりおとなしくしていて、キリスト教団、そしてやがてキリスト義勇軍と呼ばれるものから離れてはいけないという意味です。キリスト教の起源に関する研究は宗教史とともに組織社会学にも依存しています。

二十年前、紀元はじめの四世紀間の多くのキリスト教会教父が書いたものを通覧したことがあります。それらの辛辣な書き物ほど福音書的精神と呼べるものに無関心なものはありません。ですから労働運動の精神をさぐるには『共産主義手帖』*Cahiers du communisme* を調べるほうがましです。ところで、この教父らの書き物では、異教の神々が非難されていないときは、もっぱら離教者や異端者を相手に論争しています。また異端者はキリスト教会の内部でもしきりに生じていました。その論理も新宗教的で、階級的、そして独裁的な組織にふさわしいものでした。レーニン主義も新しい例になるでしょう。

われわれの時代では、どんな教義でも、生活規定として、すべての人々にそれを課そうと努め、その教義が唯一の真理になろうとするためにそうでないものを容認しません。またそれが一般に認容されがちです。しかしこれは歴史的には不正確で、つまり宗教的不寛容、しつこい宗教勧誘、精神支配などはユダヤ－キリスト教がつくったものです。異教徒にあっては、どの国民の神々も真実でした。言語によっては違った名であっても、おなじ神々でしたし、でなければ神々の名がまだその異教徒までとどいていなかったのです。異教徒は外国へ旅をするとき、その国の神々の名を尋ね、お参りしました。ユピテルやミトラを祭ったさまざまな神殿は、たがいになんの関係もない店舗のようでした。ミトラ教会堂もなく、教皇もいませんでした。

哲学の学派について言えば、信仰が不寛容でなかったように、しつこい勧誘もありませんでした。ストア学派は〔ストア哲学に傾倒した古代ローマ皇帝〕マルクス・アウレリウスの時代でも、絶対に公認イデオロギーにはなりませんでした。ストア派の学者らはその教義の真理を確信していて、その教義が人間の幸福を招くとも信じていましたが、それでも決してその教義を人々に強要しませんでした。つまりかれらは、ただ「客が来るのを待つ」だけでした。もし、いつか、世界じゅうがストア派になるだろうとかれらに信じさせたら、かれらはびっくりしたでしょう。かれらはよく考えて、それも道理だと思ったかも知れませんが、それでもかれらは決してそんなことを考えなかったでしょう。

そう、その点を強調したいと思います。宣教的で支配的な軍団としてのキリスト教会が設立されてから、ある組織形態が生まれましたが、それはまったく前代未聞のものでした。その起源をさぐる必要があるでしょうが、それは唯一にして嫉妬深い神というあまりにも特殊な観念であり、エルサレム神殿という排他的な唯一性です。

二十世紀経っても、カトリック教はその権威主義的特性をいささかも失っていません。二年前、たまたま親しい友人に誘われて、慣れない場所で一日を過ごしたことがあります。それはカトリック教の篤信者、霊的指導者、カリスマ的指導者たちからなる協会の式典でした。伝統完全保存主義者やセクト主義者はひとりもいませんでした。つまりかれらはあまりにも正当派でしたので、その地区の司祭や司教もが、このカリスマ的集団の「女子大修道院長」といっしょに列席していました。わたしが女子大修道院長と呼んだのは若くて美しい女性であり、焼きのはいった鋭い刃のようでした（とてもよく似合った彼女のドレスという鞘から抜かれた彼女を想像せずにはいられませんでした）。彼女を会長に選んだ集団は彼女の格別の容姿に魅せられていると思われました。

この集団はとくに若い人々で構成されていました。この若さに熱意が込められ、はげまされていたのです。ひとの年代にはそれぞれの機能があり、古来からの英知がそのことをわきまえていました。その集団のまわりに多くの白髪まじりの信者らがいて、このひとたちがこの状況で、またこのような異例の時刻にやって来たのは、若々しい熱意に接してあたたまり、この光景から未来が存続することを納得したかったのでしょう。

ミサのあいだ、一般信者は椅子に坐っていましたが、その集団の男たちは通路でひれ伏し、女たちは厚いペチコートに包まれて、頭を両手で抱えたままうずくまっていました。しかも、わたしが到着したとき、一瞬、当惑したことがありました。つまりその男たちがみな、伝統的イスラム教徒のようにあごひげをつけていたのです。ですからわたしは一瞬、この教区に、ひょっとしてキリスト教に改宗した元イスラム教徒が住んでいるのではないかと思いました。しかしやがてもっとましな解釈が思い浮かびました。つまりこの熱心なキリスト教徒たちはイスラム教徒を手本にして、完全に宗教的な共同体をあこがれていたのでしょう。

その日、一日は、わたしには長く感じられましたが、それでもあのかわいい「女子大修道院長」にウインクして口説いたりしながら楽しくすごしました。彼女は落ちつき、逆らう様子で、目を伏せることもなく、左の頰の隅で歯を食いしばりながら、見事に堪えました。ハリウッドの女優にも負けないほどでした。いや、その院長さんは現代性に遅れを見せまいとするようなひとではなく、堂々と挑戦していました。食事のあとはそれなりの休憩でした。校庭の生徒たちのように、普通の篤信者や一般の信者らは小さなグループに分かれ、楽しそうに話しあっていました。しかし、片隅で、司教と司祭と「女子大修道院長」とが低い声で、おごそかに話しあっているところを見ました。かれらは物事の秘密をわきまえ、羊飼いのように羊の群れに混じらないような責任者らしく見えました。確かに、カトリック教の精髄は無傷のままです。

階級的で支配者的なキリスト教会という「モデル」は、われわれにとっていまでも明白ですから、キリスト教史家の視線はそれを見ないで通りすぎ、またレーニンなら、知らないで、そのモデルを見習っていたり、あるいはむしろ時代の風潮のなかでそのモデルを受けいれていると知ったら、さぞ驚いたことでしょう。それでもきわめて特殊なことですが、ある信念（それが宗教的でも、政治的でも、哲学的でもいいのですが）は、中央集権化され、階級づけられた機構をそなえ、その機構のおかげで、人類全体を征服し、支配するという計画を確立します。自分のためであるのは申すまでもないでしょう。そこから極左から右翼への転向が多く起こり、かれらは権威主義的な性格か、それともたんにまじめで、責任感のある人々ですが、まだ教養が足りない若さのために、ただ道をまちがえたという過ちを犯したにすぎません。フロベールは立派な予言者でしたから、『感情教育』の中の熱狂者セネカルという人物の中に、わたしも含めて、そのような転向者らを描いています。

皮肉で言っているのではありません。つまりキリスト教会と共産党は人々の心や社会を征服しようとし、すべての人々、つまり個人ひとりひとりの救済や福祉を確保しようとしました。この計画の後半は前半と同様に珍しく、また独得です。

なぜなら、結局、古代ローマ人は占領地の住民の幸福のために征服したのではなく、ローマの栄光あるいは略奪の儲けのためです。プラトンや哲学者らのほうは、都市が立派に秩序づけられ、整然としたユートピアになるような構成を提言しました。群れている羊の一頭のことなど、かれらの念頭になかったし、各人の幸福にも気を使いませんでした。それに反してキリスト教徒や共産主義者は具体的な人間の幸福を望んだのですが、公正で、整然とした都市が、世界に美しい精神的建造物を建てて喜ぶような幸福ではなく、そこに住む人間のことはどうでもよかったのです。マルクスのほうは、社会構成や社会契約ではなく、経済と社会階級を気にします。ところで、本来、経済的利害や社会的不平等は人間のうちのもっとも個人的なものにかかわっているのです、つまり胃袋と言わぬまでも身体に、です。

当然のように、いつもプラトンやトマス・モア、その他のユートピア作家らは非難されています。それはかれらが、よくできた設計図と、すき間のないスケジュールを、横暴にも知ったかぶりしながら、地理的都市を製図し、そこに、修道院的な体制に置かれた住民という、かれらには不明確な群衆を隷属させているからです。賛成ですが、でもユートピアといってもさまざまです。マルクスをプラトンやトマス・モアという前例でもって打倒しようとするのは、善良な感情と正しい戦いから発していますが、それでもやはりまちがっています。マルクス主義的あるいはレーニン主義的なユートピアは、いくらひどいものであっても、オーウェル流のユートピアの反対です。マルクスの作品やレーニンの『国家と革命』は絶対自由主義的作品であり、そのままです。くりかえし申しあげますが、黴菌にもいろいろなもの、ウイルスにもさまざまなものがあります。マルクス主義は、まさしく政体を対象としているのではなく、またその横暴さは世俗的なキリスト教会からきていて、それは別のウイルスです。

そのかわり、もしマルクス主義に、キリスト教とおなじく、あれほど強力な魅力を与えていた理由を知ろうとすれば、耳にタコができるほど聞かされてきた至福千年説ではなく、あの個性化する熱意を考えてみるべきです。イエズスとマルクスは庶民の幸福を望んだのです。たとえば両者の成功はそれほど不可解でしょうか。(「それほど正当化されていないだろうか」とは言いません)。自由主義はそれほど魅力に満ちているとでも思いこんでいるのでしょうか。至福千年説のことしか口にしない歴史家らは、労働運動や悲惨ゆえの暴動が存在したこと、また「飢え死にした者らすべての革命」を歌っているシャンソンを忘れたのでしょうか。

そこに、ふたつの個性化的権威主義があります。多くの宗教の中の権威主義の独創性は、もうひとつの、すべての政治学説の中の独創性にしか匹敵しません。後者は一九一七年に、ロシアで、すでに大きく予想を超えて発展していた大いなる文明とすばらしい文化を絞め殺してから幾十年間の血なまぐさい痴呆状態に帰しました。マルクスのほうは、思想の「歴史博物館」へ去ってゆきました。

以上のことについて、いままで話し、細かいことまで述べ、相違点をはっきりさせようと試みてきました、それがわたし自身のためでないことをご理解いただけたと思います。つまりわたしはパングロス先生

〔ヴォルテール『カンディッド』の家庭教師〕のように「結果の理由」を追求していました。

それでは、当時のマルクス主義をどう考えておられましたか。

——自分の哲学的浅薄さ、そして歴史学の経験不足のころに、マルクス主義をどう考えていたかということですか。わたしはあの弁証法的論理を一度も信じたことがありません。あれはとくに昔の学生の哲学のように思われました。そのかわりに、社会と歴史の機能についてわずかながら知っていたことから、歴史的唯物論をかたく信じ（ただし、詳しく告白しているフーコーのようにです）、ですから、われわれの仲間のあいだでは、たとえば、ずっと以前のことですが、ル・ロワ－ラデュリーとあるとき語りあったのですが、共産党からの離脱は、歴史の現実的な結果にますます深くなじませるようになりました。ル・ロワ－ラデュリーを例にとると——でもローマ史から立派な例を挙げることができたでしょうが——、フランスの植民地主義が、資本主義的、帝国主義的な階級的利害というよりも、むしろ神秘的な飛躍という理由で説明されるのだと考えるのは、すでにマルクス主義から離れることであり、また政治的にも共産党から遠ざかることでした。わたしのほうは、ローマ史をやるのに三、四年間、準備をしているうちに、マルクス主義に対する疑問が大きくなりました。たとえばマチュキン（Machkin）、ミチューリン（Michouline）、あるいはスタヘルマン（Stahermann）とかいうソ連の学者が書いたローマ史の本を読んで感じた興ざめのことを言っているのではありません。ロシアの文献に近づこうとして、ロシア語を勉強しようとしたことがありますが、その文献を通覧するだけですぐに失望しました。ローマに関するブルジョア的文献よりはるかに劣ります。ですからその点についてはカルコピノを読むほうがましでした。

マルクスがよく理解できるほど、わたしには政治経済学の知識がなかったのです。ほかの立派な著書を読むという点については、専念したとは申せません。そのかわり、本当に熱中したというわけではありませんが、トロツキーのものを多く読みました。かれの本はスターリンの本のようなひどい凡庸さに比べるとはるかに知的です。しかもこのスターリンについて、われわれは、かれをあまり信用しないで、少しは悪意を抱いている人たちのような痛烈なユーモアでもってあざけっていました。思いだしますが、天才的な仲間が言語学の本に書いていた銘句を、わたしはラテン語の辞書に書き写していました――「語彙が豊富になればなるほど、言語は豊かで、進歩する」。こんないたずらで深い歓びを味わっていました。

ですから無知もはなはだしいのです。その証拠に、珍しいことですが、文科系の学生が共産党に加入したとき、あるいはわれわれが自分の入党経験について話しあったとき、いつもおなじ文句を言うことになるのでした――「共産党にはいり、その政治目的や組織に賛同します。マルクス主義をも主張します。しかし、その美学についてては疑問視していると、はっきり言わなければならない」。われわれが知っていた唯一のこと、というのもエコール・ノルマルに在学していたころ、文学作品を学んだからですが、それは美学でした。ですからそれで充分でした。それが分かっていましたから、われわれは本当にマルクス主義者になれなかったのです。思うに、もし政治経済学を学んでいたら、マルクス主義的政治経済学以外のことなら、なんでも賛同したでしょう。

いま、悪意の話がでました。その点についてもっと話してくださいませんか。

――ええ、お話ししたグループの中では、悪意と言えるような雰囲気が支配していました。ほかの人々なら、片意地とか、逃避、あるいは人格分裂の手だと言うでしょう。なぜなら信じることは意志のはっきりした悟性の純粋な産物ではありませんから。そこには意図や事実や戦略が混じった行動を想定させます。

わたしの妻は医師ですので、ありふれたエピソードをひとつ、お話ししましょう。癌専門のレントゲン技師が癌に冒されているとします。かれは自分のレントゲン写真を見つめ、明らかにそのとおりですが、こう言い張ります――「これは良性の腫瘍です」。おなじく医師になっているその息子が部屋に来て、写真を見て、ひどいショックを受けますが、父ははっきりとした命令調で、「分かるだろう、これは良性の腫瘍だ」。息子は茫然として、言いかえそうとしますが、父は命令口調で反発します――「いいか、これは良性の腫瘍だ」。お分かりのように、この病人は知ってはいけないことを拒絶しているのですから、自分でも分かっているのです。それからは、かれは注意して、自分の病気を尋ねられないようにします。十か月間で癌のために亡くなった友人を知っていますが、かれが「いったい、ぼくの奇妙な病気はなんだろうか」と聞いたことは一度もありませんでした。かれは知っていたのですが、知りたくなかったのです。そこに性格分裂的な戦略の一例があります。

夫婦間の三角関係とおなじ現象で、つまり愛人（男）は亭主の親友であり、また次のような協定によって万事がうまくゆきます。つまりわれわれはとても親密な間柄だから、この状態をこわすようなことは何も言わず、おこなわないことにしよう。

われわれが共産党にはいっていたときも、われわれに分かっていたことがありましたが、現状維持のためにに知らないでおこうとしたことは分かっていました。われわれは妻とその財産を守りましたが、そのかわりに知らないでいるのが賢明だと思うことを知らないですまそうとしたわけです。また、もし、以前から知っている多くの者らが突然、信じるのをやめて、実際にはすでに知っていることを知っても、分かろうとしないなら、それは決して、急に目が明くように望んだという神秘的なメカニズムによるのではなく目はすでに明いていたのです。だれもが知っていたのです。

われわれが入党したとき、理論的に慎重だったのは、片意地な戦略の現れであり、またわれわれのささやかなグループに共通していた皮肉も別の現れでした。つまりこの皮肉はわれわれが感じているひそかなとまどいを表わしていました。信じあえる確かな仲間どうしのあいだで、パスロンが嫌みをこめた声で言った言葉は、いまでも聞こえるようです――「ソ連の原子爆弾は平和の爆弾だ。というのも平和陣営の爆弾だから」。それを聞いて、座が白けました。でも、そこまでにしました。しかしアラゴンが国民の光の名において、アメリカ帝国主義に対して、まじめな愛国的フランス人すべての階級統一をしなければならないと声明したときには、われわれの反応ははるかにすごいものでした。われわれはアクション・フランセーズと行動をともにするように要請されていたのです。カルティエ・ラタン（大学区）では、一方で三十五人、他方では二十五人を指していましたが、だれも、そのような統一行動がフランスの政治条件を変えられるとは思っていませんでした。そこで時宜を失した告白にはつきもののためらいはありましたが、反ユダヤ主義的な王党派と取り引きをしなければならなくなりました。そこで細胞の会合のときに、ひとりの仲間、まことに感じのいい組合活動家がしずかで、強い口調で宣言しました――「仲間パスロン君が、どうして王党派で反ユダヤ主義者の婦人と握手するのにためらっているのか、分からない。モーロトフだって、リッペントロップとかたい握手をしたではないか」。このようなドイツ・ソ連協定への暗示で、一瞬、沈黙が生じましたが、ついで、この仲間がうまい冗談で微笑しながら落ちついていましたので、みんなは率直で、誠実な大笑いを爆発させましたが、ただしいくらか無理をしていました。その笑いは気詰まりの笑いであり、それがあけすけであったので、実は、われわれも気詰まりをあまり感じていませんでした。しかもその一件は、むしろうまくおさまりました。なぜならパスロンが王党派の美しい奥方と交渉しに行くこととなり、その婦人はこの平民の息子が気にいったからです。

三角関係とそのときの協定はどうなりましたか。

——われわれが共産党にいたとき、ソ連やスターリンに少しもまどわされていませんでした。われわれのささやかなグループでは、その話題を避けていたか、あるいはジュネットの意見に賛同しました。というのもかれのジェスチャーや話し方の上品さに、知らずしらず惚れこんでいたからですが、かれがうまい具合にわれわれの考えを代弁してくれるようなことを言ったからです——「ソ連の仲間たちは、あまり利口じゃないよ」。うち明けて言いますと、自己民族中心主義と、一般にフランス人的優越感、とくにわれわれの優越的な確信にもとづいた暗黙的な計算で、実際に、われわれは「スターリンを先頭に、ロシア人は後進国民であり」、われわれのようなフランス共産主義者のほうがうまくやれるだろうと言いあっていました。ロシア人に期待できることは、かれらがマルクス主義によって、古くさい昔の偏見を捨ててくれることでした。なぜならマルクス主義はおそらく社会を変えないで、おそらく古い愚行に終止符を打つだろうからです。明らかにすべては、ソ連が国家主義にも、帝国主義にも、征服者にもならないこと、またわれわれの仕事に首を突っ込まないでほしいことです。

ところで、一九五六年にロシアの戦車部隊がハンガリーに侵攻し、われわれが精神的にソ連と衛星国とわれわれとを結びつけていた暗黙の協定を破りました。その後、明らかになったのは、ソ連がわれわれの望むようにさせないだろうということです。われわれに確認できたのは、ただ、各国の古い国政がつづき、国際主義というものは存在しないということです。ソ連は、われわれがそのときまで目を閉じていた利害に終止符を打ってくれました。ですから突然に目があいたのです。

ほかにもおなじような策略がありませんでしたか。

――お話しした軽薄グループでは、スターリンが死んですぐ悟ったことがあり、それは共産党の路線がまちがっていて、すべてが偽りだから、党を改革しなければならないということでした。われわれは二十三歳でしたから、そんな考え方には、善意と誇大妄想的希望、さらに謙虚さらしいものも混ざっていました。というのも、思いだせば、わたしはことさらにサント＝ブーヴの『ポール＝ロワイヤル』のことが頭に浮かび、つつましい修道士が、どこかの修道院に現れるだけで改革全体がはじまると思い、おなじく、いつか郵便配達員のだれかが世にも重要な手紙を配達してくるかも知れないと考えました。改革のことを言いだしてから三日も経てば、支部からだれかが派遣されてきて、このけしからぬ細胞を監視しました。

「悪意」は別にして、あなたがぐらついた信念から立ちなおるには、ほかにどんな手段がありましたか。

――一九五四年から、つまりスターリンが死んでから、ますますぐらついてきて、そしてわれわれはたびたび党に対して怒りに燃えました。そのころ、われわれが興奮のあまり信念を失いかけていたとき、われわれの疑問や怒りをぶちまけて気を晴らすためにアルチュセールを訪ねました。かれはまだマルクス主義的思想家ではなかったのです。一九五六年からそうなったのですが。われわれのやり方には特殊語がつけられていました。というのも奇妙な動詞をつくっていたからです。つまり「胸のうちの怒りをしずめようとして、思わず、仮にでも自信をつけにゆく」のを「アルチュセールしにゆく」と言っていました。まるで〔カトリック教の〕聴聞室へ行って、聴聞師に自分の怒りや信仰の欠如を告白しにゆくようでした。

どのようにして党を脱退しましたか。

――自分でも気がつかないで、ハンガリー事件のあとで脱党しました。それほど党が信じられなくなっていましたから。あるいはむしろ苦悩と打算の上でしか党を信じたことはなく、また自分でも青春時代の一時的な気まぐれだったと思います。一九五六年に、ブダペストへの侵攻事件が起こったとき、ジャック・ジュリアールが声明文をだし、「社会主義の祖国」を弾劾しましたが、わたしは当然のようにそれに署名しました。

3　懐疑論者と動物

『ギリシア人は神話を信じたか』という本について、お話をうかがったことがあります。その中で、半‐信という現象にたいへん興味をもたれていました――「それ以上、追求してはいけない、それが政党というものだ」。正確には、どういう意味だったのですか。

――わたしの歴史関係の著書、とくにこのささやかな書において、自叙伝的な部分がどれほどあるかと調べるようなゲームをするとしたら、わたしはこう言うでしょう――「わたしが共産党にはいった経験によれば、実存的、性格的に要請されたものではまったくありません」。実際には、信じないで信じるという精神状態を知っていたのです。『セネカ』も、少しは共産党の経験から来ています。同様に、古代における利欲的な贈与行為を述べた著書〔『パンと競技場』〕、つまり気前はよいが、社会的戦略で、人民にパンと競技場を提供するという話において、類似した参考として、わたしの父の思い出が介入していますが、つまり父は世わたり上手で、気前もよく、驚いたことに、気前がよくて利害にさといひとでした。このような行動の二重性という体験を利用したかぎりにおいて、この本は自叙伝的になります。つまりわたしが目撃したことが理解の助けになったのです。でもこの本は父を清算する必要から生まれたのではありません。

なぜなら著書というものは、自動的に青春のドラマという抑圧からの解放ではないからです。過去の経験を生かすだけですますことができます。傷口やドラマを詮索したり、抑圧を語っても無駄でしょう。

『ギリシア人は神話を信じたか』についてご説明いただいたこと、また共産党のご経験のことは別としても、歴史の書き方の特徴として、あなたの自伝を思わせるときがあります。それは対話の口語調と日常語的な調子で、いつも経験を語っておられるからです。あなたがお使いになる「わたしは」にはどんな価値があるのか、分からないからです。つまり仮想ですか、あなたのことですか。

――例を挙げるほうがいいでしょう。父の家政婦はモロッコ人の老婆でしたが、彼女が、ハサン二世について書いたジル・ペローの本のことで憤慨し、この「やさしい王」への愛を叫んでいるのをこの耳で聞いてからは、わが国の旧体制時代の国王に対する人民の愛について歴史家たちが語っていることを信じるようになりました。つまり一七八九年以前のフランス人の声がよみがえるようでした。

そこでわれわれはスターリン時代の個人崇拝を考えます。その崇拝はまじめであるとともに義務的表現です。スターリンやアウグストゥス帝やルイ十四世への服従が、どのようにして臣民のあいだに愛を生じさせるのでしょうか。そこで「好きな気持」（この女が好き、この友人が好き）と「誘導された気持」を区別すべきであり、つまり後者は大学人が旧師を愛し、尊敬する気持であり、なぜなら対面的であっても強制的ではない従属関係から愛情関係、熱い関係が誘導されるからです。

この類似を掘りさげると、一般的な確認が引きだせるでしょう。どんな従属関係あるいは主従関係も、働きはじめたときからの社会保険証の番号のように自動的ではなく、心の法則にしたがいますから、疑いたくなければ、誇張され儀礼化されるはずです。

ですからフランス国王への愛や皇帝への愛が文言化され、言明されたはずであり、たとえば遺言書において、ヴィヨンのように、三位一体へ、「フランスの善良な国王ルイへ」敬意を捧げたのです。旧体制時代と同様に、古代人にあっても、皇帝やフランス国王への帰属は強いられた心の法則にしたがっていました。つまり「国民」、たとえば一七八九年の市民とか、社会保険証をもっているわれわれのように「フランス社会」に帰属してなかったのです。貴族は国王に仕えていて、またローマ帝国時代、さらには四世紀においても、その後も、人々は「国王を助けながら共和国を守っていた」のです。

共和国で活躍するチャンピオンとしての当代の皇帝を、誠実で、必然的に言語化した敬意でもって助けるようになるときから、先王たちがチャンピオンとしての機能をうまく果たしていなかったと非難してもよいようになります。他方、神権を相続する君主としての当代のフランス国王の先王たちを悪く言うことは考えられませんでした。

歴史的に重要なもうひとつの相違点として、活力のある相続権はローマでは決して定着できなかったということがあります。つまりチャンピオンに任命されても、それは一家の財産として帝国をもらい受けることにはなりません。だからこそ、相関的に、体制の不安定と絶えまない軍部クーデタが起こり、三世紀に帝国は破滅のきわに追いつめられたのです。つまり、もしチャンピオンがその機能を充分に果たせないなら、かれは倒されて、皇帝の肩書を奪われることがあります。フランス国王を倒すということはナンセンスだったでしょう。農業経営やプジョーの工場の正当な相続人を倒せるでしょうか。そいつの首をきって、体制を変えるしかないでしょう。

さらに、そのチャンピオンは狂ってしまうことが多く、それほどかれの役割は重荷で、複雑で、また矛盾していることも指摘しておきましょう。ただ次のことを考えてください。つまりフランス国王には、生まれる前から地位が待っています。かれはただ生まれさえすれば正統な地位につけます。ローマ皇帝のほうは、臣下から任命され、臣下は皇帝の努力を助けることになっています。同時に、かれは自己を正当化しなければならず、さもなければ服従されなかったり、元老院から批判されるかも知れないのです。

ついでに付け足しておくなら、イデオロギー／現実という二元性では君主あるいは皇帝の豪華さという一種の混合、つまり要素が不可分に結合した混合的存在を理解させてくれません。記号において、意味するものと意味されるものがおなじコインの表と裏のようなものであるのと同様です。ルーヴル宮殿において、国王陛下は豪華さがなければ存在できませんが、豪華さは国王が国王でなければ国王らしくなれず、つまりクジャクの羽で飾り立てたカケス〔借り物で威張ってもだめだ〕ではだめなのです。その宮殿も国王の住まいでなかったら、兵舎か大ホテルのように、ばかでかい建物にすぎないでしょう。豪華さが国王をつくり、国王が豪華さをつくります。

そこに君主的豪華さと政治的宣伝との相違のすべてがあります。ヴェルサイユ宮殿が宣伝であるとか、まったく違った現実を隠すイデオロギーに属していると言うのはまちがっているか、あるいはむしろごかしです。国王には豪華さがあります。なぜならいつも、すでに国王だからです。他方、宣伝というのは候補者を独裁者のポストにつけ、そのまま存続させようと試みることです。宣伝は理屈を並べますが、それは修辞学です（もちろん、欺瞞的です）。他方、豪華さは一種の動物的な現象であり、つまり国王は、獅子がたてがみをつけているように王冠をかぶります。ところで、ローマ皇帝は別の矛盾で崇拝の対象にされていて、つまり豪華さが一種の皇帝性と、共和国の選ばれた保護者であることを裏づけているのです。

しかし、本書のはじめの話題にもどるには、おおまかに述べた例でもお分かりのように、わたしにできる個人的な経験を参照していても、まったく自伝的な意図はありませんが、スタンダールなら言うように、いくらかの「ささいな本当のこと」を自伝ふうに使います。

それでけっこうです。残る問題として、わざと親しい調子があり、つまりあなたの表現の仕方には、きわめて口語的な性格があります。あなたの研究に宿っている没個性化的理想を思えば、著書におけるあなたの存在にほとんど生理的な安定性（プレグナンツ）を与えるような執筆の仕方は、逆にびっくりさせられるような個性化へ向かいます。でも、移りましょう。

あなたが幾度も、それとなく、精神分析を皮肉っておられたのは、読者に分かったことと思われます。いま、あなたのご意見をおっしゃっていただけますか。

——精神分析のことを悪く言うべきではありません。占星術をともなう性格学（双子座です、天秤座です）についても悪く言うのはいけないし、ましてもっと手間がかかり微妙なホメオパシー（セピアです、ベラドンナです）の性格学についても同様ですが、ただしそれらに含まれる理論を信じないこと、それらにとらわれないで、ただ説明の部分だけを利用することが条件です。フロイト説は人間に関して無限に存在するビジョンのひとつであり、またもっとも豊かで、鋭いビジョンのひとつです。でも、だからといって、すべてを言葉どおりに信じるのは……

ここで、また例を挙げるなら、たとえば身体愛です。それは、わたしの考えでは、さきほど君主の豪華さについて話した「混合したもの」の広くて異質的な範疇に属している現象のひとつです。

どれほどはげしい情熱でも、動物的な肉体的欲望しか増大しません。また肉体的な快感は純粋な情熱によって増大します。ここで、個性的でない性的本能とすべての愛の個性化を区別するのは不可能です。一度混ぜてしまった水とワインを分離するようなことになります。ですから身体と心への愛は概念化できません。つまりそれについて明確な観念をつくることはできませんし、霊肉分離をしようとしても、性的本能の崇高化を見ようとしてもまちがいになるでしょう。どんな活力も性的な根源からきていると主張するなら、それは、たとえ真実でも、興味のない無意味な主張です。赤い染料がもともと緑の色素から引きだされてもいいではありませんか。また純粋な愛の力が性的な貯蔵庫からきていると、どうして分かりますか。人間の中の配管全体はだれにも分かりません。つまりつくりごとです。経験から分かることは、愛と性行為はきわめて異なり、分離した状態で存在します。たとえおなじコップの中で混ぜられているとしても。

肉体的でない愛があることはよく経験されています。そのことについて詳しく知っていると主張したり、それが無意識の、あるいは抑制された欲望にほかならないと知ったかぶりで言明するのはでたらめです。ふたりの男のあいだのはげしい友情、たとえばフロベールとツルゲーネフ、モンテーニュとラ・ボエシーの友情は、フロイト信奉者らや友情を知らない連中に申し合わせたようなうすら笑いをさせます。わたしは二十歳のとき、動揺もためらいもなく情熱的な友情を感じたことがありますが、それは相手がまれに見る知性と、ミュッセがうまく名づけた「ファンタジオ」のように魅力的な気まぐれをもった同級生でしたので、すっかり魅惑されました。ですからわたしの美しい婚約者だったウクライナ女性が嫉妬したくらいです。ところで、はっきり申しあげておきますが、どんなときでも、いささかも欲望とか肉感的な兆候とか、欲求不満とかいうものは混ざっていませんでした。そこに潜在的な同性愛や、さらには思春期的な両性具有のようなものを見ても無駄でしょう。その情熱はただ、少なくともわが文明社会において、成年を圧迫する男性機能的抑圧に、若者がそうやすやすと負けないことを証明しているだけでした。というのも、たとえば紀元三世紀ごろには、そのような抑圧は存在していません、そして情熱的な友情がさかんでした。

もしわれわれの文化がそのような友情を禁じているとすれば、それは平凡な理由のためです。つまり多くのタブーは、肉でも魚でもなく、どっちつかずの中間的な状態またはものによってひきおこされる疑い深い不快感で説明がつくでしょう。旧約聖書はこう命じています――だから甲殻類を食べてはいけません。フランス人でもなく、外国人でもないユダヤ人を嫌いなさい、情熱的な友情もいけません。

フーコーを例に挙げられたとき、あなたはかれを複雑で、分裂した自分の個性にいらいらし、また演じたり、そんな自分を是認したり（なぜなら、かれはもともと、自我の統一がごまかしであり、一定の社会的役割を選ぶことで自己を表現することは嘘だと考えていたからです）、さらに自分自身の考えを放棄することに、絶対的主体という錯覚から逃れられる手段を探し、要するに多様性と基盤不在というかれの哲学との類似で紹介されました。いま、もしあなたが自分の代弁者になっていただきたいとお願いしたら、どうおっしゃるでしょうか。いままでお示しになった懐疑主義に似てくるでしょうか。

――そうだ、と思います。なぜなら事実、われわれは自分のことについて何も分かっていませんし、なんとでも言えるからです。ここで、一例を挙げましょう、それが厭な思いをさせることになるかも知れませんが、読者や著者のひとりひとりに、距離を置いて自分を考えるようにさせるというのでなければ、もう一冊の本に役立つかも知れません。わたしの顔の不均整さが自分の性格を解く鍵になるのではないかと思うことがあります。しかし意識して、そんなささいな不均整さに悩んだことはありません、たとえば恋愛をしてもあまり苦にならなかったし、気にもしませんでした。子供のころ、からかわれたり、じろじろ見られたりしても、わたしはむしろ、世間並みでないことを誇りにしていました。それでも……そこから分かることは、自分が別の分野で不均整だと痛感し、同時にそうでありたいと感じているのです。つまりあまり大学人らしくなく暮らし、一般人とは違った考え方をし、研究をし、歴史に哲学を混ぜたがっているのです。言葉と書き物で読者を魅了してやろうという趣味のほかに、服装や仕草や言葉をいくらか風変わりにすれば、煙幕を張り、自分の顔を隠すのに役立ちます。

困ったことに、このような説明はあまりにもはっきりしすぎます。というのもこの説明が人間に関する社会通念とくっついているからです。それは教授控室的心理をかもしだします。もし魅了してやろうという趣味が身体的容姿の恥ずかしさを過補償してくれると言われるなら、説明ははっきりするようです。しかし、もし女性への悲痛な趣味が母との近親相姦を過補償すると言うなら、それはわれわれのいわゆる明白さとは別のものになるでしょう。そしてわれわれの精神はこれら両者のあいだでゆれるでしょう。前者は個性や、過補償や、さらにサルトルのいわゆる「他者の視線」の防衛メカニズムというわれわれの理論です。後者はエディプス神話、フロイト、そして聖書の一節――「母を失った慰めとなるように、かれに女を与えよう」です。しかもこのような性格的特徴はわたしの近親者らにも見られ、かれらは美しい女たちであり、ハンサム・ボーイたちです。それでは遺伝や教育はどうでしょうか。社会的な説明も忘れないで。つまりパスロンやブルデューが述べている「相続者たち」ではない農民の孫たちが、策略や回り道をして、著名になったり、裕福な中産階級に上がることとです。よく数えると、そのことは納得できる三つの叙述法をつくります。絶望的な解決としては――「それらはすべて同時に真実です」。多元的決定ですよ。

現今の心理的な説明は、古代の医学、つまりヒポクラテスやガレノス、あるいはモリエールの喜劇に現れる医者を思わせますが、この医者らは本当の技術的なレベルに達しておらず、またそんなレベルがあるとも知らないので、四体液とか体質とかいう話をでっちあげ、足首をくじけば頭痛が治ると言ったのです。というのも脳の機能には血液を冷却することもあるので、脳にたまった血液を下へさげてくれるからです。さまざまな歴史的記述スタイルもおなじ風景のさまざまな絵画であるように、精神分析や同毒療法（ホメオパシー）も、ホルバインやレンブラントがおなじモデルを違ったように解釈して描く肖像画法に帰してしまうことができます。つまりこの画家らはおなじものを受けとらなかったのです。またアメリカの哲学者ネルソン・グッドマンが言うように、かれらはおなじ要素に「誇張」を加えていないのでしょう。歴史では、ブルデューによる歴史的タイプの社会的画像はサルトルによるフロベール像とはおなじ描き方を示していません。

ですから歴史においても、そしてまたきびしい科学においても、隠喩や、類似による論じ方がよく使われますが、これは避けることができず、避けても無駄です。つまりだまされないようにすればよいのです。ですから奇妙なことに、精神分析論の科学性が少なくとも二度テストされ、その道の専門学者が言うように、その理論が「誤りかどうかが証明できるか」を知ろうと試みられたのです。つまりパスカル流の人間のビジョン、あるいはラ・ロシュフーコー流の自尊説の科学性をテストしようと思う者がいるでしょうか。精神分析はまったくそれ以下でも、以上でもありません。

また、いつもわたしの性格についてとやかく言われるからには、それについてもうひとつ別の説明をすることができますが、それは昔のことであり、いつかあなたが「知識人の社会的タイプをどう思うか」と尋ねられた質問に答えられます。

わたしは子供のころから、リセ（高校）の先生のように、教師になることしか考えていませんでした。本が好きでした。そして、またこの職業はそれほどひどく平凡ではない唯一のものに思われました。なぜなら教えるというよりはむしろ知識を獲得することにあったからです。ところで、そんな獲得は、なんらかの価値を構成し、絶対的なものになるからです。それに反して、ほかの職――買ったり、用紙に書き込んだり、政治にかかわったりすること――は平凡で、はかないことになってしまいます。それに、リセで、作家と呼ばれている人々の話を聞き、かれらの伝記の要点を学びました。たちまちのうちに、心の中で、想像している、すぐれた品格の教職と、すべての点で気ままに生きられるという最高の権利とのあいだで明らかな関係が生じました。本を読む者はだれでも、無知な者らの道徳を気にしないですみます。それに反して、自分の職業の高尚さは危険を冒す義務を帯びます。つまり上品に自由を活用しなければなりません。

以上が十二歳のときの考えでした。こんな話をしたのも、じつは、おそらく社会学的な教訓を含んでいるからです。まだ未熟な子供の性格と、歴史的、社会的な手本、つまり文学史の教科書で知るような二世紀以来の作家という手本とのあいだに奇しき出会いがあります。シェニエやシェリー以来、どの作家も三つの活動をおこなっていて、つまり精神作業と、恋愛と、政治への活発な、危険の多い関心です。これらは本来、ブルジョア時代の高尚な三つの活動です。

このような歴史・社会的な説明をどう思いますか。旧体制のもとだったら、わたしは聖職の道を選んだかも知れません。つまり神父になっていたでしょう。ですから「レジスタンス」へのわたしの妄想も説明され、それはエディプス・コンプレックス的なものではないか、あるいはそれだけではないでしょう。つまり貴族の特権や自由は国王のために戦い、危険を冒すことで償われます。ところで、わたしは何も支払っておらず、これは負債であり、またその負債がわたしの重荷です。

そこで、さまざまな人間的タイプがあり、日付のついた自我理想があります。つまり学者的な暇、私生活の自由、大事への参加などです。ですから過去にはヴォルテールあるいはシェニエがいますし、マルローもいて、シャールや、サルトルもいますが、おなじく無名の人々、たんなる実践者ら、「知識人」と呼ばれる人たちもいます。政治的な参加は、個人が関心をもち、窮屈な生き方をしていないことを証明することになります。また別のタイプの、近くて、異なる人間もいます、たとえばボルシェビキ、そしてモスクワ、マドリード、さらにシンガポール、そしておそらく、最後には強制収容所……におけるパリのコスモポリタン的闘士です。

よく数えてみると、あなたの話し相手であるわたしの性格として要約できる説明は六種類になりました。つまり実存的、フロイト的、遺伝学的、多元決定論的、社会学的、歴史的なものです。すべての説明はそれなりに真実であり、したがってどれも真実ではなく、それともすべてが同時に真実です。聞いてください。すべてを告白しましょう。つまり心理は金庫のようなもので、われわれにはそれを開くキーがありません（フロイト説は科学になろうとするので厭になります。そんなことはすべて大言壮語です）。おそらく、そのキーは絶対にもてないでしょうし、またわれわれ自身を本当に知ることもわれわれの思考能力を越えています。ちょうどわれわれの行為の多くが犬には何も理解できないように。

お分かりですか、わたしはフーコーのように懐疑的です。そのかわり、わたしは完全に自分自身を知る天賦の才能を自然（あるいは不充分なわれわれの知性がそのように呼んでいるものに）に託します。つまり「自然」はよく物理学を心得ているので、コウモリに電波探知器の能力を与え、また光学を心得ているので、目を発明し、また充分な解剖学を心得ているので、捕食性のスズメバチに、毛虫の体内で刺すべき四つの神経節がどれかを知っていて、殺すことなくその餌食を麻痺させ、動かず生きたままその餌食を自分らの幼虫に与えるのです。幼虫はそれで成長するでしょう。

そう、それは擬人論ではありません。その逆です。人間をモデルにして「自然」を思い描いているのではなく、むしろ人間は、自然のいかなるメカニズムが人間の知識、その発明の才と思われるものをつくりだしているかを知らないでいるように思われます。そう、自然はおのれについてすべてを知っています。つまりわれわれの知識は、自然がみずからを知っている全体的な知識、たとえば生き物を創造できる知識のごくわずかの部分です。おなじく、われわれの創造性は自然の創造性の一片にすぎません。考える実体と広大な実体を区別するのは幻想にすぎません。

前に使った原子物理学という語は、部分的に隠喩であり、話し方にすぎません。分子やニューロンを語り、「われわれは頭脳で考える」ということを認めるのは、哲学の初歩とか、哲学にふさわしくないとは思われません。というのも認識科学はそれ自体以外のものへ向かわないからです。依然として興味深い哲学問題の解決はニューロンの中には見つかりません。美しいものは概念なしで喜ばれるでしょうか。われわれの美的判断は普遍化を望むでしょうか。美的快楽は非個性的でしょうか。

しかも、「哲学的」と呼ばれる問題が人間という動物の知性のレベルを越えるものになることがあるかも知れません。また知識と発明の人間的能力が、微小の尺度では、発明能力におのずからそなわっていると思われる全体的知識と同類であり、またわれわれの能力が偏狭なために、どうして原因性と合目的性、物質と思想が対立することなく、またいずれも神秘的でないことが理解できないこともあるでしょう。

一例を挙げるほうがましかも知れません。一般人にとって、対称的均整は一種の美であり、だから「素朴な」芸術家らは対称的な構図の作品をつくりたがります。それが美をつくるいちばんかんたんな方法だからです。ところで、おなじやり方が自然にも見られ、たとえば生きとし生けるものは対称的な構図の外皮によって守られています。ただし内臓では、器官が非対称的です（心臓は左側にあります）。この指摘はすでにおこなわれていて、しかもたびたびです。だからといって、「自然」には美的感覚がないと結論できないでしょう。いや、むしろ美についての人間的感覚は、自然活動の未知の傾向または結果と思われる流儀になります。

そこで、われわれの精神が、自然の経過に還元させられ、そこから生まれ、またあざむかれていると想定できます。ですから存在と認識の対立は消えるでしょう。そう、自然の自己‐認識も……おなじように、「脳みそが足りない」かも知れないわれわれの知性よりすぐれた知性の存在がありうると想定することもできます。

これは合目的性、超限数（無数）、あるいはまた意識そのもの、われわれの脳の機能の問題です。息子の話によれば、ニューロン、チューリング機械、ゲーデル定理に精通している人々(5)は、われわれの精神によって提示される哲学的問題がおそらく人間の思考力を越え、またそれこそ神秘的なものをまったく含まない想定だということを認めているとか。

わが家の猫は毎日、わたしをいらいらさせますが、というのもわたしが読書に熱中していると、この猫は嫉妬して、膝にとびつき、読んでいるページをひっかこうとするからです。猫にはわたしが熱中していることが分かっても、何をしているかは理解できないでしょう。猫や犬に邪魔されない日はほとんどありません。それぞれ自分自身のために生きているこの超コンプレックスで、指向的な生きている機械はどこから来たのでしょうか。そのような機械はどうして創造され、形成されたのでしょうか。こんな疑問は新しくありませんが、答えを待っている質問箱の中にしまいこまれています。それなのに「科学」は何も話してくれません。ところで、「科学」は自分の文法にしたがって話せることしか話しません。科学は、かつて創造主の神話にゆだねたように、ダーウィンの進化論、「分子情報」という語にゆだねて、うまく切りぬけようとするでしょう。しかしながら、生命ある機械を前にしては、このような少し短い説明と不安な現実は深淵によって隔てられるに違いないと白状すべきではないでしょうか。沈黙している物やわれわれ自身に安心しすぎる視線を向けているのではないでしょうか。そのときから、懐疑的な気分になるのです。つまりわれわれの目や、さらにわれわれの科学が世界について抱いているビジョンは作り話かも知れないのです。

それであなたは可能なかぎり多くの説明のあいだで引き裂かれ、次いで人間タイプに落ちこみ、最後に自然の知性に関する思索で終わりました。簡単なご指摘のようですが。

――数カ月前から、この対談で申しあげてきたことは、結局、あまりにも日常的で、かつ平凡なことばかりで、フロベール的なことです。じつはジャン・ボリーのすばらしい著書『フロベール』を読んだばかりですが、いまでも感服しています。フロベールはわれわれすべての父であり、ですからこれほど愛されているのです。現在の世界は一八六〇年ごろ、フロベール、ニーチェ、ルナンにはじまり、それが時代のはじめであり、あいかわらずわれわれの時代です。それは真の歴史的断絶でして、まだその後の時代はありません。フーコーも、実際的にはルナンと同時代です。かれらは一八六〇年において、すべてを知っていました。つまり歴史、真実と作り話の寄せ集めを知っていました。かれらはいまでもわれわれが見ているように世紀と大陸を見ていました。かれらはもはや信じなくなっていました、ルコント・ド・リールは『ベーダ』や「異国人」について歴史主義的な詩を書き、リストは《レクイエム》を悲痛な無調のモノトーンで作曲し、『サランボー』は最初のSF小説です。またハミルカル将軍は神モレクへのいけにえ台に自分の奴隷の子を捧げるとき、この下等人間に感情があり、泣いているのを見て驚いているのですよ！それを中学一年生のときに読んで、ショックを受けました！そこで歴史が存在しました――「どうしてそんなことがあり、どうしてそんなふうに考えられたのか」。それから一八四八年の二月革命で、われわれが勉強しなおさねばならないことすべてがすでに分かっていました。かれらはキリスト教、ロマン主義、そして社会主義を排除しました（要するに、すべての人がではなく、ただかれらなのですが）。前にお話ししたことを覚えていらっしゃるでしょうか。つまりナポリのカジノまで出かけたときの失敗談です。それこそ、わたしには最高によいことでした。

訳者あとがき

本書はPaul Veyne, *Le Quotidien et l'Intéressant* ―― *Entretiens avec Catherine Darbo-Peschanski*, Les Belles Lettres, Paris, 1995 の全訳である。原題どおりには『日常的なことと興味あること――カトリーヌ・ダルボ＝ペシャンスキーとの対話』となり、内容に沿った題名には違いないのだが、これでは日本の読者にはなじまないように思われたので、表題のように『歴史と日常　ポール・ヴェーヌ自伝』とした。

コレージュ・ド・フランスという大統領直轄の特殊な最高学府において、古代ローマ史講座の教授である著者ポール・ヴェーヌ氏の個人的あるいは社会的、あるいは職業的な生活については、本書で、本人自身が自由に語ったり対談で質問に答えていて、かなり自伝的・回顧的であるから、ここでおなじことを繰り返すまでもないだろう。本書の中でも語られているように、ヴェーヌ氏はフランスのユニークな大学として知られたパリのエコール・ノルマル・シュペリユール（高等教育大学）に在学していたころを振り返り、自分が地方から来た「田舎者」だと意識していたが、訳者は一九九六年夏に氏の御自宅を表敬訪問したのだが、現在でもプロヴァンス地方（南仏）の、「コンタ（地方の）富士山《やま》」（津軽富士というように）と呼ばれるヴァントゥー山の南麓の、街道筋からちょっと外れた一軒家で暮らしていて、自宅の裏には自家用プールもある。まったく人里離れたところであり、家のまわりには柵も目に付かず、うっそうたる雑木林の自然につつまれているので、だれから見られる心配もないようである。講義、それも年に数週間ですませられるようだが、その講義をするときは、アヴィニョンまで車で行き、そこから新幹線（ＴＧＶ）

でパリへ行くとか。夫人は近くの古い町カルパントラの病院の医師で、エイズの研究をしている。パリの大学教授なら、パリの町中《なか》か郊外のアパートに住んでいる場合が多いだろうが、ヴェーヌ氏はよほど田舎が好きらしい。ただしアメリカ、イギリス、イタリアをはじめ外国へ行くことも多い。訪れた折に、「日本のどこがお気に入りですか。今度来られたら、どこへ行きたいですか」と尋ねてみたら、即座に「箱根だ！」という返事だった。やはり富士山のような山の近くが好きなのだろうか。なお、対話者のカトリーヌ・ダルボ＝ペシャンスキーは、ギリシア史を専門とするパリの国立科学研究所（CNRS）研究員。著書に『個人の言説』（未邦訳）がある。

本書で、ヴェーヌ氏は「わたしは女性と同性愛者とユダヤ人のおかげで鍛えられ、人生を歩んだ」という意味の言葉ではじめているが、たとえば有名な中世史家ジャック・ル・ゴフの『ル・ゴフ自伝』（拙訳、法政大学出版局刊）のように歴史家で、また戦前・戦後の時代を背景に新制度的な大学院大学の学長になるまでの研究生活や大学運営の足跡をたどる自伝のようなものを本書に期待する読者なら、びっくりされるだろう。あらゆる点で、またいかなる問題についても自由奔放であり、気取るところがなく、月収の額面のことから二度の離婚の経験談も隠さず、海で溺れかかった失敗談を話し、アルプス登攀のときに死にかけて日本の「百万年の仮寝かな」という句を思いだし、また日本びいきなところを見せるかと思うと、日本の古い話を引きだして冗談を言ったり、またときには、世話になった著名な社会学者で哲学者レイモン・アロンとのぎくしゃくした関係を批判的に語り、ミシェル・フーコーや同郷の詩人ルネ・シャールとの厚い友情を詳しく述べ、また自分の過去の著書全体を「羊の群れが残していった糞」にたとえて、原則的には自分の過去の著書に触れるのを嫌がりながらも、対話者カトリーヌ・ダルボ＝ペシャンスキーの質問には率直に応じ、厳しい反省をし、またまじめな談義から、突然、突拍子もない冗談と思われるような話へ脱線したりする。それはヴェーヌの著書（代表的な大著『パンと競技場』『詩におけるルネ・シャール』などほとんどが法政大学出版局刊）においてもときどき現れていて興味深い。つまりたとえば、まじめな古代の話から突如として現代のことやかれ自身の話に引き戻されるからであり、難しい本の中で、自伝的な断片を思いだすことで、読者の理解の助けにしてくれる。それでもヴェーヌ氏は「誇張的懐疑主義者」ではないとしても懐疑主義者であることには変わりがなく、そこからマルクス主義への批判も生じ、共産党へ入党したり離党したりした経験も詳しく語られている。またそれはたんにマルクス主義に限ったことではなく、人生の経験すべてに及んでいて、「目から鱗」のように物事の考え方について、懐疑主義的で、それだけ「発見的な」ヴェーヌ氏の見方、考え方の自由な新鮮さに驚かされる。みずから「哲学的な歴史学」を実践しているというヴェーヌ氏は、方法論的にまったく教条的ではなく、過去の歴史的現象の優れた「説明者」としての隠された信条とその理由を知るとともに、人間的に一見、矛盾だらけでありながらも、非凡な性格を知るという喜びが本書から感じられるはずである。決して単なる歴史家の「自伝」ではない。ついでながら、四十年あまりスタンダールの研究に親しんだ訳者としては、本書でも、ときどきスタンダールの名やその小説のことが引き合いに出されていて、親しみと興味をそそられる。

最後に、本書の訳を勧めてくださった、いまは亡き元法政大学出版局編集代表の稲義人氏のご好意に対して感謝するとともに、同出版局編集部の藤田信行氏には、本書の刊行に際していつもながら多くのご協力をいただいた。同氏にあつく御礼申し上げたい。

鎌田博夫

二〇〇二年八月

人名索引

タ

ナ

ハ

マ

ヤ

ラ

ワ

原　注

1.　『ムーラン・プルミエ』XVII と「詩作に役立つ者ら」(Auxiliaires). ポール・ヴェーヌは *René Char en ses poèmes,* Paris, Gallimard, 1990, p. 144, n. 1 (邦訳『詩におけるルネ・シャール』, 法政大学出版局刊, 182ページ) で次のように注釈している――「ルネは言っていた, 〈詩は移動し, 時代から時代へ, おなじものではなくなる, というのも詩が変化するからではなく, 新しい牧草地が必要だからであり, また見つけられる土地が無限にあるからだ. このように移動する羊の群れにたとえられる詩は, 食べたものの糞をあとに残してゆく, それは草稿であったり, 削除された部分であったり, 異文であったり, かれの詩の後日談であったり, 役に立ったいくらか正当な考えであったりする. 要するに, それは記述の死んだ部分である〉」.

2.　次を見よ―― Claude Roy, *Les Rencontres des jours, 1992-1993,* Paris, Gallimard, 1995, p. 217.

3.　Jean-Claude PASSERON, *Le Raisonnement sociologique : l'espace non popérien du raisonnement naturel,* Paris, Nathan, 1991, p. 390 ; Id., «De la pluralité théorique en sociologie», *Revue européenne des sciences sociales,* XXXII, 1994, pp. 71-116.

4.　これはギリシア語の意味 (手で触れる感覚をも指す) であり, この接触感については, 次を見よ―― Pierre HADOT, *Plotin, Traité 38,* Paris, Éditions du Cerf, 1988, pp. 174 et 182. プロティノスはその『エンネアデス』第1巻, 6, 7, その他のところで愛について語っている. 第5巻, 10, その他のところでは, 考えもなく, 訳のわからない, 言いようのない接触感について語っている. 陶酔境はしばしば言葉の上で混同されるような失神状態とか何かに取りつかれた状態とは反対である. 失神状態とは, 口の両端から泡を出し, 操り人形のように身をふるわせる劇的な様相である. しかし陶酔境はきわめて意識的であり, じっと動かず, 落ちついている. それは幻覚とも違う. 幻覚的な聴覚, 感覚としての幻影はすぐ現実的な感覚と見なされるが (疑惑がよく生じるが, それは後になってからでしかない). 一方, 接触感では, 特殊な精神状態にいること, そして接触感のような「感覚」にはまったく現実性がないことがすぐ分かる (だから宗教的な神秘主義者には超自然的であり, 神から送られてきたものと思われる). さらに, 陶酔的な「感覚」(しかしこれは信じてもらえないが) の, いわば造形的な鮮明さ, その安定性, また現実感とおなじくらいの強力さは, 幻想とは異なっている. つまり幻想のほうは逃避的で, 消え入りそうで, 懐疑的な性格の場合が多い. たとえば「本当に聞こえたのだろうか」,「透明な, ぼんやりしたシルエットがわたしのそばを, すばやく通り過ぎたが, これはまぼろしか, 鬼神 (ジン) か, 守り神 (ドモヴォイ) ……に違い

ない」．最後に，陶酔「感覚」には，それ自体，まったく不安なものではない．この場合は，いわば明晰であり，それに反して，幻想は二重に「奇妙な不安感」に属している．つまり精神が病んでいて，動揺していると感じ，またほとんど幻想の中で「背後世界」（Hinterwelt）のようなものを感じる気になるのである．

5．次のとおり—— Colin MacGinn, *Ploblems in Philosophy : The Limits of Inquiry,* 1993.

《叢書・ウニベルシタス　746》
歴史と日常——ポール・ヴェーヌ自伝

2002年 9 月30日　初版第 1 刷発行

ポール・ヴェーヌ
鎌田博夫 訳
発行所　財団法人　法政大学出版局
〒102-0073 東京都千代田区九段北3-2-7
電話03(5214)5540／振替00160-6-95814
製版，印刷　三和印刷／鈴木製本所

Printed in Japan

ISBN4-588-00746-7

著者

ポール・ヴェーヌ (Paul Veyne)

1930年南仏のエクス-アン-プロヴァンス生まれの現代フランスの歴史家．フランス・ローマ学院の会員となり古代ローマ史を研究，考古学・文献考証学に関する論文を発表．パリ大学文学部助手を経てエクス-アン-プロヴァンス大学で古典語の教鞭をとる．69-70年，歴史認識論への試論『歴史をどう書くか』を執筆，アカデミー・フランセーズのエッセイ賞を受賞，76年には歴史ジャンルのしきたりを打破する『パンと競技場』を発表し，コレージュ・ド・フランスの教授に抜擢された．現在は同校の古代ローマ史講座主任教授を務めている．邦訳書に，『歴史をどう書くか』，『ギリシア人は神話を信じたか』，『差異の目録——歴史を変えるフーコー』，『古代ローマの恋愛詩』，『詩におけるルネ・シャール』〔いずれも法政大学出版局刊〕などがある．

訳者

鎌田博夫 (かまた ひろお)

1924年東京に生まれる．大阪外国語学校フランス語部・京都大学文学部文学科（フランス文学専攻）卒業．1988年東北大学文学部教授退官．同大学名誉教授．フランス共和国パルム・アカデミック勲賞（シュヴァリエおよびオフィシェ）を受章．著書：『スタンダール——夢想と現実』，訳書：P.ヴェーヌ『古代ローマの恋愛詩』，同『パンと競技場——ギリシア・ローマ時代の政治と都市の社会学的歴史』，J.ジェルネ『中国とキリスト教』，L.マラン『語りは罠』，ル・ゴフ編著『中世の人間』『ル・ゴフ自伝』，ティエリー・ド・デューヴ『マルセル・デュシャン』（以上，法政大学出版局刊）

叢書・ウニベルシタス

	書名	著者／訳者		(頁
1	芸術はなぜ必要か	E.フィッシャー／河野徹訳	品切	30
2	空と夢〈運動の想像力にかんする試論〉	G.バシュラール／宇佐見英治訳		44
3	グロテスクなもの	W.カイザー／竹内豊治訳		31
4	塹壕の思想	T.E.ヒューム／長谷川鉱平訳		31
5	言葉の秘密	E.ユンガー／菅谷規矩雄訳		17
6	論理哲学論考	L.ヴィトゲンシュタイン／藤本，坂井訳		35
7	アナキズムの哲学	H.リード／大沢正道訳		31
8	ソクラテスの死	R.グアルディーニ／山村直資訳		36
9	詩学の根本概念	E.シュタイガー／高橋英夫訳		33
10	科学の科学〈科学技術時代の社会〉	M.ゴールドスミス，A.マカイ編／是永純弘訳		34
11	科学の射程	C.F.ヴァイツゼカー／野田，金子訳		27
12	ガリレオをめぐって	オルテガ・イ・ガセット／マタイス，佐々木訳		29
13	幻影と現実〈詩の源泉の研究〉	C.コードウェル／長谷川鉱平訳		41
14	聖と俗〈宗教的なるものの本質について〉	M.エリアーデ／風間敏夫訳		28
15	美と弁証法	G.ルカッチ／良知，池田，小箕訳		37
16	モラルと犯罪	K.クラウス／小松太郎訳		21
17	ハーバート・リード自伝	北條文緒訳		46
18	マルクスとヘーゲル	J.イッポリット／宇津木，田口訳	品切	25
19	プリズム〈文化批判と社会〉	Th.W.アドルノ／竹内，山村，板倉訳		24
20	メランコリア	R.カスナー／塚越敏訳		38
21	キリスト教の苦悶	M.de ウナムーノ／神吉，佐々木訳		20
22	アインシュタイン ゾンマーフェルト往復書簡	A.ヘルマン編／小林，坂口訳	品切	19
23 24	群衆と権力（上・下）	E.カネッティ／岩田行一訳		44 35
25	問いと反問〈芸術論集〉	W.ヴォリンガー／土肥美夫訳		27
26	感覚の分析	E.マッハ／須藤，廣松訳		38
27 28	批判的モデル集（I・II）	Th.W.アドルノ／大久保健治訳	〈品切 品切〉	I 23 II 27
29	欲望の現象学	R.ジラール／古田幸男訳		37
30	芸術の内面への旅	E.ヘラー／河原，杉浦，渡辺訳	品切	28
31	言語起源論	ヘルダー／大阪大学ドイツ近代文学研究会訳		27
32	宗教の自然史	D.ヒューム／福鎌，斎藤訳		14
33	プロメテウス〈ギリシア人の解した人間存在〉	K.ケレーニイ／辻村誠三訳	品切	26
34	人格とアナーキー	E.ムーニエ／山崎，佐藤訳		29
35	哲学の根本問題	E.ブロッホ／竹内豊治訳		19
36	自然と美学〈形体・美・芸術〉	R.カイヨワ／山口三夫訳		11
37 38	歴史論（I・II）	G.マン／加藤，宮野訳	I・品切 II・品切	27 20
39	マルクスの自然概念	A.シュミット／元浜清海訳		31
40	書物の本〈西欧の書物と文化の歴史，書物の美学〉	H.プレッサー／轡田収訳		44
41 42	現代への序説（上・下）	H.ルフェーヴル／宗，古田監訳		22 29
43	約束の地を見つめて	E.フォール／古田幸男訳		32
44	スペクタクルと社会	J.デュビニョー／渡辺淳訳	品切	18
45	芸術と神話	E.グラッシ／榎本久彦訳		26
46	古きものと新しきもの	M.ロベール／城山，島，円子訳		31
47	国家の起源	R.H.ローウィ／古賀英三郎訳		20
48	人間と死	E.モラン／古田幸男訳		44
49	プルーストとシーニュ（増補版）	G.ドゥルーズ／宇波彰訳		25
50	文明の滴定〈科学技術と中国の社会〉	J.ニーダム／橋本敬造訳	品切	45
51	プスタの民	I.ジュラ／加藤二郎訳		38

				（頁）
52 53	社会学的思考の流れ（I・II）	R.アロン／北川, 平野, 他訳		I・350 II・392
54	ベルクソンの哲学	G.ドゥルーズ／宇波彰訳		142
55	第三帝国の言語LTI〈ある言語学者のノート〉	V.クレムペラー／羽田, 藤平, 赤井, 中村訳		442
56	古代の芸術と祭祀	J.E.ハリスン／星野徹訳		222
57	ブルジョワ精神の起源	B.グレトゥイゼン／野沢協訳		394
58	カントと物自体	E.アディッケス／赤松常弘訳		300
59	哲学的素描	S.K.ランガー／塚本, 星野訳		250
60	レーモン・ルーセル	M.フーコー／豊崎光一訳		268
61	宗教とエロス	W.シューバルト／石川, 平田, 山本訳	品切	398
62	ドイツ悲劇の根源	W.ベンヤミン／川村, 三城訳		316
63	鍛えられた心〈強制収容所における心理と行動〉	B.ベテルハイム／丸山修吉訳		340
64	失われた範列〈人間の自然性〉	E.モラン／古田幸男訳		308
65	キリスト教の起源	K.カウツキー／栗原佑訳		534
66	ブーバーとの対話	W.クラフト／板倉敏之訳		206
67	プロデメの変貌〈フランスのコミューン〉	E.モラン／宇波彰訳		450
68	モンテスキューとルソー	E.デュルケーム／小関, 川喜多訳	品切	312
69	芸術と文明	K.クラーク／河野徹訳		680
70	自然宗教に関する対話	D.ヒューム／福鎌, 斎藤訳		196
上・71 下・72	キリスト教の中の無神論（上・下）	E.ブロッホ／竹内, 高尾訳		上・234 下・304
73	ルカーチとハイデガー	L.ゴルドマン／川俣晃自訳		308
74	断　想　1942—1948	E.カネッティ／岩田行一訳		286
75 76	文明化の過程（上・下）	N.エリアス／吉田, 中村, 波田, 他訳		上・466 下・504
77	ロマンスとリアリズム	C.コードウェル／玉井, 深井, 山本訳		238
78	歴史と構造	A.シュミット／花崎皋平訳		192
79 80	エクリチュールと差異（上・下）	J.デリダ／若桑, 野村, 阪上, 三好, 他訳		上・378 下・296
81	時間と空間	E.マッハ／野家啓一編訳		258
82	マルクス主義と人格の理論	L.セーヴ／大津真作訳		708
83	ジャン=ジャック・ルソー	B.グレトゥイゼン／小池健男訳		394
84	ヨーロッパ精神の危機	P.アザール／野沢協訳		772
85	カフカ〈マイナー文学のために〉	G.ドゥルーズ, F.ガタリ／宇波, 岩田訳		210
86	群衆の心理	H.ブロッホ／入野田, 小崎, 小岸訳	品切	580
87	ミニマ・モラリア	Th.W.アドルノ／三光長治訳		430
88 89	夢と人間社会（上・下）	R.カイヨワ, 他／三好郁郎, 他訳		上・374 下・340
90	自由の構造	C.ベイ／横越英一訳		744
91	1848年〈二月革命の精神史〉	J.カスー／野沢協, 他訳		326
92	自然の統一	C.F.ヴァイツゼカー／斎藤, 河井訳	品切	560
93	現代戯曲の理論	P.ションディ／市村, 丸山訳	品切	250
94	百科全書の起源	F.ヴェントゥーリ／大津真作訳	品切	324
95	推測と反駁〈科学的知識の発展〉	K.R.ポパー／藤本, 石垣, 森訳		816
96	中世の共産主義	K.カウツキー／栗原佑訳		400
97	批評の解剖	N.フライ／海老根, 中村, 出淵, 山内訳		580
98	あるユダヤ人の肖像	A.メンミ／菊地, 白井訳		396
99	分類の未開形態	E.デュルケーム／小関藤一郎訳	品切	232
00	永遠に女性的なるもの	H.ド・リュバック／山崎庸一郎訳		360
01	ギリシア神話の本質	G.S.カーク／吉田, 辻村, 松田訳	品切	390
02	精神分析における象徴界	G.ロゾラート／佐々木孝次訳		508
03	物の体系〈記号の消費〉	J.ボードリヤール／宇波彰訳		280

				（頁）
104	言語芸術作品〔第２版〕	W.カイザー／柴田斎訳	品切	688
105	同時代人の肖像	F.ブライ／池内紀訳		212
106	レオナルド・ダ・ヴィンチ〔第２版〕	K.クラーク／丸山, 大河内訳		344
107	宮廷社会	N.エリアス／波田, 中埜, 吉田訳		480
108	生産の鏡	J.ボードリヤール／宇波, 今村訳		184
109	祭祀からロマンスへ	J.L.ウェストン／丸小哲雄訳		290
110	マルクスの欲求理論	A.ヘラー／良知, 小箕訳		198
111	大革命前夜のフランス	A.ソブール／山崎耕一訳	品切	422
112	知覚の現象学	メルロ=ポンティ／中島盛夫訳		904
113	旅路の果てに〈アルペイオスの流れ〉	R.カイヨワ／金井裕訳		222
114	孤独の迷宮〈メキシコの文化と歴史〉	O.パス／高山, 熊谷訳		320
115	暴力と聖なるもの	R.ジラール／古田幸男訳		618
116	歴史をどう書くか	P.ヴェーヌ／大津真作訳		604
117	記号の経済学批判	J.ボードリヤール／今村, 宇波, 桜井訳	品切	304
118	フランス紀行〈1787, 1788&1789〉	A.ヤング／宮崎洋訳		432
119	供　犠	M.モース, H.ユベール／小関藤一郎訳		296
120	差異の目録〈歴史を変えるフーコー〉	P.ヴェーヌ／大津真作訳	品切	198
121	宗教とは何か	G.メンシング／田中, 下宮訳		442
122	ドストエフスキー	R.ジラール／鈴木晶訳		200
123	さまざまな場所〈死の影の都市をめぐる〉	J.アメリー／池内紀訳		210
124	生　成〈概念をこえる試み〉	M.セール／及川馥訳		272
125	アルバン・ベルク	Th.W.アドルノ／平野嘉彦訳		320
126	映画　あるいは想像上の人間	E.モラン／渡辺淳訳		320
127	人間論〈時間・責任・価値〉	R.インガルデン／武井, 赤松訳		294
128	カント〈その生涯と思想〉	A.グリガ／西牟田, 浜田訳		464
129	同一性の寓話〈詩的神話学の研究〉	N.フライ／駒沢大学フライ研究会訳		496
130	空間の心理学	A.モル, E.ロメル／渡辺淳訳		326
131	飼いならされた人間と野性的人間	S.モスコヴィッシ／古田幸男訳		336
132	方　法　1. 自然の自然	E.モラン／大津真作訳	品切	658
133	石器時代の経済学	M.サーリンズ／山内昶訳		464
134	世の初めから隠されていること	R.ジラール／小池健男訳		760
135	群衆の時代	S.モスコヴィッシ／古田幸男訳	品切	664
136	シミュラークルとシミュレーション	J.ボードリヤール／竹原あき子訳		234
137	恐怖の権力〈アブジェクシオン〉試論	J.クリステヴァ／枝川昌雄訳		420
138	ボードレールとフロイト	L.ベルサーニ／山縣直子訳		240
139	悪しき造物主	E.M.シオラン／金井裕訳		228
140	終末論と弁証法〈マルクスの社会・政治思想〉	S.アヴィネリ／中村恒矩訳	品切	392
141	経済人類学の現在	F.プイヨン編／山内昶訳		236
142	視覚の瞬間	K.クラーク／北條文緒訳		304
143	罪と罰の彼岸	J.アメリー／池内紀訳		210
144	時間・空間・物質	B.K.ライドレー／中島龍三訳	品切	226
145	離脱の試み〈日常生活への抵抗〉	S.コーエン, N.テイラー／石黒毅訳		321
146	人間怪物論〈人間脱走の哲学の素描〉	U.ホルストマン／加藤二郎訳		206
147	カントの批判哲学	G.ドゥルーズ／中島盛夫訳		160
148	自然と社会のエコロジー	S.モスコヴィッシ／久米, 原訳		440
149	壮大への渇仰	L.クローネンバーガー／岸, 倉田訳		368
150	奇蹟論・迷信論・自殺論	D.ヒューム／福鎌, 斎藤訳		200
151	クルティウス－ジッド往復書簡	ディークマン編／円子千代訳		376
152	離脱の寓話	M.セール／及川馥訳		178

				(頁)
153	エクスタシーの人類学	I.M.ルイス／平沼孝之訳		352
154	ヘンリー・ムア	J.ラッセル／福田真一訳		340
155	誘惑の戦略	J.ボードリヤール／宇波彰訳		260
156	ユダヤ神秘主義	G.ショーレム／山下, 石丸, 他訳		644
157	蜂の寓話〈私悪すなわち公益〉	B.マンデヴィル／泉谷治訳		412
158	アーリア神話	L.ポリアコフ／アーリア主義研究会訳		544
159	ロベスピエールの影	P.ガスカール／佐藤和生訳		440
160	元型の空間	E.ゾラ／丸小哲雄訳		336
161	神秘主義の探究〈方法論的考察〉	E.スタール／宮元啓一, 他訳		362
162	放浪のユダヤ人〈ロート・エッセイ集〉	J.ロート／平田, 吉田訳		344
163	ルフー, あるいは取壊し	J.アメリー／神崎巌訳		250
164	大世界劇場〈宮廷祝宴の時代〉	R.アレヴィン, K.ゼルツレ／円子修平訳	品切	200
165	情念の政治経済学	A.ハーシュマン／佐々木, 旦訳		192
166	メモワール〈1940-44〉	レミ／築島謙三訳		520
167	ギリシア人は神話を信じたか	P.ヴェーヌ／大津真作訳	品切	340
168	ミメーシスの文学と人類学	R.ジラール／浅野敏夫訳		410
169	カバラとその象徴的表現	G.ショーレム／岡部, 小岸訳		340
170	身代りの山羊	R.ジラール／織田, 富永訳	品切	384
171	人間〈その本性および世界における位置〉	A.ゲーレン／平野具男訳		608
172	コミュニケーション〈ヘルメスⅠ〉	M.セール／豊田, 青木訳		358
173	道　化〈つまずきの現象学〉	G.v.バルレーヴェン／片岡啓治訳	品切	260
174	いま, ここで〈アウシュヴィッツとヒロシマ以後の哲学的考察〉	G.ピヒト／斎藤, 浅野, 大野, 河井訳		600
175 176 177	真理と方法〔全三冊〕	H.-G.ガダマー／轡田, 麻生, 三島, 他訳	Ⅰ Ⅱ Ⅲ	・350 ・ ・
178	時間と他者	E.レヴィナス／原田佳彦訳		140
179	構成の詩学	B.ウスペンスキイ／川崎, 大石訳	品切	282
180	サン=シモン主義の歴史	S.シャルレティ／沢崎, 小杉訳		528
181	歴史と文芸批評	G.デルフォ, A.ロッシュ／川中子弘訳		472
182	ミケランジェロ	H.ヒバード／中山, 小野訳	品切	578
183	観念と物質〈思考・経済・社会〉	M.ゴドリエ／山内昶訳		340
184	四つ裂きの刑	E.M.シオラン／金井裕訳		234
185	キッチュの心理学	A.モル／万沢正美訳		344
186	領野の漂流	J.ヴィヤール／山下俊一訳		226
187	イデオロギーと想像力	G.C.カバト／小箕俊介訳		300
188	国家の起源と伝承〈古代インド社会史論〉	R.=ターパル／山崎, 成澤訳		322
189	ベルナール師匠の秘密	P.ガスカール／佐藤和生訳		374
190	神の存在論的証明	D.ヘンリッヒ／本間, 須田, 座小田, 他訳		456
191	アンチ・エコノミクス	J.アタリ, M.ギヨーム／斎藤, 安孫子訳		322
192	クローチェ政治哲学論集	B.クローチェ／上村忠男編訳		188
193	フィヒテの根源的洞察	D.ヘンリッヒ／座小田, 小松訳		184
194	哲学の起源	オルテガ・イ・ガセット／佐々木孝訳	品切	224
195	ニュートン力学の形成	ベー・エム・ゲッセン／秋間実, 他訳		312
196	遊びの遊び	J.デュビニョー／渡辺淳訳	品切	160
197	技術時代の魂の危機	A.ゲーレン／平野具男訳	品切	222
198	儀礼としての相互行為	E.ゴッフマン／広瀬, 安江訳	品切	376
199	他者の記号学〈アメリカ大陸の征服〉	T.トドロフ／及川, 大谷, 菊地訳		370
200	カント政治哲学の講義	H.アーレント著, R.ベイナー編／浜田監訳		302
201	人類学と文化記号論	M.サーリンズ／山内昶訳		354
202	ロンドン散策	F.トリスタン／小杉, 浜本訳		484

				(頁)
203	秩序と無秩序	J.-P.デュピュイ／古田幸男訳		324
204	象徴の理論	T.トドロフ／及川馥, 他訳		536
205	資本とその分身	M.ギヨーム／斉藤日出治訳		240
206	干　渉〈ヘルメスII〉	M.セール／豊田彰訳		276
207	自らに手をくだし〈自死について〉	J.アメリー／大河内了義訳		222
208	フランス人とイギリス人	R.フェイバー／北條, 大島訳	品切	304
209	カーニバル〈その歴史的・文化的考察〉	J.カロ・バロッハ／佐々木孝訳	品切	622
210	フッサール現象学	A.F.アグィーレ／川島, 工藤, 林訳		232
211	文明の試練	J.M.カディヒィ／塚本, 秋山, 寺西, 島訳		538
212	内なる光景	J.ポミエ／角山, 池部訳		526
213	人間の原型と現代の文化	A.ゲーレン／池井望訳		422
214	ギリシアの光と神々	K.ケレーニイ／円子修平訳		178
215	初めに愛があった〈精神分析と信仰〉	J.クリステヴァ／枝川昌雄訳		146
216	バロックとロココ	W.v.ニーベルシュッツ／竹内章訳		164
217	誰がモーセを殺したか	S.A.ハンデルマン／山形和美訳		514
218	メランコリーと社会	W.レペニース／岩田, 小竹訳		380
219	意味の論理学	G.ドゥルーズ／岡田, 宇波訳		460
220	新しい文化のために	P.ニザン／木内孝訳		352
221	現代心理論集	P.ブールジェ／平岡, 伊藤訳		362
222	パラジット〈寄食者の論理〉	M.セール／及川, 米山訳		466
223	虐殺された鳩〈暴力と国家〉	H.ラボリ／川中子弘訳		240
224	具象空間の認識論〈反・解釈学〉	F.ダゴニェ／金森修訳		300
225	正常と病理	G.カンギレム／滝沢武久訳		320
226	フランス革命論	J.G.フィヒテ／桝田啓三郎訳		396
227	クロード・レヴィ=ストロース	O.パス／鼓, 木村訳		160
228	バロックの生活	P.ラーンシュタイン／波田節夫訳		520
229	うわさ〈もっとも古いメディア〉増補版	J.-N.カプフェレ／古田幸男訳		394
230	後期資本制社会システム	C.オッフェ／寿福真美編訳		358
231	ガリレオ研究	A.コイレ／菅谷曉訳		482
232	アメリカ	J.ボードリヤール／田中正人訳		220
233	意識ある科学	E.モラン／村上光彦訳		400
234	分子革命〈欲望社会のミクロ分析〉	F.ガタリ／杉村昌昭訳		340
235	火, そして霧の中の信号―ゾラ	M.セール／寺田光徳訳		568
236	煉獄の誕生	J.ル・ゴッフ／渡辺, 内田訳		698
237	サハラの夏	E.フロマンタン／川端康夫訳		336
238	パリの悪魔	P.ガスカール／佐藤和夫訳		256
239 240	自然の人間的歴史（上・下）	S.モスコヴィッシ／大津真作訳		上・494 下・390
241	ドン・キホーテ頌	P.アザール／円子千代訳	品切	348
242	ユートピアへの勇気	G.ピヒト／河井徳治訳		202
243	現代社会とストレス〔原書改訂版〕	H.セリエ／杉, 田多井, 藤井, 竹宮訳		482
244	知識人の終焉	J.-F.リオタール／原田佳彦, 他訳		140
245	オマージュの試み	E.M.シオラン／金井裕訳		154
246	科学の時代における理性	H.-G.ガダマー／本間, 座小田訳		158
247	イタリア人の太古の知恵	G.ヴィーコ／上村忠男訳		190
248	ヨーロッパを考える	E.モラン／林　勝一訳		238
249	労働の現象学	J.-L.プチ／今村, 松島訳		388
250	ポール・ニザン	Y.イシャグプール／川俣晃自訳		356
251	政治的判断力	R.ベイナー／浜田義文監訳		310
252	知覚の本性〈初期論文集〉	メルロ=ポンティ／加賀野井秀一訳		158

				(頁)
253	言語の牢獄	F.ジェームソン／川口喬一訳		292
254	失望と参画の現象学	A.O.ハーシュマン／佐々木,杉田訳		204
255	はかない幸福—ルソー	T.トドロフ／及川馥訳		162
256	大学制度の社会史	H.W.プラール／山本尤訳		408
257 258	ドイツ文学の社会史（上・下）	J.ベルク,他／山本,三島,保坂,鈴木訳		上・766 下・648
259	アランとルソー〈教育哲学試論〉	A.カルネック／安斎,並木訳		304
260	都市・階級・権力	M.カステル／石川淳志監訳		296
261	古代ギリシア人	M.I.フィンレー／山形和美訳	品切	296
262	象徴表現と解釈	T.トドロフ／小林,及川訳		244
263	声の回復〈回想の試み〉	L.マラン／梶野吉郎訳		246
264	反射概念の形成	G.カンギレム／金森修訳		304
265	芸術の手相	G.ピコン／末永照和訳		294
266	エチュード〈初期認識論集〉	G.バシュラール／及川馥訳		166
267	邪な人々の昔の道	R.ジラール／小池健男訳		270
268	〈誠実〉と〈ほんもの〉	L.トリリング／野島秀勝訳		264
269	文の抗争	J.-F.リオタール／陸井四郎,他訳		410
270	フランス革命と芸術	J.スタロバンスキー／井上尭裕訳		286
271	野生人とコンピューター	J.-M.ドムナック／古田幸男訳		228
272	人間と自然界	K.トマス／山内昶,他訳		618
273	資本論をどう読むか	J.ビデ／今村仁司,他訳		450
274	中世の旅	N.オーラー／藤代幸一訳		488
275	変化の言語〈治療コミュニケーションの原理〉	P.ワツラウィック／築島謙三訳		212
276	精神の売春としての政治	T.クンナス／木戸,佐々木訳		258
277	スウィフト政治・宗教論集	J.スウィフト／中野,海保訳		490
278	現実とその分身	C.ロセ／金井裕訳		168
279	中世の高利貸	J.ル・ゴッフ／渡辺香根夫訳		170
280	カルデロンの芸術	M.コメレル／岡部仁訳		270
281	他者の言語〈デリダの日本講演〉	J.デリダ／高橋允昭編訳		406
282	ショーペンハウアー	R.ザフランスキー／山本尤訳		646
283	フロイトと人間の魂	B.ベテルハイム／藤瀬恭子訳		174
284	熱　狂〈カントの歴史批判〉	J.-F.リオタール／中島盛夫訳		210
285	カール・カウツキー 1854-1938	G.P.スティーンソン／時永,河野訳		496
286	形而上学と神の思想	W.パネンベルク／座小田,諸岡訳		186
287	ドイツ零年	E.モラン／古田幸男訳		364
288	物の地獄〈ルネ・ジラールと経済の論理〉	デュムシェル，デュピュイ／織田,富永訳		320
289	ヴィーコ自叙伝	G.ヴィーコ／福鎌忠恕訳	品切	448
290	写真論〈その社会的効用〉	P.ブルデュー／山縣熙,山縣直子訳		438
291	戦争と平和	S.ボク／大沢正道訳		224
292	意味と意味の発展	R.A.ウォルドロン／築島謙三訳		294
293	生態平和とアナーキー	U.リンゼ／内田,杉村訳		270
294	小説の精神	M.クンデラ／金井,浅野訳		208
295	フィヒテ-シェリング往復書簡	W.シュルツ解説／座小田,後藤訳		220
296	出来事と危機の社会学	E.モラン／浜名,福井訳		622
297	宮廷風恋愛の技術	A.カペルラヌス／野島秀勝訳		334
298	野蛮〈科学主義の独裁と文化の危機〉	M.アンリ／山形,望月訳		292
299	宿命の戦略	J.ボードリヤール／竹原あき子訳		260
300	ヨーロッパの日記	G.R.ホッケ／石丸,柴田,信岡訳		1330
301	記号と夢想〈演劇と祝祭についての考察〉	A.シモン／岩瀬孝監修．佐藤,伊藤,他訳		388
302	手と精神	J.ブラン／中村文郎訳		284

				(頁)
303	平等原理と社会主義	L.シュタイン／石川, 石塚, 柴田訳		676
304	死にゆく者の孤独	N.エリアス／中居実訳		150
305	知識人の黄昏	W.シヴェルブシュ／初見基訳		240
306	トマス・ペイン〈社会思想家の生涯〉	A.J.エイヤー／大熊昭信訳		378
307	われらのヨーロッパ	F.ヘール／杉浦健之訳		614
308	機械状無意識〈スキゾ-分析〉	F.ガタリ／高岡幸一訳		426
309	聖なる真理の破壊	H.ブルーム／山形和美訳		400
310	諸科学の機能と人間の意義	E.パーチ／上村忠男監訳		552
311	翻　訳〈ヘルメスIII〉	M.セール／豊田, 輪田訳		404
312	分　布〈ヘルメスIV〉	M.セール／豊田彰訳		440
313	外国人	J.クリステヴァ／池田和子訳		284
314	マルクス	M.アンリ／杉山, 水野訳	品切	612
315	過去からの警告	E.シャルガフ／山本, 内藤訳		308
316	面・表面・界面〈一般表層論〉	F.ダゴニェ／金森, 今野訳		338
317	アメリカのサムライ	F.G.ノートヘルファー／飛鳥井雅道訳		512
318	社会主義か野蛮か	C.カストリアディス／江口幹訳		490
319	遍　歴〈法, 形式, 出来事〉	J.-F.リオタール／小野康男訳		200
320	世界としての夢	D.ウスラー／谷　徹訳		566
321	スピノザと表現の問題	G.ドゥルーズ／工藤, 小柴, 小谷訳		460
322	裸体とはじらいの文化史	H.P.デュル／藤代, 三谷訳		572
323	五　感〈混合体の哲学〉	M.セール／米山親能訳		582
324	惑星軌道論	G.W.F.ヘーゲル／村上恭一訳		250
325	ナチズムと私の生活〈仙台からの告発〉	K.レーヴィット／秋間実訳		334
326	ベンヤミン-ショーレム往復書簡	G.ショーレム編／山本尤訳		440
327	イマヌエル・カント	O.ヘッフェ／薮木栄夫訳		374
328	北西航路〈ヘルメスV〉	M.セール／青木研二訳		260
329	聖杯と剣	R.アイスラー／野島秀勝訳		486
330	ユダヤ人国家	Th.ヘルツル／佐藤康彦訳		206
331	十七世紀イギリスの宗教と政治	C.ヒル／小野功生訳		586
332	方　法　2. 生命の生命	E.モラン／大津真作訳		838
333	ヴォルテール	A.J.エイヤー／中川, 吉岡訳		268
334	哲学の自食症候群	J.ブーヴレス／大平具彦訳		266
335	人間学批判	レペニース, ノルテ／小竹澄栄訳		214
336	自伝のかたち	W.C.スペンジマン／船倉正憲訳		384
337	ポストモダニズムの政治学	L.ハッチオン／川口喬一訳		332
338	アインシュタインと科学革命	L.S.フォイヤー／村上, 成定, 大谷訳		474
339	ニーチェ	G.ピヒト／青木隆嘉訳		562
340	科学史・科学哲学研究	G.カンギレム／金森修監訳		674
341	貨幣の暴力	アグリエッタ, オルレアン／井上, 斉藤訳		506
342	象徴としての円	M.ルルカー／竹内章訳		186
343	ベルリンからエルサレムへ	G.ショーレム／岡部仁訳		226
344	批評の批評	T.トドロフ／及川, 小林訳		298
345	ソシュール講義録注解	F.de ソシュール／前田英樹・訳注		204
346	歴史とデカダンス	P.ショーニュー／大谷尚文訳		552
347	続・いま, ここで	G.ピヒト／斎藤, 大野, 福島, 浅野訳		580
348	バフチン以後	D.ロッジ／伊藤誓訳		410
349	再生の女神セドナ	H.P.デュル／原研二訳		622
350	宗教と魔術の衰退	K.トマス／荒木正純訳		1412
351	神の思想と人間の自由	W.パネンベルク／座小田, 諸岡訳		186

				(頁)
352	倫理・政治的ディスクール	O.ヘッフェ／青木隆嘉訳		312
353	モーツァルト	N.エリアス／青木隆嘉訳		198
354	参加と距離化	N.エリアス／波田, 道籏訳		276
355	二十世紀からの脱出	E.モラン／秋枝茂夫訳		384
356	無限の二重化	W.メニングハウス／伊藤秀一訳		350
357	フッサール現象学の直観理論	E.レヴィナス／佐藤, 桑野訳		506
358	始まりの現象	E.W.サイード／山形, 小林訳		684
359	サテュリコン	H.P.デュル／原研二訳		258
360	芸術と疎外	H.リード／増渕正史訳	品切	262
361	科学的理性批判	K.ヒュプナー／神野, 中才, 熊谷訳		476
362	科学と懐疑論	J.ワトキンス／中才敏郎訳		354
363	生きものの迷路	A.モール, E.ロメル／古田幸男訳		240
364	意味と力	G.バランディエ／小関藤一郎訳		406
365	十八世紀の文人科学者たち	W.レペニース／小川さくえ訳		182
366	結晶と煙のあいだ	H.アトラン／阪上脩訳		376
367	生への闘争〈闘争本能・性・意識〉	W.J.オング／高柳, 橋爪訳		326
368	レンブラントとイタリア・ルネサンス	K.クラーク／尾崎, 芳野訳		334
369	権力の批判	A.ホネット／河上倫逸監訳		476
370	失われた美学〈マルクスとアヴァンギャルド〉	M.A.ローズ／長田, 池田, 長野, 長田訳		332
371	ディオニュソス	M.ドゥティエンヌ／及川, 吉岡訳		164
372	メディアの理論	F.イングリス／伊藤, 磯山訳		380
373	生き残ること	B.ベテルハイム／高尾利数訳		646
374	バイオエシックス	F.ダゴニェ／金森, 松浦訳		316
375 376	エディプスの謎（上・下）	N.ビショッフ／藤代, 井本, 他訳		上・450 下・464
377	重大な疑問〈懐疑的省察録〉	E.シャルガフ／山形, 小野, 他訳		404
378	中世の食生活〈断食と宴〉	B.A.ヘニッシュ／藤原保明訳	品切	538
379	ポストモダン・シーン	A.クローカー, D.クック／大熊昭信訳		534
380	夢の時〈野生と文明の境界〉	H.P.デュル／岡部, 原, 須永, 荻野訳		674
381	理性よ，さらば	P.ファイヤアーベント／植木哲也訳		454
382	極限に面して	T.トドロフ／宇京頼三訳		376
383	自然の社会化	K.エーダー／寿福真美監訳		474
384	ある反時代的考察	K.レーヴィット／中村啓, 永沼更始郎訳		526
385	図書館炎上	W.シヴェルブシュ／福本義憲訳		274
386	騎士の時代	F.v.ラウマー／柳井尚子訳		506
387	モンテスキュー〈その生涯と思想〉	J.スタロバンスキー／古賀英三郎, 高橋誠訳		312
388	理解の鋳型〈東西の思想経験〉	J.ニーダム／井上英明訳		510
389	風景画家レンブラント	E.ラルセン／大谷, 尾崎訳		208
390	精神分析の系譜	M.アンリ／山形頼洋, 他訳		546
391	金《かね》と魔術	H.C.ビンスヴァンガー／清水健次訳		218
392	自然誌の終焉	W.レペニース／山村直資訳		346
393	批判的解釈学	J.B.トンプソン／山本, 小川訳		376
394	人間にはいくつの真理が必要か	R.ザフランスキー／山本, 藤井訳		232
395	現代芸術の出発	Y.イシャグプール／川俣晃自訳		170
396	青春　ジュール・ヴェルヌ論	M.セール／豊田彰訳		398
397	偉大な世紀のモラル	P.ベニシュー／朝倉, 羽賀訳		428
398	諸国民の時に	E.レヴィナス／合田正人訳		348
399 400	バベルの後に（上・下）	G.スタイナー／亀山健吉訳		上・482 下・
401	チュービンゲン哲学入門	E.ブロッホ／花田監修・菅谷, 今井, 三国訳		422

				（頁）
402	歴史のモラル	T.トドロフ／大谷尚文訳		386
403	不可解な秘密	E.シャルガフ／山本, 内藤訳		260
404	ルソーの世界 〈あるいは近代の誕生〉	J.-L.ルセルクル／小林浩訳	品切	378
405	死者の贈り物	D.サルナーヴ／菊地, 白井訳		186
406	神もなく韻律もなく	H.P.デュル／青木隆嘉訳		292
407	外部の消失	A.コドレスク／利沢行夫訳		276
408	狂気の社会史 〈狂人たちの物語〉	R.ポーター／目羅公和訳		428
409	続・蜂の寓話	B.マンデヴィル／泉谷治訳		436
410	悪口を習う 〈近代初期の文化論集〉	S.グリーンブラット／磯山甚一訳		354
411	危険を冒して書く 〈異色作家たちのパリ・インタヴュー〉	J.ワイス／浅野敏夫訳		300
412	理論を讃えて	H.-G.ガダマー／本間, 須田訳		194
413	歴史の島々	M.サーリンズ／山本真鳥訳		306
414	ディルタイ 〈精神科学の哲学者〉	R.A.マックリール／大野, 田中, 他訳		578
415	われわれのあいだで	E.レヴィナス／合田, 谷口訳		368
416	ヨーロッパ人とアメリカ人	S.ミラー／池田栄一訳		358
417	シンボルとしての樹木	M.ルルカー／林 捷 訳		276
418	秘めごとの文化史	H.P.デュル／藤代, 津山訳		662
419	眼の中の死 〈古代ギリシアにおける他者の像〉	J.-P.ヴェルナン／及川, 吉岡訳		144
420	旅の思想史	E.リード／伊藤誓訳		490
421	病のうちなる治療薬	J.スタロバンスキー／小池, 川那部訳		356
422	祖国地球	E.モラン／菊地昌実訳		234
423	寓意と表象・再現	S.J.グリーンブラット編／船倉正憲訳		384
424	イギリスの大学	V.H.H.グリーン／安原, 成定訳		516
425	未来批判　あるいは世界史に対する嫌悪	E.シャルガフ／山本, 伊藤訳		276
426	見えるものと見えざるもの	メルロ=ポンティ／中島盛夫監訳		618
427	女性と戦争	J.B.エルシュテイン／小林, 廣川訳		486
428	カント入門講義	H.バウムガルトナー／有福孝岳監訳		204
429	ソクラテス裁判	I.F.ストーン／永田康昭訳		470
430	忘我の告白	M.ブーバー／田口義弘訳		348
431 432	時代おくれの人間 (上・下)	G.アンダース／青木隆嘉訳		上・432 下・546
433	現象学と形而上学	J.-L.マリオン他編／三上, 重永, 檜垣訳		388
434	祝福から暴力へ	M.ブロック／田辺, 秋津訳		426
435	精神分析と横断性	F.ガタリ／杉村, 毬藻訳		462
436	競争社会をこえて	A.コーン／山本, 真水訳		530
437	ダイアローグの思想	M.ホルクウィスト／伊藤誓訳		370
438	社会学とは何か	N.エリアス／徳安彰訳		250
439	E.T.A.ホフマン	R.ザフランスキー／識名章喜訳		636
440	所有の歴史	J.アタリ／山内昶訳		580
441	男性同盟と母権制神話	N.ゾンバルト／田村和彦訳		516
442	ヘーゲル以後の歴史哲学	H.シュネーデルバッハ／古東哲明訳		282
443	同時代人ベンヤミン	H.マイヤー／岡部仁訳		140
444	アステカ帝国滅亡記	G.ボド, T.トドロフ編／大谷, 菊地訳		662
445	迷宮の岐路	C.カストリアディス／宇京頼三訳		404
446	意識と自然	K.K.チョウ／志水, 山本監訳		422
447	政治的正義	O.ヘッフェ／北尾, 平石, 望月訳		598
448	象徴と社会	K.バーク著, ガスフィールド編／森常治訳		580
449	神・死・時間	E.レヴィナス／合田正人訳		360
450	ローマの祭	G.デュメジル／大橋寿美子訳		446

叢書・ウニベルシタス

				(頁)
451	エコロジーの新秩序	L.フェリ／加藤宏幸訳		274
452	想念が社会を創る	C.カストリアディス／江口幹訳		392
453	ウィトゲンシュタイン評伝	B.マクギネス／藤本, 今井, 宇都宮, 髙橋訳		612
454	読みの快楽	R.オールター／山形, 中田, 田中訳		346
455	理性・真理・歴史 〈内在的実在論の展開〉	H.パトナム／野本和幸, 他訳		360
456	自然の諸時期	ビュフォン／菅谷暁訳		440
457	クロポトキン伝	ピルーモヴァ／左近毅訳		384
458	征服の修辞学	P.ヒューム／岩尾, 正木, 本橋訳		492
459	初期ギリシア科学	G.E.R.ロイド／山野, 山口訳		246
460	政治と精神分析	G.ドゥルーズ, F.ガタリ／杉村昌昭訳		124
461	自然契約	M.セール／及川, 米山訳		230
462	細分化された世界 〈迷宮の岐路III〉	C.カストリアディス／宇京頼三訳		332
463	ユートピア的なもの	L.マラン／梶野吉郎訳		420
464	恋愛礼讃	M.ヴァレンシー／沓掛, 川端訳		496
465	転換期 〈ドイツ人とドイツ〉	H.マイヤー／宇京早苗訳		466
466	テクストのぶどう畑で	I.イリイチ／岡部佳世訳		258
467	フロイトを読む	P.ゲイ／坂口, 大島訳		304
468	神々を作る機械	S.モスコヴィッシ／古田幸男訳		750
469	ロマン主義と表現主義	A.K.ウィードマン／大森淳史訳		378
470	宗教論	N.ルーマン／土方昭, 土方透訳		138
471	人格の成層論	E.ロータッカー／北村監訳・大久保, 他訳		278
472	神　罰	C.v.リンネ／小川さくえ訳		432
473	エデンの園の言語	M.オランデール／浜﨑設夫訳		338
474	フランスの自伝 〈自伝文学の主題と構造〉	P.ルジュンヌ／小倉孝誠訳		342
475	ハイデガーとヘブライの遺産	M.ザラデル／合田正人訳		390
476	真の存在	G.スタイナー／工藤政司訳		266
477	言語芸術・言語記号・言語の時間	R.ヤコブソン／浅川順子訳		388
478	エクリール	C.ルフォール／宇京頼三訳		420
479	シェイクスピアにおける交渉	S.J.グリーンブラット／酒井正志訳		334
480	世界・テキスト・批評家	E.W.サイード／山形和美訳		584
481	絵画を見るディドロ	J.スタロバンスキー／小西嘉幸訳		148
482	ギボン 〈歴史を創る〉	R.ポーター／中野, 海保, 松原訳		272
483	欺瞞の書	E.M.シオラン／金井裕訳		252
484	マルティン・ハイデガー	H.エーベリング／青木隆嘉訳		252
485	カフカとカバラ	K.E.グレーツィンガー／清水健次訳		390
486	近代哲学の精神	H.ハイムゼート／座小田豊, 他訳		448
487	ベアトリーチェの身体	R.P.ハリスン／船倉正憲訳		304
488	技術 〈クリティカル・セオリー〉	A.フィーンバーグ／藤本正文訳		510
489	認識論のメタクリティーク	Th.W.アドルノ／古賀, 細見訳		370
490	地獄の歴史	A.K.ターナー／野﨑嘉信訳		456
491	昔話と伝説 〈物語文学の二つの基本形式〉	M.リューティ／高木昌史, 万里子訳	品切	362
492	スポーツと文明化 〈興奮の探究〉	N.エリアス, E.ダニング／大平章訳		490
493 494	地獄のマキアヴェッリ (I・II)	S.de.グラツィア／田中治男訳		I・352 II・306
495	古代ローマの恋愛詩	P.ヴェーヌ／鎌田博夫訳		352
496	証人 〈言葉と科学についての省察〉	E.シャルガフ／山本, 内藤訳		252
497	自由とはなにか	P.ショーニュ／西川, 小田桐訳		472
498	現代世界を読む	M.マフェゾリ／菊地昌実訳		186
499	時間を読む	M.ピカール／寺田光徳訳		266
500	大いなる体系	N.フライ／伊藤誓訳		478

			(頁)
550	ハイデガーと実践哲学	O.ペゲラー他,編／竹市,下村監訳	584
551	彫　像	M.セール／米山親能訳	366
552	人間的なるものの庭	C.F.v.ヴァイツゼカー／山辺建訳	852
553	思考の図像学	A.フレッチャー／伊藤誓訳	472
554	反動のレトリック	A.O.ハーシュマン／岩崎稔訳	250
555	暴力と差異	A.J.マッケナ／夏目博明訳	354
556	ルイス・キャロル	J.ガッテニョ／鈴木晶訳	462
557	タオスのロレンゾー〈D.H.ロレンス回想〉	M.D.ルーハン／野島秀勝訳	490
558	エル・シッド〈中世スペインの英雄〉	R.フレッチャー／林邦夫訳	414
559	ロゴスとことば	S.プリケット／小野功生訳	486
560 561	盗まれた稲妻〈呪術の社会学〉(上・下)	D.L.オキーフ／谷林眞理子,他訳	上・490 下・656
562	リビドー経済	J.-F.リオタール／杉山,吉谷訳	458
563	ポスト・モダニティの社会学	S.ラッシュ／田中義久監訳	462
564	狂暴なる霊長類	J.A.リヴィングストン／大平章訳	310
565	世紀末社会主義	M.ジェイ／今村,大谷訳	334
566	両性平等論	F.P.de ラ・バール／佐藤和夫,他訳	330
567	暴虐と忘却	R.ボイヤーズ／田部井孝次・世志子訳	524
568	異端の思想	G.アンダース／青木隆嘉訳	518
569	秘密と公開	S.ボク／大沢正道訳	470
570 571	大航海時代の東南アジア(I・II)	A.リード／平野, 田中訳	I・430 II・598
572	批判理論の系譜学	N.ボルツ／山本,大貫訳	332
573	メルヘンへの誘い	M.リューティ／高木昌史訳	200
574	性と暴力の文化史	H.P.デュル／藤代,津山訳	768
575	歴史の不測	E.レヴィナス／合田,谷口訳	316
576	理論の意味作用	T.イーグルトン／山形和美訳	196
577	小集団の時代〈大衆社会における個人主義の衰退〉	M.マフェゾリ／古田幸男訳	334
578 579	愛の文化史(上・下)	S.カーン／青木,斎藤訳	上・334 下・384
580	文化の擁護〈1935年パリ国際作家大会〉	ジッド他／相磯,五十嵐,石黒,高橋編訳	752
581	生きられる哲学〈生活世界の現象学と批判理論の思考形式〉	F.フェルマン／堀栄造訳	282
582	十七世紀イギリスの急進主義と文学	C.ヒル／小野, 圓月訳	444
583	このようなことが起こり始めたら…	R.ジラール／小池,住谷訳	226
584	記号学の基礎理論	J.ディーリー／大熊昭信訳	286
585	真理と美	S.チャンドラセカール／豊田彰訳	328
586	シオラン対談集	E.M.シオラン／金井裕訳	336
587	時間と社会理論	B.アダム／伊藤,磯山訳	338
588	懐疑的省察ABC〈続・重大な疑問〉	E.シャルガフ／山本,伊藤訳	244
589	第三の知恵	M.セール／及川馥訳	250
590 591	絵画における真理(上・下)	J.デリダ／高橋,阿部訳	上・322 下・390
592	ウィトゲンシュタインと宗教	N.マルカム／黒崎宏訳	256
593	シオラン〈あるいは最後の人間〉	S.ジョドー／金井裕訳	212
594	フランスの悲劇	T.トドロフ／大谷尚文訳	304
595	人間の生の遺産	E.シャルガフ／清水健次,他訳	392
596	聖なる快楽〈性, 神話, 身体の政治〉	R.アイスラー／浅野敏夫訳	876
597	原子と爆弾とエスキモーキス	C.G.セグレー／野島秀勝訳	408
598	海からの花嫁〈ギリシア神話研究の手引き〉	J.シャーウッドスミス／吉田,佐藤訳	234
599	神に代わる人間	L.フェリー／菊地,白井訳	220
600	パンと競技場〈ギリシア・ローマ時代の政治と都市の社会学的歴史〉	P.ヴェーヌ／鎌田博夫訳	1032

叢書・ウニベルシタス

			(頁)
601	ギリシア文学概説	J.ド・ロミイ／細井, 秋山訳	48
602	パロールの奪取	M.セルトー／佐藤和生訳	20
603	68年の思想	L.フェリー他／小野潮訳	34
604	ロマン主義のレトリック	P.ド・マン／山形, 岩坪訳	47
605	探偵小説あるいはモデルニテ	J.デュボア／鈴木智之訳	38
606 607 608	近代の正統性〔全三冊〕	H.ブルーメンベルク／斎藤, 忽那 佐藤, 村井 訳	I・32 II・39 III・31
609	危険社会〈新しい近代への道〉	U.ベック／東, 伊藤訳	50
610	エコロジーの道	E.ゴールドスミス／大熊昭信訳	65
611	人間の領域〈迷宮の岐路II〉	C.カストリアディス／米山親能訳	62
612	戸外で朝食を	H.P.デュル／藤代幸一訳	19
613	世界なき人間	G.アンダース／青木隆嘉訳	36
614	唯物論シェイクスピア	F.ジェイムソン／川口喬一訳	40
615	核時代のヘーゲル哲学	H.クロンバッハ／植木哲也訳	38
616	詩におけるルネ・シャール	P.ヴェーヌ／西永良成訳	83
617	近世の形而上学	H.ハイムゼート／北岡武司訳	50
618	フロベールのエジプト	G.フロベール／斎藤昌三訳	34
619	シンボル・技術・言語	E.カッシーラー／篠木, 高野訳	35
620	十七世紀イギリスの民衆と思想	C.ヒル／小野, 圓月, 箭川訳	52
621	ドイツ政治哲学史	H.リュッベ／今井道夫訳	31
622	最終解決〈民族移動とヨーロッパのユダヤ人殺害〉	G.アリー／山本, 三島訳	47
623	中世の人間	J.ル・ゴフ他／鎌田博夫訳	47
624	食べられる言葉	L.マラン／梶野吉郎訳	28
625	ヘーゲル伝〈哲学の英雄時代〉	H.アルトハウス／山本尤訳	69
626	E.モラン自伝	E.モラン／菊地, 高砂訳	36
627	見えないものを見る	M.アンリ／青木研二訳	24
628	マーラー〈音楽観相学〉	Th.W.アドルノ／龍村あや子訳	28
629	共同生活	T.トドロフ／大谷尚文訳	23
630	エロイーズとアベラール	M.F.B.ブロッチェリ／白崎容子訳	
631	意味を見失った時代〈迷宮の岐路IV〉	C.カストリアディス／江口幹訳	33
632	火と文明化	J.ハウツブロム／大平章訳	35
633	ダーウィン, マルクス, ヴァーグナー	J.バーザン／野島秀勝訳	52
634	地位と羞恥	S.ネッケル／岡原正幸訳	43
635	無垢の誘惑	P.ブリュックネール／小倉, 下澤訳	35
636	ラカンの思想	M.ボルク=ヤコブセン／池田清訳	50
637	羨望の炎〈シェイクスピアと欲望の劇場〉	R.ジラール／小林, 田口訳	69
638	暁のフクロウ〈続・精神の現象学〉	A.カトロッフェロ／寿福真美訳	35
639	アーレント＝マッカーシー往復書簡	C.ブライトマン編／佐藤佐智子訳	71
640	崇高とは何か	M.ドゥギー他／梅木達郎訳	41
641	世界という実験〈問い, 取り出しの諸カテゴリー, 実践〉	E.ブロッホ／小田智敏訳	40
642	悪　あるいは自由のドラマ	R.ザフランスキー／山本尤訳	32
643	世俗の聖典〈ロマンスの構造〉	N.フライ／中村, 真野訳	25
644	歴史と記憶	J.ル・ゴフ／立川孝一訳	40
645	自我の記号論	N.ワイリー／船倉正憲訳	46
646	ニュー・ミメーシス〈シェイクスピアと現実描写〉	A.D.ナトール／山形, 山下訳	43
647	歴史家の歩み〈アリエス　1943-1983〉	Ph.アリエス／成瀬, 伊藤訳	42
648	啓蒙の民主制理論〈カントとのつながりで〉	I.マウス／浜田, 牧野監訳	40
649	仮象小史〈古代からコンピューター時代まで〉	N.ボルツ／山本尤訳	20

			(頁)
650	知の全体史	C.V.ドーレン／石塚浩司訳	766
651	法の力	J.デリダ／堅田研一訳	220
652 653	男たちの妄想（I・II）	K.テーヴェライト／田村和彦訳	I・816 II
654	十七世紀イギリスの文書と革命	C.ヒル／小野，圓月，箭川訳	592
655	パウル・ツェラーンの場所	H.ベッティガー／鈴木美紀訳	176
656	絵画を破壊する	L.マラン／尾形，梶野訳	272
657	グーテンベルク銀河系の終焉	N.ボルツ／識名，足立訳	330
658	批評の地勢図	J.ヒリス・ミラー／森田孟訳	550
659	政治的なものの変貌	M.マフェゾリ／古田幸男訳	290
660	神話の真理	K.ヒュプナー／神野，中才，他訳	736
661	廃墟のなかの大学	B.リーディングズ／青木，斎藤訳	354
662	後期ギリシア科学	G.E.R.ロイド／山野，山口，金山訳	320
663	ベンヤミンの現在	N.ボルツ，W.レイイェン／岡部仁訳	180
664	異教入門〈中心なき周辺を求めて〉	J.-F.リオタール／山縣，小野，他訳	242
665	ル・ゴフ自伝〈歴史家の生活〉	J.ル・ゴフ／鎌田博夫訳	290
666	方　法　3. 認識の認識	E.モラン／大津真作訳	398
667	遊びとしての読書	M.ピカール／及川，内藤訳	478
668	身体の哲学と現象学	M.アンリ／中敬夫訳	404
669	ホモ・エステティクス	L.フェリー／小野康男，他訳	496
670	イスラームにおける女性とジェンダー	L.アハメド／林正雄，他訳	422
671	ロマン派の手紙	K.H.ボーラー／高木葉子訳	382
672	精霊と芸術	M.マール／津山拓也訳	474
673	言葉への情熱	G.スタイナー／伊藤誓訳	612
674	贈与の謎	M.ゴドリエ／山内昶訳	362
675	諸個人の社会	N.エリアス／宇京早苗訳	308
676	労働社会の終焉	D.メーダ／若森章孝，他訳	394
677	概念・時間・言説	A.コジェーヴ／三宅，根田，安川訳	448
678	史的唯物論の再構成	U.ハーバーマス／清水多吉訳	438
679	カオスとシミュレーション	N.ボルツ／山本尤訳	218
680	実質的現象学	M.アンリ／中，野村，吉永訳	268
681	生殖と世代継承	R.フォックス／平野秀秋訳	408
682	反抗する文学	M.エドマンドソン／浅野敏夫訳	406
683	哲学を讃えて	M.セール／米山親能，他訳	312
684	人間・文化・社会	H.シャピロ編／塚本利明，他訳	
685	遍歴時代〈精神の自伝〉	J.アメリー／富重純子訳	206
686	ノーを言う難しさ〈宗教哲学的エッセイ〉	K.ハインリッヒ／小林敏明訳	200
687	シンボルのメッセージ	M.ルルカー／林捷，林田鶴子訳	590
688	神は狂信的か	J.ダニエル／菊地昌実訳	218
689	セルバンテス	J.カナヴァジオ／円子千代訳	502
690	マイスター・エックハルト	B.ヴェルテ／大津留直訳	320
691	マックス・プランクの生涯	J.L.ハイルブロン／村岡晋一訳	300
692	68年－86年　個人の道程	L.フェリー，A.ルノー／小野潮訳	168
693	イダルゴとサムライ	J.ヒル／平山篤子訳	704
694	〈教育〉の社会学理論	B.バーンスティン／久冨善之，他訳	420
695	ベルリンの文化戦争	W.シヴェルブシュ／福本義憲訳	380
696	知識と権力〈クーン，ハイデガー，フーコー〉	J.ラウズ／成定，網谷，阿曽沼訳	410
697	読むことの倫理	J.ヒリス・ミラー／伊藤，大島訳	230
698	ロンドン・スパイ	N.ウォード／渡辺孔二監訳	506
699	イタリア史〈1700－1860〉	S.ウールフ／鈴木邦夫訳	1000

			(頁)
700	マリア〈処女・母親・女主人〉	K.シュライナー／内藤道雄訳	678
701	マルセル・デュシャン〈絵画唯名論〉	T.ド・デューヴ／鎌田博夫訳	350
702	サハラ〈ジル・ドゥルーズの美学〉	M.ビュイダン／阿部宏慈訳	260
703	ギュスターヴ・フロベール	A.チボーデ／戸田吉信訳	470
704	報酬主義をこえて	A.コーン／田中英史訳	604
705	ファシズム時代のシオニズム	L.ブレンナー／芝健介訳	480
706	方　法　4. 観念	E.モラン／大津真作訳	446
707	われわれと他者	T.トドロフ／小野,江口訳	658
708	モラルと超モラル	A.ゲーレン／秋澤雅男訳	
709	肉食タブーの世界史	F.J.シムーンズ／山内昶監訳	682
710	三つの文化〈仏・英・独の比較文化学〉	W.レペニース／松家,吉村,森訳	548
711	他性と超越	E.レヴィナス／合田,松丸訳	200
712	詩と対話	H.-G.ガダマー／巻田悦郎訳	302
713	共産主義から資本主義へ	M.アンリ／野村直正訳	242
714	ミハイル・バフチン 対話の原理	T.トドロフ／大谷尚文訳	408
715	肖像と回想	P.ガスカール／佐藤和生訳	232
716	恥〈社会関係の精神分析〉	S.ティスロン／大谷,津島訳	286
717	庭園の牧神	P.バルロスキー／尾崎彰宏訳	270
718	パンドラの匣	D.&E.パノフスキー／尾崎彰宏,他訳	294
719	言説の諸ジャンル	T.トドロフ／小林文生訳	466
720	文学との離別	R.バウムガルト／清水健次・威能子訳	406
721	フレーゲの哲学	A.ケニー／野本和幸,他訳	308
722	ビバ リベルタ！〈オペラの中の政治〉	A.アーブラスター／田中,西崎訳	478
723	ユリシーズ グラモフォン	J.デリダ／合田,中 訳	210
724	ニーチェ〈その思考の伝記〉	R.ザフランスキー／山本尤訳	440
725	古代悪魔学〈サタンと闘争神話〉	N.フォーサイス／野呂有子監訳	844
726	力に満ちた言葉	N.フライ／山形和美訳	466
727	産業資本主義の法と政治	I.マウス／河上倫逸監訳	496
728	ヴァーグナーとインドの精神世界	C.スネソン／吉水千鶴子訳	270
729	民間伝承と創作文学	M.リューティ／高木昌史訳	430
730	マキアヴェッリ〈転換期の危機分析〉	R.ケーニヒ／小川,片岡訳	382
731	近代とは何か〈その隠されたアジェンダ〉	S.トゥールミン／藤村,新井訳	398
732	深い謎〈ヘーゲル,ニーチェとユダヤ人〉	Y.ヨベル／青木隆嘉訳	360
733	挑発する肉体	H.P.デュル／藤代,津山訳	702
734	フーコーと狂気	F.グロ／菊地昌実訳	164
735	生命の認識	G.カンギレム／杉山吉弘訳	330
736	転倒させる快楽〈バフチン,文化批評,映画〉	R.スタム／浅野敏夫訳	494
737	カール・シュミットとユダヤ人	R.グロス／山本尤訳	486
738	個人の時代	A.ルノー／水野浩二訳	438
739	導入としての現象学	H.F.フルダ／久保,高山訳	470
740	認識の分析	E.マッハ／廣松渉編訳	182
741	脱構築とプラグマティズム	C.ムフ編／青木隆嘉訳	186
742	人類学への挑戦	R.フォックス／南塚隆夫訳	
743	宗教の社会学	B.ウィルソン／中野,栗原訳	270
744	非人間的なもの	J.-F.リオタール／篠原,上村,平芳訳	
745	異端者シオラン	P.ボロン／金井裕訳	
746	ポール・ヴェーヌ自伝	P.ヴェーヌ／鎌田博夫訳	
747	天使の伝説	M.セール／及川馥訳	
748	近代政治哲学入門	A.バルッツィ／池上,岩倉訳	